读客®

读客经管文库

长期投资自己，就看读客经管。

SAM WALTON: MADE IN AMERICA

富甲美国

沃尔玛创始人山姆·沃尔顿自传

[美] 山姆·沃尔顿（Sam Walton）著／杨蓓 译

江苏凤凰文艺出版社
JIANGSU PHOENIX LITERATURE AND ART PUBLISHING, LTD

图书在版编目（CIP）数据

富甲美国：沃尔玛创始人山姆·沃尔顿自传 / (美)
沃尔顿 (Walton,S.) 著；杨蓓译. — 南京：江苏凤凰
文艺出版社, 2015（2025.9重印）
书名原文: Sam Walton：made in America
ISBN 978-7-5399-8307-3

Ⅰ.①富… Ⅱ.①沃… ②杨… Ⅲ.①沃尔顿，S.－
自传 Ⅳ.①K837.125.38

中国版本图书馆CIP数据核字 (2015) 第090714号

图字：10-2015-181 号

富甲美国：沃尔玛创始人山姆·沃尔顿自传

［美］沃尔顿（Walton,S.） 著　　杨蓓　译

责任编辑	丁小卉
特约编辑	姜一鸣　杨芳州
装帧设计	读客文化　021-33608320
责任印制	刘　巍
出版发行	江苏凤凰文艺出版社
	南京市中央路165号，邮编：210009
网　址	http://www.jswenyi.com
印　刷	三河市龙大印装有限公司
开　本	710 毫米 × 1000 毫米 1/16
印　张	20.75
字　数	241 千字
版　次	2015 年 6 月第 1 版
印　次	2025 年 9 月第 32 次印刷
书　号	ISBN 978-7-5399-8307-3
定　价	49.80 元

江苏凤凰文艺版图书凡印刷、装订错误，可向出版社调换，联系电话：010-87681002。

【序言一】

做零售，怎能不读沃尔玛

京东创始人、董事长 刘强东

做零售，怎能不读沃尔玛。

它就像零售业江湖的少林武当，是很多有志于这一行者的圣地殿堂。而这本书给了你叩开神庙山门的机会。更何况，是沃尔玛的开山祖师亲自为你传授关于零售的秘技心法。打开这本书就像登上了山姆·沃尔顿的老飞机，一边巡视他引以为傲的零售帝国，一边听这个戴着棒球帽的老爷子坦诚幽默地跟你说：来，年轻人，让我们聊聊零售。

对我这个同样在零售业探索了十数年的人来说，每每因为在书中找到许多共鸣而欣喜。如今此书再版，揽卷重读，沃尔顿先生很多睿智的判断依然会让我有所触动。

这本书原来的中文译名为《促销的本质》，但如果你仅仅将其看作沃尔玛促销技巧的介绍，就难免买椟还珠了。在我看来，它也许叫《零售的本质》更为贴切，因为其中很多看似朴实简单的话语，其实是沃尔顿先生几十年在零售业不断试验、不断探索的智慧结晶，揭示了零售的终极秘密。

比如，他在书中讲到："我们就是顾客的代理商，所以我们必须尽可能地成为最有效率的商品供货者……我们渐渐习惯于自己做每一件事，我们始终不乐意为了一时的省事付钱给任何的中间商。"

我曾经说过，除非有一天，大家需要的所有商品都能直接3D打印出来，并传送到家，否则零售商存在的意义，就是不断提高效率，降低中间环节的费用，为消费者创造价值。这其实正是京东构建的自营电商体系所努力追求的。我们自建仓储物流、减少中间环节，就是希望以更低成本、更低的损耗，为消费者带来更低的价格、更大的价值。

当然，就像沃尔玛曾遇到的来自“体系”方面的干预一样，京东这种效率的提升，一开始也受到了来自传统经销系统的压力。而沃尔顿对类似批评的回击，也给了在这个方向上探索的京东很大的鼓励。他直言不讳地指出：我们只对顾客负责，只有顾客满意了，你的饭碗才有保障，没有人该对别人的生计负责。

同样，正因为自信自己的商业模式是经过检验的、能为顾客创造价值的，京东才能坦然面对成长过程中诸如“傻大黑粗”“资金链断裂”等等误解和质疑。有意思的是，考察沃尔玛的崛起之路，我们发现，这种误解和指责，有时候对一种新的零售模式是有利的，它让沃尔玛得以在没人注意的情况下迅猛发展，一飞冲天，也让京东在不被理解的情况下，打造了独特的、他人难以超越的竞争优势。

沃尔顿先生骄傲地说，还没有任何一个竞争对手能够以沃尔玛这样的效率经销如此数量的商品，也不能把结构成本降低到像沃尔玛这么低……今天的京东也可以自豪地说，我们在库管理的品种是传统大型零售机构的将近100倍，我们将传统的零售行业成本降低了50%。

大道至简，殊途同归，沃尔玛的先行实践给了我们更多的信心。但也正是基于对自身商业模式的信心，我甚至不像老沃尔顿那样，花那么大的精力去研究竞争对手。今天，我考虑更多的是，迅速壮大起来的京东，在保持我们引以为傲的高效，在电商行业以无远弗届的架势打破区域限制，迅猛地扩展自己版图的时候，我们怎样继续保持与顾客的亲密距离，及时感知顾客诉求，满足顾客的需要。

一如二十年前，年逾古稀的沃尔顿对自己的继任者的提醒：当沃尔玛达到千亿美元销售额的时候，是不是还能像它应该做到的那样高效运营呢？是不是分成5家销售额200亿美元的公司会更好呢？

沃尔玛的发展给了我们寻找答案的方向。在沃尔顿先生去世之前，沃尔玛的销售额刚刚突破400亿美元，今天，其零售额已经超过了4700亿美元（2014财政年度），在全球拥有超过10000家商场，管理着超过200万的员工。

但足以告慰沃尔顿的是，沃尔玛仍旧是全球运营效率最高的零售企业之一，在数十年间保持了持续的盈利，是名副其实的世界第一大零售商。

沃尔玛突破了规模不经济的魔咒，秘密也许在于，伴随这一零售帝国崛起的核心理念，仍然是沃尔顿先生二十年前总结的：沃尔玛能一直保持良好的势头，一定是因为不断满足了顾客的需求，经理层不断地激励、关心员工，团队精神、家族情谊、踏实务实的敬业精神以及对零售事业澎湃的激情，在新的时代得以传承和发展。

而上述理念不是沃尔顿凭空想出来的，“完全是我们自纽波特时期就一直在做的每一件事情催生的产物——它经过了20年的酝酿”，并最终在书中沉淀为零售业经营的六大方法与十大原则。

这些原则和方法看似简单，却有着无数的细节组成，拥有无比丰富的内涵，其最初也许成型于沃尔顿一次巡店思考所得，也可能诞生于沃尔玛的一次促销，一次偶然的商品陈列组合，一名店员的灵光闪现……被沃尔顿事无巨细地记录在了随身携带的小黄本上，而随着沃尔玛帝国的壮大，小黄本最终成为一部独一无二的零售业宝典。

每个零售业的操盘者都知道，零售就是细节。今天，沃尔玛的“小黄本”对包括京东在内的零售企业仍然具有极其重要的启发意义。

也许有人会说，时移世易，互联网等新技术的日新月异极大地改变了传统零售的面貌，沃尔顿在美国小镇积累的经验，还能适应今天飞速变化的商业现实吗?

我想说的是，商业零售是伴随人类社会数千年演进的系统，有其自身规律，任何新兴技术必须在遵循零售业客观规律的前提下，才能真正发挥其应有的作用。今天炙手可热的“互联网+”，绝不意味着互联网对包括零售在内的传统产业的完全颠覆，而是要在工具意义上找到提升传统行业效率的有效契合点。

即使有一天，所谓“奇点”来临，我相信，人的因素仍然会在包括零售在内的服务领域，发挥不可替代的作用。正如沃尔玛在商业零售中较早地拥抱了计算机等现代技术，但是老沃尔顿更加明白，“没有整个系统中所有那些尽心尽力的员工和卡车司机，那些计算机、激光制导配送中心都是没有用的”。

而且，由于沃尔顿先生一直致力于“确保变化是沃尔玛文化中必不可少的一部分，有时甚至为了改变而改变”，加之，其创立的沃尔玛在现代商业潮流下进行的庞大而精深的商业实践，使得在此基础上形成的沃尔顿抑或是沃尔玛的商业思想，具有了足以烛照未来的洞察力。

以沃尔玛的商业探索为观照，考察今天中国电子商务乃至零售业发展的未来，也许能让我们对整个行业发展多一份敬畏与冷静，少一份改天换地的浮躁与虚妄。

我们可以通过沃尔玛来看今天中国的农村电商。沃尔玛崛起于二战和朝鲜战争之后，大量的美国年轻人开始涌向城市寻找工作机会，但他们中的大多数，真正落脚的居住点往往在郊区，加上汽车的普及，美国州际公路网的形成，美国商业零售版图开始发生变化，郊区小镇顾客的强烈需求，使得沃尔玛的诞生成为可能。

沃尔玛发展之初曾经被指责为“美国小镇商业之敌”，我认为这是一个伟大的批评，因为它显示沃尔玛参与并主导了美国小镇的商业系统重构，并最终因为秉持让社区居民生活更美好的理念，而在小镇扎根壮大，并从美国小镇走向了全世界。

任何伟大的商业实践，必然顺应了时代的发展。今天，中国的城镇化进程正在加速，而在中国的电子商务领域，随着城市市场竞争的逐渐饱和，电商下乡成为热点。各大电商的触角开始伸展向基层县乡，乃至农村的田间地头，未来必然也面临着与当地商业系统的冲突与融合。当年的老沃尔顿先生，本身就是一个小镇的居民，没有人比他更了解自己的邻居们需要什么样的零售服务。

中国的电商以什么样的姿态下乡呢？我们这一代人，很多都是农村出来的，急于大刀阔斧地改变家乡的面貌。但是居高临下的反哺，情怀悠远的乡愁，一厢情愿的改造，恐怕都解决不了问题。面对长期被市场忽视的“冻土”，需要我们真正俯下身去做细致入微的探察，以感同身受的责任感，去做耐心的基础商业建设。

我还从沃尔顿先生的讲述中，看到了对今天O2O实践的启发。在沃尔顿写这本书的时候，沃尔玛已经是一个覆盖全美的超级零售巨无霸。但是沃尔顿却说：“一名精明能干的五金店主能把我们打得落花流水，只要他想好自己要怎么做，并决心同沃尔玛对抗到底。”这不是谦虚，因为，同样以一个小店起家的沃尔顿明白，一家独立经营的小店店主，如果能亲自迎接每一位顾客，亲自操作收银机，让每一个你所在社区的居民知道，你有多感谢他们，就建立了无可取代的竞争优势，这是像沃尔玛这样的巨型商业系统无论怎么效仿都做不到的。

沃尔顿先生描绘了一个小店消费的温馨场景。我想，这样的小店在生活节奏日益紧张的今天，对消费者还是有着致命的吸引力。最近，在电商领域有个说法，“得场景者得天下”。O2O的关键就是连接线上线下后的消费场景重塑。场景是立体的、多维的，这就意味着，在简单的快捷、方便之外，必须设计更加有温度、有情感的联系。一段时间以来，京东开始尝试在自营的配送体系上，嫁接更加丰富的附加服务。我相信，以自营体系为依托，连接着消费和供应的两端，在探索O2O的崭新场景上，我们有着先天的优势，并走在正确的道路上。

还有，今天很多做互联网商业探索的人，言必称“大数据”，似乎唯有如此，才显得有前瞻、有高度。但如果你读过这本书就会发现，依靠大数据基础，对上游生产链条做柔性改造，乃至反向定制，沃尔玛在上个世纪80年代就开始玩了。

彼时，沃尔玛与宝洁联手成立了一个合作团队，以期建立一种全新的“供货商—零售商关系”。基本合作模式就是通过计算机来共享信息。宝洁公司运用沃尔玛的销售和库存等大数据，制定自己的生产和发货计划，效率大大提高，成本大大降低，从而沃尔玛的销售价格也大大降低，最终惠及消费者。

也许，以今天的眼光来看，当时这种反向定制，还是比较初级的，但这种合作更宏观而现实的意义在于，制造商和零售商从彼此博弈的对抗性关系，转变为共同致力于更好地服务消费者的伙伴关系。对于正在面临转型升级的中国制造业企业而言，我相信，这才是踏上互联网快车道的正确姿势。今天，沿着这样的思路，京东在智能产业的开放性探索，希望能帮助到更多的制造业企业。

当然，对我来说，沃尔玛最让人尊敬的还是其已经自在于普通人的生活当中，成为人们生活方式的一个组成部分。当老沃尔顿如数家珍般地念叨，沃尔玛为美国人的生活带来了哪些改变、创造了哪些价值，也许道出了许多零售从业者的终极梦想，对致力于成为国民企业的京东而言，同样有着莫大的鼓舞。

我希望京东的员工，或有志于零售业的年轻人，可以将这本书作为认识零售业的入门著作，当然，你也可以走进身边的一家沃尔玛去好好观察，潜心体会。

不瞒你说，零售业的秘密都在沃尔玛的货架上。

刘强东

2015年4月，北京

【序言二】

一切从顾客至上开始

前沃尔玛中国总裁兼首席执行官 柯俊贤（Sean Clarke）

我和我的同事们对于《富甲美国》得以在中国再版感到非常兴奋，谢谢读客让更多中国读者了解沃尔玛以及我们的创始人山姆·沃尔顿先生的故事。

零售业不断的演进和变化，商家们不断地推陈翻新来更好地服务顾客，很多人关心实体店在电子商务的冲击下，该何去何从。事实上，在过去50多年，沃尔玛能从美国本顿维尔小镇的一家店发展成全球最大的零售商，我们的精神和文化自始至终都经得起时间的挑战，没有改变过。我们称之为基本文化信仰，它们是沃尔玛得以在全世界27个国家，每周服务2.45亿顾客的成功秘籍，也是山姆·沃尔顿先生教给我们的。

一切从顾客至上开始

没有什么比了解并满足顾客的需求更为重要。各式各样的研究调查告诉我们，中国顾客最在乎的是食品安全、品质和价格，其实不一定靠这些报告才能知道顾客在想什么。山姆·沃尔顿先生教会我们并且以身作则的，是到店里和顾客直接交流，观察他们的购物篮，了解他们生活中都关心或担忧什么。作为一个“老外”，我特别喜欢到门店和中国顾客交流，从他们身上我得到许多很好的建议。虽然语言不通，需要同事们协助翻译，但是顾客们总是愿意和我分享他们对沃尔玛的期望和建议。不论是在沃尔玛的门店或者我们竞争对手的门店，顾客分享给我们的讯息，激励着我们每一天都比前一天进步。

追求卓越

就像山姆·沃尔顿先生当年一样，我们仍然保持这样的传统，不断地检讨回顾我们做得好不好或需要改进的，我们从没有对现况满足过。我们会短暂地大肆庆祝成功，然后认真地检讨下次如何能做得更好。我们不断鼓励同事们提出建议，让我们能更好地服务顾客，因为同事们总是有最好的主意。多年以来，我们全世界的门店都保持一样的传统：每天早上门店开店前，同事们聚在一起做沃尔玛欢呼，回顾销售表现和讨论今天要达成的目标。我们相信只要每天都持之以恒地努力服务顾客，我们的顾客就会感受到我们的用心。我们都记得山姆·沃尔顿先生走到哪儿都拿着他的黄色笔记本，他会把和顾客、同事、朋友甚至陌生人那儿听到的好点子记下来。这个好习惯影响着沃尔玛的每一位同事。

尊重个人

我们经常挂在嘴边的一句话就是“我们的同事创造非凡”。山姆·沃尔顿先生尊重每一位同事，并且替同事们创造了一个公平、透明的环境，在这里我们接受培训、考核并得到事业的发展。在沃尔玛，每个人都有机会从最基层的同事，升职成为公司的总裁！我们的全球总裁董明伦先生在沃尔玛已经服务30年，他的第一份工作就是从沃尔玛开始的。我自己也在沃尔玛工作超过了15年。而最让我们骄傲的是，我们进入中国市场已经19年，我们培养出无数优秀的零售人才，并为中国零售市场的发展作出了贡献。这些中国的同事有许多在沃尔玛中国担任重要的职位，他们当中很多都是从基层岗位做起。

诚信

山姆·沃尔顿先生曾经说过：个人及道德诚信是公司的基础，需从人人做起。

诚信行事是沃尔玛公司的基本信仰之一。我们设立道德办公室，向全公司员工弘扬沃尔玛的道德文化，为道德决策提供指导和资源，提供保密的报告系统并且监督调查，持续推动道德沟通和培训项目。每年，我们在全国员工中通过层层推选、全员投票来评定诚信实践先锋奖，获奖员工直接前往美国总部参加一年一度的股东大会，并与其他国家的获奖者一起领取沃尔玛诚信实践的最高奖项。诚信没有灰色地带，公司对任何违规行为的态度是零容忍，与涉及的金钱利益大小无关，我们的员工在各自的日常工作中都会自觉诚信行事。我们要求不仅员工要做到，我们的所有合作伙伴都要做到，这样才能建立顾客对我们的信任。

《富甲美国》这本书是山姆·沃尔顿先生的自传，书中有许多故事激发我们，其中包含他如何判断并作出决定，也包含了沃尔玛文化的精髓。这些原则和文化，从19年前我们在中国开第一家店开始，到今天我们的足迹跨越160多个城市、400多家门店，我们的原则和信仰从未改变。山姆·沃尔顿先生已经离开了我们，他的精神依然体现在我们的门店和员工身上。我希望您会喜欢这本书，也希望您能光顾沃尔玛。

柯俊贤（Sean Clarke）
2015年5月，深圳

目 录

沃尔玛的故事是一个关于创业的故事，一个关于冒险、关于努力工作的故事，从这个故事里我们能够看到，知晓自己的愿望并乐于动手去实现，是成功的必要条件。它还告诉我们，要坚定你的信念，即使其他所有人都不支持，也要坚持己见。

引言

嗨，朋友们，我是山姆·沃尔顿，沃尔玛的创始人和董事长。我希望你在看这本书时，已经有过在我们的某家店里购物的经历，或是买了我们公司的股票了。如果你有，你大概已经知道，对于这三十年来所有沃尔玛人取得的成绩，我是多么骄傲，那简直就是个奇迹。我们的第一家沃尔玛就开在美国阿肯色州的西北部，到现在我和所有的沃尔玛人仍然把它当作“家”。有时候简直很难相信，我们居然从那家小小的店铺，成长为当今世界最大的零售商。而且这一路走来，整个大时代可是糟糕得够可以的。

我意识到，我们在沃尔玛做到了某些令人讶异的事情，某些很特别的事情，我们应该同那些关心热爱我们商店与公司的人分享更多。有一件事，是我们建立沃尔玛以来一直很少去做的：在沃尔玛大家庭之外的场合，谈论我们自己或是吹牛皮——除非是我们想要说服那些银行家或是华尔街金融家，跟他们说我们将在未来大有作为，所以现在值得给个机会。当人们问我：“沃尔玛是怎么做到这个的呢？”我通常是敷衍过去，“朋友，我们只是想到了，然后去做。”我会这么说。对于自己，我们总是三缄其口，我们有很好的理由这么做——少说才能保护商业交易和家庭生活，而且我们很喜欢这种处世方式。

可是这样的话，一大堆关于我和沃尔玛的谣传，以及无中生有、半真半假的事情就在这些年里四处流传起来。那其中暗藏着对我的个人财务状况的过分关注，给我和家人的生活带来了许多额外的困扰——尽管如此，我只是选择无视它，尽自己最大努力全心扑在沃尔玛的事业上。

这一点实际上从未改变过。不过现在我已经同癌症作了一段时间的斗争了，我也不再年轻了。而且近来，许多人——包括海伦和孩子们，还有公司的一些主管，甚至是店里的一些员工——都大惊小怪地跟我说，我才是讲述沃尔玛传奇的最合适人选，而且——不管我喜不喜欢这个说法——我的整个生命就是同沃尔玛紧紧联系在一起的，我应该在我还能做到的时候，把它正确地写下来。所以，我准备尽我所能试着讲讲这个故事，尽量呈现它的原貌。我希望，在你们看来它轻松有趣、激动人心，就像我们感觉的那样；我还希望，我们所有人在沃尔玛里感受到的那种精神，能多多少少地感染到你。而最重要的是，我想要做个总结发言，说说沃尔玛人对于沃尔玛的成功是多么重要。

回顾一个人的一生，试着弄明白所有那些生活片段是怎样连缀在一起的，还真是件蛮有趣的事情。我猜，任何人在这么做的时候都会有点儿奇怪的感觉，可对于像我这样的人来说，那可真是非常古怪的体验，因为我从来就不是个每日三省吾身的人，从不在过往徘徊。如果非得让我挑出一个对我的一生来说至关重要的要素，那大概是一种力争上游的激情吧。这种激情推动着我忙个不停，计划下一次分店巡视、下一家商店开业、下一场我个人想要在商店里推行的商品促销活动——鱼饵桶啦，热水瓶啦，软床垫啦，大包糖果啦。

但是当我真的开始回顾时，我意识到，沃尔玛的故事首先是一个关于传统准则的故事，正是这些传统准则使美国变得很好。它是一个关于创业的故事，一个关于冒险、关于努力工作的故事，从这个故事里我们能够看到，知晓自己的愿望并乐于动手去实现，是成功的必要条件。它还告诉我们，要坚定你的信念，即使其他所有人都不支持，也要坚持己见。不过，我觉得最重要的是，它证明了只有想不到，没有做不到，普通的劳动人民也能成就一番事业，只要他们能够得到机会、鼓励和支持，尽到自己最大努力。因为这就是沃尔玛之所以成为沃尔玛的诀窍：平凡人齐心协力，完成非凡之事。首先，我们让自己大吃一惊，而后没过多久，我们就让全世界都大吃一惊，特别是那些认为美国是个暗潮汹涌、矫揉造作的地方的人、不相信像沃尔玛的成功这类事情的人。

沃尔玛的故事是独一无二、前所未有的。所以，也许通过讲述它真实发生的情形，我们能够帮助一些遵从、实行同样准则的人达成梦想。

第一章

重视每一分钱

有天晚上，我醒着，打开收音机，听到里面宣布山姆·沃尔顿成为美国首富。然后我想:“山姆·沃尔顿。哎呀，他曾是我班上的学生呢。”我兴奋得不得了。

——海伦·威廉，密苏里州，哥伦比亚，

希克曼高中前历史课和语言课教师

我想，成功总是要付出代价的，我是在1985年10月通过一种艰难的方式学到这个教训的。当时，《福布斯》把所谓“美国首富”的头衔冠在我头上。好嘛，不用费劲就能想象，纽约所有其他报纸和电视都闻风而动，追问：“他是谁？”“他住在哪里？”而紧接着记者和摄像师开始蜂拥到本顿维尔，我猜他们是想拍下我一头跃进铺满金币的游泳池中的照片，他们觉得我肯定有那样的游泳池；或是希望看到我正用百元大钞点燃又大又粗的雪茄，身边还环绕着一群跳着性感肚皮舞的姑娘。

我真不知道他们是怎么想的，不过我不打算配合他们。所以他们挖掘到了以下这些和我有关的猛料：我开的是一辆敞篷小型载货卡车，车后厢放着笼子，那是为我的捕鸟猎犬准备的；我戴着一顶印着“沃尔玛”字样的棒球帽；我在镇子广场旁边的理发店里理发——有个装备了长焦镜头的家伙甚至偷偷溜近，抓拍下我坐在理发椅上的照片，这张照片登上了全国的报纸。接着，那些我们压根就没听说过的亲戚就开始从世界各地给我们打电话、写信，甚至亲自上门拜访，要求我们解囊相助。其中一些人的理由确实说得过去，我真的相信；不过我们也从中见识到了世间种种脑残骗子的可笑嘴脸。我记得一个妇人写来一封信，她在信里大咧咧地说：“我一直想要栋十万美元的房子，可我一直没那么多钱。你能给我这笔钱吗？”直到今天，还有人在这么干，给我们写信或是打电话，想要我们给他们一辆新车，要么就是付钱请他们去度假、去补牙，去干任何他们心血来潮想干的事情。

其实我本性很和善——我常常和人们在街上聊天什么的——我的妻子海伦也是个非常亲切开朗的人，竭尽所能地参加各种公众活动，而且我们的生活一直非常公开化。不过当时我们真的一度感觉，这个“首富”头衔就要毁掉我们的整个生活方式。

我们一直努力恪守本分，可是突然间，所有人都指望我们为他们买单。还有好管闲事的狗仔队，会在一天里的任何时刻往我们家打电话，我们对他们说“不，你不能带着一整支摄影组到我家”“不，我们不想让你的杂志花上一周时间拍摄沃尔顿家的生活照”或是“不，我没有时间同你分享我一生的故事”，他们就会表现出毫不掩饰的粗鲁。而且所有这些人都想要聊聊我们家的私人财务状况，这真是让我火冒三丈。他们甚至对沃尔玛公司都没什么兴趣，而在当时，沃尔玛的故事不管放在世界上的任何地方，都可能算得上是最棒的商界传说了，可就算这样，他们也从未想过问问公司的事情。

这个经历给我留下的深刻印象就是，绝大多数媒体人——还有一些典型的华尔街人士——要么觉得我们是一帮在货车后车厢里卖便宜货的土包子，要么觉得我们是某种投机商或股票诈骗者。而当他们一旦下笔写到我们公司，要么就是胡说八道，要么就是满纸嘲弄。

所以沃尔顿家的人几乎本能地紧紧闭上了嘴巴，绝不把我们中的任何人拿出去进行公众形象宣传，尽管在那段时间里，我们的生活依然保持公开，并保持对各个分店的巡访。幸运的是，在本顿维尔这个地方，我们的朋友和邻居们保护我们免受大量这种狗仔队的骚扰。可我还是在一次网球赛上打球时，遭到来自《富豪名流生活》的一个家伙堵截，海伦也因为一篇文章把一家妇女杂志大骂了一顿。媒体通常把我描绘成一个寒酸古怪的离群索居者，一个尽管在山洞里藏了几十亿美元，却仍然和狗儿同眠的乡巴佬。

后来，在1987年股市崩盘时，沃尔玛的股票也和其他股票一样下跌了，每条报道都在说我损失了5亿美元。当他们问及我对此事的看法时，我说："那只是账面而已。"想来他们从这事里找到了不少乐子吧。

不过现在，我会谈谈我对于金钱的看法——适可而止。除此之外，我们的财务情况——就像其他任何一个头脑正常的美国家庭一样——只是我们自己的事情，不关别人的事。

毫无疑问，我对于金钱的态度很大程度上是与我的成长经历有关的，我正赶上了美国历史上一段相当艰苦的时期：大萧条时期。而我早年生活的美国中部地区——密苏里州、俄克拉荷马州、堪萨斯州、阿肯色州——在沙尘暴时代[①]经受了沉重的打击。

我于1918年出生在俄克拉荷马州的金菲舍镇，在那儿住到5岁。不过我最早记忆中的地方，是密苏里州的斯普林菲尔德，我在那里开始上学，随后搬到密苏里州的小镇马歇尔。在那以后我们搬到密苏里州的谢尔拜纳，我在那儿开始上高中，再然后是哥伦比亚镇，在那儿我念完了高中，进了大学。

我的父亲，托马斯·吉布森·沃尔顿，是个非常勤勉的人，每天很早

---

① 20世纪30年代美国中部的严重干旱沙尘天气。

起床，工作很长时间。他是个老实人，完完全全、彻彻底底的老实人，他的诚实正直被许多人记得。他还颇有一点个性，喜欢做生意，什么东西都拿来交易——马、骡子、牛、房子、农场、汽车，任何东西。一次，他用我们在金菲舍镇的农场换取了俄克拉荷马州欧米加镇附近的另一座农场。还有一次，他用他的手表换了一头猪，于是我们的餐桌上便有了猪肉。

我的父亲还是我遇到过的最善于讨价还价的人。他有种罕见的直觉，知道对方让价能让到什么地步，他总能还到那个价钱，并且在友好的气氛中成交。不过有时他出的价真是让我觉得发窘，那实在是太低了。这大概就是我不能成为世上最佳谈判者的原因之一吧：我缺乏榨取对方最后一美元的天资。幸运的是，我的兄弟巴德，从很早的时候起就是我事业上的伙伴，他继承了我父亲讨价还价的天分。

父亲从未有过自己创业的那种野心或自信，他不相信借贷。在我的成长过程中，他干过各种工作，银行职员、农场主、农业贷款评估员、保险及房地产代理人。在大萧条时期的开始，有好几个月他完全找不到工作，最后只得上他兄弟的公司去做事，那家公司叫沃尔顿抵押借贷公司，是美商大都会人寿保险公司的一个代理处。父亲接手了大都会公司老农场借贷方面的事务，那些农场绝大多数都处于拖欠债务的境况。在1929、1930和1931年间，他不得不从数百户可怜的好人家手里，没收了他们家族世代拥有的农场。有时候我同他一起，那场面很悲惨，而且对我父亲来说也的确很不容易——不过他尽可能让那些农场主保留最大限度的自尊。所有这些，必定会给还是个孩子的我留下深刻印象，虽然我全不记得当时有没有对自己说过诸如“我决不要做个穷人”之类的话。

我们从未把自己当成穷人，尽管我们手头的确没有多少所谓“税后收入”的钱，但我们都竭尽所能四处赚些小钱增加收入。比如我的妈妈，南希·沃尔顿，在大萧条时期想到个点子，开了家小牛奶店。我早上早早起床挤牛奶，母亲则进行各项准备工作，将牛奶装瓶，下午我练完足球后就去送牛奶。我们有10到12个主顾，他们花上10美分就能买到1加仑牛奶。不过最棒的是，妈妈会从牛奶里撇奶油做冰激凌，我常常会想，是不是正是那时候吃下的那些冰激凌，使我长成了现在这个胖子山姆·沃尔顿。

大概在我七八岁大的时候，我还开始递送报刊、争取订户，从七年级一直到我上大学，从不间断。我还饲养并出售兔子和鸽子，与那时候的农村孩子没什么两样。

我很小就认识到，我们小孩子帮着家里挣钱，努力付出而不仅仅是索取，是很重要的。当然在这个过程中，我们也认识到了，用自己的双手挣得一块钱是多么不容易的事，而当你真的做到了，就更了不起了。通过言传身教，我的父母将他们积攒财富的方法传给了我们：绝不乱花一分钱。

巴德·沃尔顿：

人们没法理解为什么我们总是这么节俭。身为亿万富翁却驾驶一辆老旧的敞篷货车，在沃尔玛买衣服，或是不肯乘坐头等舱之类的事情，他们总是大惊小怪的。

其实只是因为，我们就是这样长大的。

要是街上丢着一分钱，有多少人会走过去捡起来呢？我打赌我会，而且我知道，山姆也会。

斯蒂芬·庞弗利，摄影师：

一次，在密苏里州某个小机场的停机坪上，我打算给山姆照张外景照片。他正下飞机，我往地上丢了个五分硬币——想拿他寻寻开心——还对我的助手说："让我们等着瞧他会不会捡起来。"

停机坪上飞机起起落落，而山姆急匆匆地走过来，拍了几张后他得换个姿势再拍。

"好吧，"他说，"你想要我站在哪儿——那个五分硬币上吗？"

当我走进社会准备干点自己的事业时，我已经对一块钱的价值抱有一种强烈的、根深蒂固的尊重了。可尽管我取得了商学学位，我对于货币和金融的了解却还不那么透彻。接着我认识了海伦一家，听她的父亲L.S.罗伯森先生侃侃而谈，这本身就是一种教育。罗伯森先生对我的影响很大，他是一个出色的推销员，是我遇到过的最具有说服力的人之一。我确信，他作为一个商人所取得的成功，他对于金融和法律的理解以及他的人生观都深深地影响了我。当我目睹他的成功时，我争强好胜的本性便被大大激发起来，觉得很羡慕。我并不是嫉妒他，我只是钦佩他。我对自己说：也许将来有一天，我也会像他那样成功。

罗伯森一家在理财方面非常精明。海伦的父亲将他名下的大农场和家族企业组合成一家合伙企业，海伦和她的兄弟们都是合伙人。他们所有人轮流处理农场的账务及类似的事情。海伦有金融学的本科学位，在那时候就一个女人来说，可是的的确确很不寻常的。总之，罗伯森先生建议我们家也像他们家那么干，我们的确那么做了，那是老早以前了，在1953年。当时我们只有一点点钱，我们用它开了一个合伙经营的店铺，我的孩子们都是合伙人。正是从这个小店开始，沃尔顿集团一步步发展起来。

这些年来，我们所持有的沃尔玛股份全都投入了这个合伙企业中。沃尔顿集团的董事会就是我们一家人，我们在达成一致的基础上进行决策。

有时我们会争论，有时候则意见统一。不过我们控制着付给每位董事会成员的红利数额，保证每个人所获相同。这些年来，除开我因为担任公司董事长的职位而多领一份薪水，孩子们得到的钱和海伦与我一样多。现在这个职位已经交给我的儿子吉姆，那份薪水也归他领了。我们通过这种方式积累企业资金，而不是四处挥霍、过奢侈的生活。当然，我们也留出了生活所需的钱，而且在我看来，这些钱恐怕还比较多。

合伙经营的方式，在很多不同方面起到良好效果。首先，它确保了我们通过家族控制沃尔玛连锁集团，保持集团的整体性，使它避免遭遇随意、零散的抛售。今天我们仍持有公司38%的股份，对于任何一个掌握沃尔玛这样规模企业的人来说，这一数字大得异乎寻常。这也是保护沃尔玛、不使它通过股份收购落入他人之手的最好办法。同时这点也很了不起，只有那些对自己家族的实力有信心、对公司的发展潜力有信心的家庭才能做到。股份所有权的转让手续老早以前就办好了，我们无须在这上面交付巨额赠予税或是遗产税。道理很简单，想要少交遗产税的最好办法，就是在你的资产增值以前就把它们给出去。

事实证明，合伙经营是一种极好的商业理念和经营策略，要是没有海伦父亲的建议，我肯定不会老早以前就想到这一点。这并不是对子女的溺爱或是过分之举，这是整个计划的一部分——将整个家族紧紧维系在一起，同时保持一种建立在我们自己标准上的均衡感。

海伦·沃尔顿：

这是一种极好的金融策略，不过它还有一个方面：在子女和家庭之间建立了一种联系，加强了他们对彼此的责任感。你不能否认这一点。

所以当1985年《福布斯》说我是美国首富时，好吧，它的确没说错。要是你把当时沃尔玛的股票价格与我们的持有数相乘，我们的身价大概值200亿或是250亿美元，或者他们说的随便多少。整个家族也许真的拥有这么些资产，不过我自己可从没亲眼见过那么多钞票。一方面，我们整个家族从沃尔玛获取的红利中，我和海伦只有20%的份额；另一方面，只要我还在，沃尔玛集团的绝大部分股票就不会动——而且我相信这一态度至少将延续到下一代不变。我们不需要钱。我们不需要买上一艘游艇。而且感谢上帝，我们也从没想过我们必须出门游玩，买些诸如小岛之类的东西。我们只是没有这种需要或者说是企望，而正是这种企望毁掉了大量公司。公司建立的年头长了，有些家族就一次一点地卖掉他们的股票以维持奢华的生活，然后——"嘣"——股份就被某个人全收购了，公司就这么易手了。我写作这本书的一个真正原因，就是好让我的孙儿辈和曾孙辈有朝一日能读到，并明白这一点：只要你开始作出如上所说的那种愚蠢举动，我就会从坟墓里爬出来找你算账。所以连想都不要去想。

我不是打算在这儿哭穷。一直以来，在这个家里，我们毫无疑问拥有比维持舒适生活所需更多的金钱——即使是在沃尔玛飞速发展之前就是这样。有一点必须说明：金钱对我的意义从来就没那么大，即使是从账目意义上来说也是这样。只要我们有足够的食物，有不错的住处，有地方可供我饲养我的猎犬，有地方打打猎、打打网球，还有，最重要的是，能够让子女接受良好的教育——这就是有钱了。我就是这个想法，而我们已经拥有上面说的那一切了。我们并不是疯子。我们并不像有些人描绘的那样像贫民似的过活。我们一家人都喜欢飞行，我们拥有好些很棒的飞机，这些年里我总共拥有过18架飞机，不过没有任何一架是在它们簇新的时候买下的。我们也在一些很棒的地方举办家庭聚会，比如佛罗里达州那不勒斯市的丽思-卡尔顿酒店，或是圣地亚哥的科罗拉多酒店。我们居住的这栋房子是由E.费伊·琼斯设计的，他住在费耶特维尔的下街区，是世界著名建筑师弗兰克·劳埃德·莱特的门生。尽管我觉得造价太高，但我必须承认它很漂亮——不过得是从一种真正简洁自然的角度来说。

我们并不因为拥有财富而觉得羞耻，我只是觉得那种声色犬马的生活方式在很多地方都不太合适，尤其是在本顿维尔，这儿的人们辛苦工作赚取收入，而我们都知道，大家都是人，都差不多。我还真不确定我明白所谓名流生活是什么意思。举个例子，伊丽莎白·泰勒在好莱坞举办婚礼，究竟是为什么我会收到邀请？我至今不能相信，我去理发店剪个头发都能成为新闻。我还能去什么别的地方剪头发？为什么我驾驶的是一辆敞篷小货车？你们觉得我应该用什么车来载我的那些狗？劳斯莱斯轿车吗？

不过现在，我乐于承认那些杂志上的文章也带来了某些好处，尽管它制造了那么多的麻烦，让我在这些年里一直痛恨不已。起初我以为那些说辞会影响我和店里员工们的关系。不过我发现，天哪！他们的看法几乎都是这样："看，我们帮他做到了这一切。我们真为他高兴！"我想，现在我对分店的巡访，也许从某种意义上来说对他们更重要了。自从那个富豪榜多多少少使我变成一个公众人物后，我注意到他们对我的反应有了很大的不同。而且，很自然的，我们的顾客看来也挺喜欢这件事：让我在钞票上或别的东西上给他们签名。

查理·鲍姆，沃尔玛公司早期合伙人：

山姆在阿肯色州纽波特开设第一家店时我就认识他了，我相信，从某些角度来说，金钱对于山姆几乎毫不重要。推动他不断前行的是雄踞巅峰的渴望，而不是金钱。现在他已经被财富烦得不行了：不久前的一天，他早上6点钟跑来问我，“要是你的儿孙知道自己有一辈子都花不完的钱，你要怎么去激励他们工作呢？”

大卫·格拉斯，沃尔玛公司CEO：

山姆真的很有钱吗？三十年来我一直跟着他四处跑来跑去，你千万别跟我说这话。实际上，要是我不看每年的股东会报告书，我真的会赌咒发誓说他穷得叮当响。我记得一次我们乘飞机离开纽约——一次商务旅行——准备去俄亥俄州哥伦比亚市的沃尔玛百货有限公司拜访我们的朋友。就在机场，山姆突然显出吃惊的表情，然后对我说：“大卫，我身上一点钱都没带。你带了吗？”我摸了摸钱包，抽出两张20块的钞票。他盯着钱，说：“你大概不会两张都要用吧，借我一张吧。”

现在，只要谈到沃尔玛，必不可免的一个说法就是：节俭。公司有这样一个声明，在营业额达到400亿美元、并且将业务拓展到加利福尼亚和缅因州那么远的地方之前，公司绝不会购买一架喷气式飞机。我觉得这个声明是来真的，而且就算目标达成了，他们也得把我绑起来架着我去买。出差时，我们两人合住一个房间，直到我年纪大了，才开始单独住一间房。我们入住的都是假日酒店、华美达酒店、戴斯酒店，吃饭的地儿是一些家庭小餐馆——要是我们有时间吃饭的话。现在可不一样了，看看那些野心勃勃的公司、薪酬惊人的CEO，他们打从一开始就只想着攫取钱财，除了自己以外不关心任何人，真让我挺心烦的。这正是现今美国商界的一大弊病。

加里·雷恩鲍斯，沃尔玛公司早期分店经理：

> 早年间，我们会和山姆一起去各地进货，我们所有人都尽可能只住一个或两个房间。我记得有一次在芝加哥，我们8个人住在一间房里，而且那个房间还不是很大。你大概会说我们的预算抠得太紧了。

可是时至今日，当沃尔玛已经取得如此成功，当我们公司的资产已经超过500亿美元时，有时我还是会被问到：为什么我们依然如此节俭？答案很简单：我们重视每一分钱的价值。

我们要向顾客证明我们存在的价值，这就意味着，除了优质的商品和服务之外，我们还必须帮他们省钱。沃尔玛公司每浪费一块钱，实际上就是让我们的顾客多花一块钱。而每次我们帮顾客省下一块钱，就在竞争中领先了一步——这正是我们的宗旨所在。

第二章

改变行业面貌的规律

自孩提时代起，只要山姆决心做什么事情，就一定能干好。我想他生来如此。他做报童的时候，有过一个比赛。我忘了奖金是多少了——可能是10美元，谁知道呢。他挨家挨户争取新订户，最终赢得了比赛。他知道他会赢。这就是他的天性。对此我唯一的解释就是，山姆继承了我们母亲身上的许多品质。

——巴德·沃尔顿

我不知道什么会使一个人变得雄心勃勃，不过事实是，我从降生那一刻起便背负了太多的期许和梦想。对此，我想我兄弟的解释可能是对的，我们的母亲对我们有着极高的期望。她读过许多书，热衷教育，虽然她自己并没受过太多教育。她上过一年大学，紧接着就退学结婚了。也许是为了弥补这一遗憾，她一开始就要求我将来要上大学，并做出一番事业。我一生最难过的事情之一，就是正当我们的事业开始蒸蒸日上时，她因为癌症而过早离开了我们。

母亲一定是个特别能激励他人积极进取的人，因为当她告诉我，无论做什么都应该始终尽力做到最好时，我认真听了她的话。所以，我总是怀着真正的热情——有人会说那是偏执——去从事我感兴趣的每件事，去获得成功。我总是给自己设立很高的要求，我立下的个人目标都是极高的。

我记得，当我还只是密苏里州马歇尔镇上的一个小屁孩时，就已经有着勃勃雄心了。好几年里我一直担任班长的职务。我同其他孩子一起玩橄榄球、棒球和篮球，在夏天时我还游泳。

我非常争强好胜，当我加入马歇尔镇童子军时，我同其他成员打赌，看谁能第一个获得“雄鹰”徽章。在我获得马歇尔镇童子军“雄鹰”徽章之前，我家搬到密苏里州的谢尔比纳，它是个总人口大概只有1500人的小镇，不过我还是赢得了赌约。我在13岁那年获得了“雄鹰”徽章，在当时，是整个密苏里州史上该徽章最年轻的获得者。

1932年夏季《谢尔比纳民主党报》：

周四下午，一名训练有素的童子军成员、谢尔比纳镇的汤姆·沃尔顿夫妇14岁的儿子山姆·沃尔顿，自索特河中救起一名落水儿童K.R.彼得逊教授夫妇的小儿子唐纳德·彼得逊……

唐纳德落水之处河水太深，他无法爬上岸来，于是大呼救命。孩子们的陪护者洛伊·琼斯试图将他拉上来，但是唐纳德拼命挣扎，反而数次将琼斯先生拖下了水。少年沃尔顿离事故发生地有一段距离，见状迅速赶来，在唐纳德第五次沉入水中之际加入救援。正像他在童子军训练中学到的那样，沃尔顿从背后抓住唐纳德，将他拖上岸并施行人工呼吸，这是童子军成员必须熟练掌握的本领。

当时唐纳德已经失去知觉，全身发紫。花了好长时间才使他苏醒过来。

他们说是我救了那个孩子的命——也许是，也许不是。在这类事情上，报纸总是喜欢夸大其词。不过，至少是我把他拉出了水面。回顾这些孩童时代的小插曲，能帮助现在的我认识到，我始终对于行动有种强烈的偏好——这一特点已经成为“沃尔玛传奇”的一个重要组成部分。虽然坦率地说，谈论这个让我觉得很不好意思，因为我担心，这看上去会像是我在吹牛，或是试图把自己说成某种大英雄。这点特别让我感到烦恼，因为我很早之前就认识到，在公众面前自吹自擂，绝非建立有所成效的企业组织的办法。一个只追求个人荣耀的人，不会取得很大的成就。在沃尔玛，我们取得的每一个成就，都是大家齐心协力去实现一个共同目标的结果，团队协作——这也是我在早年间学到的。

五年级时我开始参加团队活动，我一个朋友的父亲将我们一帮孩子组织起来，成立了一支少年橄榄球队。我们与别的镇上的球队比赛，像是奥德萨、希代利亚和里士满。我是端锋，但我想成为四分卫或跑卫，尽管我还是个小屁孩，根本挤不进人堆抢球。球队活动是我整个高中生活的重要组成部分，大学也是如此，当然，是校级水平。当我们家搬到谢尔比纳镇时，我玩橄榄球已经比绝大多数九年级的孩子有经验得多了，所以我得以以替补四分卫的身份加入球队。我个子还是很小——大概只有130磅重（约59公斤）——不过我知道许多关于阻断拦截和传球的技巧，并且表现得非常勇猛好胜，最终，我成为了正式队员。

接着我们再次搬家——这次搬到了密苏里州的哥伦比亚镇。在那儿，我进入希克曼高中就读，积极投身几乎所有的校内活动。我并不是人们称为“天才学生”的那种人，但我的确非常用功，所以跻身优等生行列。我曾担任学生会主席，并且是许多社团的活跃分子——特别是演讲团，我记得，我曾被评选为“才艺之星”。我还是个体育迷。我喜欢去体育馆打篮球，但我并没参加校队的选拔赛——也许是因为我只有5英尺9英寸（1米75左右）高的缘故吧。尽管如此，当我高三的时候，他们还是把我选进了校队，我成为一名后卫，有时候会首发出场。我不是个优秀的投篮手，不过控球很棒，而且是个出色的球场领袖。我喜欢带领球队的感觉。我们是一支常胜之军——我们赢得了州冠军——那是我人生中最激动的时刻之一。

我在高中的运动生涯的确挺让人难以置信的，因为我同时还是校橄榄球队的四分卫。这也是一支常胜的队伍——也赢得了州冠军。特别是我掷球并不是很出色，不过我们主要是以速度取胜。坦率地说，就一个四分卫来说，我速度不够快，但我善于应变，有时我甚至会摔倒在地，透过面前一丝空当把球掷出去。在防守时，我最高兴的事就是教练把我给忘了，让我去做线卫。我总能预感到球将掷往何处，我真的非常喜欢把球截住的感觉。我觉得作为一个运动员来说，我正经算是有实力的了，而我在体育运动中表现出来的主要才能，也许正和我作为一个零售商所具有的最好资质一样——我是一个出色的激励者。

在我的一生中，我参加的橄榄球赛从没输过，这挺难让人相信的，不过，这是真的。当然，我不能把所有功劳都归于自己，而且事实上，这其中肯定有些运气的因素。有几场比赛时我生病了或是受伤了，没有上场，而那几场比赛我在不在都不一定能赢——我就是这样避免了几次比赛生涯中的败绩。不过，我觉得这个“不败”的记录对我有很重要的影响，它教我学会期许胜利，教会我即使面对严峻的挑战，也要始终相信未来一定会赢。

在此后的岁月中，我总是把凯马特超市或是我们面对的所有竞争对手，都看成杰夫高中球队，这支球队在1935年与我们对战，争夺州冠军奖杯。我从未想过我会失败；对我来说，就好像我天生有这个权利去赢。这样去想的话，事情往往真的会朝你期待的方向发展。

因为我是希克曼丘比队这支不败的州冠军队的四分卫球员，我在哥伦比亚镇一带也算是小有名气了，而密苏里州立大学就位于此地。所以我高中毕业后很顺利地进入了大学。大学里绝大部分社团其实只对有钱人家的子弟开放，按常理来说我是没有资格成为会员的。但它们一窝蜂地来找我入会，尽管我只是个土包子。而我作出了最佳选择。我选择了贝塔·泽塔·派（Beta Theta Pi），因为它是学校最顶尖的学生社团，多年以来一直领导着校内的运动社团联合会。

我大学二年级时，贝塔会推举我担任会员招募部门的负责人。于是我买了辆老掉牙的福特车，在那年夏天跑遍了整个州，面试有潜力的贝塔会候选会员。当时我真是满怀激情和抱负，甚至想过有朝一日当上美国总统。

那时候，我已经决定要成为大学学生会主席。我老早就知道了成为学生领袖所需的一个秘诀，那可真是件再简单不过的事情了。当有人朝你迎面走来，在他们开口对你说话之前，跟他们打招呼。我在学校里就是这么做的。我在送报纸的时候也是这么做的。我总是目视前方，同每个朝我走来的人打招呼。要是我认识他们，我会叫他们的名字，就算我不认识他们，我也会向他们问好。没过多久，我认识的学生也许已经比整个大学里所有其他的人都要多了。大家都认识我，把我看成朋友。我参加了每个学生干部职位的竞选。我被选为高年级生荣誉协会（QEBH）的主席，担任了我自己所属社团内的一个职位，还当选高年级学生会主席。我还是美国后备军官训练队（ROTC）精英部队“鞘与刀”的上尉与主席。

1940年《学生会报》“能干的沃尔顿”：

山姆·沃尔顿是那些少有的、能叫出每个门房名字的人中的一个。他在教堂里托着盘子收取布施，喜欢参加社团组织……山姆的领导才能成为许多玩笑话的来由。他的军装让他得了个“小凯撒”的外号。又因为他担任着圣经讲读班的班长，别人都开玩笑地叫他“执事”。

我在密苏里州立大学念书，同时又被选为布洛尔圣经讲读班的班长，那是一个由来自密苏里州立大学与斯坦芬学院的学生组成的大班。在我的成长岁月中，我每个周日都要去教堂和主日学校。这是我生活中一个重要的部分。我不知道我本质上是不是个虔诚的教徒，但我一直觉得做礼拜很重要。显然，我在大学生涯中喜欢角逐各种职位。但随着时间流逝，除了略微涉足一些市议会政治活动以外，我真的已经将竞选公职的雄心抱负留在大学校园里了。

1940年，我即将从密苏里州立大学毕业，取得商学学位。我在大学里很用功，和我一生中任何其他时候一样用功。我总是精力充沛，不过那时我觉得很累。从念高中开始，我就是自己挣所需的一切费用，自己给自己买衣服穿。这种状况延续到大学时代，而且在大学时我的开支里还增加了学费、伙食费、社团会费和约会的花费。要是我的父母有能力的话，他们会很乐意向我伸出援手，但那时候正是大萧条时期，他们根本没有余力。在整个高中阶段，我继续送报纸，进入大学以后，我增加了几条送报路线，雇了几个帮手，使送报这件事成为了一项正经不错的业务。我每年大概能挣到4000到5000美元，在大萧条时代后期，这可真是一笔不小的数目了。

伊兹拉·恩特金，《密苏里哥伦比亚报》前任发行部主任：

我们雇用山姆·沃尔顿送报，而他实际上成为了我们的首席推销员。每年学校开学时，我们都会在学生社团和女生联谊会中搞个征订活动。而山姆正是参加这一活动的最佳人选，因为他争取到的订户比其他任何人都多。他很棒，非常棒，而且挺用心的。

除了送报纸以外，他干着许多其他的事情。事实上，他有时会有那么一点点注意力不集中。他有那么多事情要做，总是会忘记一件两件的。不过，我跟你说，当他集中精神干某件事情的时候，那一定干得非常漂亮。

除了送报以外，我还当餐厅侍应生以换取免费饭食，我还是游泳池救生员的头儿。你可以看出我有多忙，也可以看出我那“臭名昭著”的、尊重每一美元价值的做法还在延续。但是当我站在大学毕业的门槛上时，我却准备放弃这一惯常做法，我真的是急于走进社会，在某个正经的工作岗位上做些事情出来。

我与零售业的第一次接触是在1939年。当时我家搬家了，隔壁住的人名叫休·马丁尼。他曾是密苏里州奥德萨镇上的一名理发师，后来和他的兄弟开了家连锁杂货店，到我家搬去时，他们的连锁店已经有60家分店了。我可能同他谈起过关于做生意的事情，怎样着手去做、怎样才能获得好的收益。他对我的话很感兴趣，之后甚至提供给我一份工作。

但在当时我从没认真考虑过投身零售业。实际上，我确信自己要做一个保险推销员。我有个高中时代的女朋友，她父亲是全美人寿保险公司一位非常成功的推销员，我曾同他谈过他的业务。在我看来，他简直是在赚全世界的钱。对我来说，卖保险好像是天生注定的事情，因为我觉得我是个推销高手，我总能卖出东西去。当我还是个小孩子的时候，我卖过《自由》杂志，卖一份挣5分钱，接着我转而卖《妇女家庭之友》，一份能挣一毛钱，算下来我能挣之前两倍的钱。后来那个女孩和我分手了，但我依然有许多大计划。我琢磨着先拿到学位，然后去宾夕法尼亚州的沃顿商务学院继续深造。但当大学快念完时，我意识到即使我继续像大学期间那样半工半读，也依然没有钱到沃顿去念书。

于是我决定到此为止。当时有两个公司前来密苏里州立大学进行校园招聘，我跟他们的招聘人员谈了谈。他们都给我发了入职通知。我接受了杰西潘尼公司[①]的工作，而拒绝了西尔斯罗巴克公司[②]。现在我意识到一个简单的事实，我投身零售业只是因为我累了，我想要一份真正的工作。

协议很简单——毕业后三天，也就是1940年6月3日，到爱荷华州得梅因市的杰西潘尼店报到，作为一名管理部门受训人员开始工作。薪水是每月75美元。那一天就是我进入零售业的日子，而且——除了一段很短时间的兵役之外——到去年为止，我在这一行整整干了52年。也许我天生就是要做个商人的，也许这就是命运的安排。我不太懂什么命运之类的事情。不过我很确定这一点：从一开始我就爱上了零售业，到现在我依然对它充满热爱。不过，事情并不是一下子就全部到位的。

就像我说过的那样，我很会卖东西。我喜欢这一部分。不幸的是，我的字从来就写得很难看。海伦总是说，世界上大概只有5个人能看懂我鬼画符一样的字（她不是这5个人其中之一）。当我开始新工作时，这一点开始引发了一些问题。潘尼公司从纽约总部派出一个叫布莱克的家伙，巡查全国各地的分店，主要是做审核账目、进行人员评估之类的事情。他定期到我们分店来巡查。我记得他是个大块头，六英尺多高，总是穿得一丝不苟，你知道，都是潘尼公司最好的西装、衬衣和领带。不管怎么说，他对于我的表现非常不满意。我写发票写得一塌糊涂，在操作收银机时也经常很不得当；我不应该把一位新来的顾客扔在一边不管，让他干等着，而自己手忙脚乱地给已售出的商品打纸包。我得承认这一点的确引起了一些骚乱。

---

① 杰西潘尼（J.C.Penney），是美国最大的连锁百货商店、目录邮购和电子商务零售商之一，主要销售男装、女装、童装、珠宝、鞋类、饰品和家居用品等。

② 西尔斯罗巴克（Sears Roebuck and Co.），是一间多种经营零售公司，销售多种家用商品、服装和汽车产品，提供相关服务。

“沃尔顿，”每次布莱克一来，就会对我说，“要不是因为你是个很棒的销售员，我真该解雇你。也许你天生注定就要做这行吧。”

幸运的是，我从分店经理邓肯·梅杰斯那儿得到了支持，他是一个极好的激励者，他为潘尼公司培养了无数的管理人才，比全国任何其他人都要多，为此他感到十分自豪。他有自己的一套方法，是个非常成功的经理。他的秘诀就是，同我们一起从早上6点半工作到晚上七八点钟。我们所有人都想成为他那样的经理。在星期天，我们歇班的时候，就会到他家去——我们有八个人，都是男人——自然，我们会谈论零售业相关的事情，不过我们也打乒乓球或扑克牌。这份工作是七天制的。我记得有个星期天，邓肯·梅杰斯刚收到潘尼公司寄来的年度分红支票，就拿在手里四处挥舞。那是6500美元，给我们这帮年轻小伙子留下了极其深刻的印象。看着他，我不禁也热血沸腾起来。他真的很棒。锦上添花的事情接踵而至，有一天，詹姆士·卡什·潘尼本人来巡视我们分店了。他巡视分店不像后来我巡视我的分店那样频繁，不过他的确会巡视。我仍然记得他向我示范怎样捆扎包装商品，怎样用非常少的细绳和纸来做这事，而且还包得很好。

我为潘尼公司工作了大概18个月，至今我仍然觉得他们的确是这一行业里面的“凯迪拉克”。不过即使在那个时候，我已经在关注竞争对手了。在得梅因，我工作的那家分店所在的十字路口，一共有三家商店，于是在午餐时间，我总是跑到西尔斯和扬克斯公司的分店溜达，看看他们都在干什么。

时间到了1942年初，战争仍在进行，作为一名美国后备军官训练队的毕业生，我热切地想要投身军旅，准备乘船出征海外，立下自己的一份军功。但军方给了我一个大大的意外。因为些许心律不齐，我没能达到作战人员的体检标准，而被划入后备役人员名单。这件事情让我很沮丧，而且因为时刻准备应招入伍，我辞去了在潘尼公司的工作，漫游到南方，朝着塔尔萨而去，心里怀着某些不太明确的想法，想去看看石油工业是怎么回事。石油工业是怎么回事我没看到，作为代替，我在杜邦公司一家很大的弹药厂找到了一份工作，这家工厂位于塔尔萨外围的普莱尔镇。而我唯一能找到的居所，在工厂附近另一个叫作克莱尔莫的镇子上，就是在那儿，我遇到了海伦·罗伯森，那是在一个四月的晚上，一家保龄球馆里。

海伦·沃尔顿：

当时我是和另一个家伙外出约会的，那是我第一次玩保龄球。我刚滚完球，正要回到座位上去——那都是些老旧的木头剧场座椅——山姆把脚抬起来搁在其中一把椅子的扶手上，冲我微笑着说（那话可真老套）：“我以前是不是在哪儿见过你呀？”我们发现他跟我在大学里认识的一个姑娘约会过。后来，他给我打电话，问我要那个姑娘的电话号码，我想也许他还同那女孩出去过。不过没多久，他就和我一起出去了。我们全家人都喜欢上了他，而且我总是说，他就像爱上我那样喜爱上我们全家人。

当我与海伦相遇之后，我开始向她示好，我觉得自己坠入了爱河。她漂亮，聪明，有教养，有抱负，有主见，并且意志坚强——有着自己的想法和计划。而且，像我一样，她曾是个运动员，热爱户外活动，并且活力四射。

海伦·沃尔顿：

我总是跟我父母说，我要嫁给一个特别有活力、有激情、渴望成功的人。我确定自己找到了自己想要的人，不过现在有时候我会觉得好笑，也许我找的这个人有点过头了呢。

正当海伦与我互相倾心之时，我终于接到了军队的征召令。因为累赘心律不齐，我不能赴前线作战，不过依然能够接受后备军官训练队的任职，担任少尉军官。在我前往军队之时，我已经解决了两件人生大事：找到了想要与之共度一生的人，确定了自己想要以何谋生——零售业。服役大概一年之后，我与海伦在1943年情人节那天结婚了，婚礼在她的家乡俄克拉荷马州的克莱尔莫镇举行。

我希望能向你们描绘一段勇敢的军旅生涯——就像我的兄弟巴德那样，他是太平洋舰队一艘航空母舰上的海军轰炸机飞行员——可我的服役岁月实在是平淡无奇。我先是中尉，然后升到上尉，做些诸如监督飞机生产厂、加利福尼亚和全国各处战俘营的安全之类的工作。海伦与我一起度过了两年的军旅时光。当我在1945年退役时，我不但确定自己想要投身零售业，而且确定自己想要创下属于自己的一番事业。我在这一行业唯一的经验，就是在潘尼公司的工作，但我充满信心，相信自己一定能靠自己的力量获得成功。我在军队时最后一处驻地是盐湖城，在那里我经常到图书馆去，翻阅每一本与零售业有关的书。我还花了大量的业余时间研究采恩斯合作商业机构，盐湖城最大的百货公司，由摩门教会控股。我满心只想着在退役之后怎样进入百货业。现在剩下的唯一一个问题就是，我们要去何处安家立业？

海伦·沃尔顿：

我的父亲想要我们搬去克莱尔莫，但我告诉他："爸爸，我希望我的丈夫独立自主，我不希望他只是L.S.罗伯森家的女婿，我希望他是山姆·沃尔顿。"

就像我之前提过的，海伦的父亲是位非常杰出的律师、银行家及大农场主，而海伦则觉得我们两口子应该独立。我同意她的意见，我想我们最好的机会大概是在圣路易斯。因为我的一位老朋友汤姆·贝茨也想要投身百货业。我在谢尔拜纳时就认识汤姆了，那时我们都还是小孩子呢——他的父亲拥有当时镇上最大的百货店——而且我和汤姆在密苏里州立大学的贝塔同学会会舍里是室友。当我退役后，我在圣路易斯碰到了汤姆。他正在巴特勒兄弟公司的鞋装部工作。巴特勒兄弟公司是一家区域性零售商，有着两项特许经营的项目：连锁小型百货店"百货加盟店"以及连锁廉价商店"本·富兰克林杂货加盟店"（以下简称富兰克林店）。我们过去常常把这类商店称作"五分店"或是"一毛店"。

汤姆提议我和他两个人合伙，每人拿出2万美元，买下圣路易斯德玛大街上的一家百货加盟店，我觉得这个主意不错。海伦和我大约有5000美元，余下的我们可以从她父亲那儿借，她父亲一直对我很有信心，非常支持我们。"伙计们，我准备要做一家大城市百货店的老板了。"当时海伦大声说了这句话，然后放弃了她的法律专业。

当时海伦对我说："山姆，我们结婚已经两年了，搬了16次家了。现在，我会跟你到任何你想去的地方，只要你别要求我住在一个大城市里。对我来说，一万人的镇子就足够了。"

所以对于沃尔顿家来说，任何人口过万的城镇都不在考虑范围之内。

要是你对沃尔玛公司最初施行的小镇策略有所了解——正是这一策略促使沃尔玛在大概二十年后崛起——你就会看到，正是海伦提出的这一点，确定了沃尔玛之后的发展路线。她还说不要合伙人，那样风险太大。她们家已经目睹了一些合伙人后来变得让人很不愉快，她打定主意，认为唯一可行的路子就是自己当老板。于是我回去找巴特勒兄弟公司，看看他们那儿还有什么别的可用资源。

他们有家富兰克林杂货店待售，这家店位于阿肯色州纽波特镇，那是阿肯色州东部密西西比河三角洲地区的一个大概有七千人口的小镇，出产棉花，通铁路。我还记得自己搭乘火车从圣路易斯到了那个镇，身上还穿着军装，扎着武装带，然后沿着正街一路走到那家店——我的梦想——浏览了一番。当时这家店属于一个来自圣路易斯的家伙，他经营极其不善。他不停地亏钱，只想尽可能快地摆脱这家店。此时我意识到自己上当了，我是被巴特勒兄弟公司送来拯救那家伙的。当时我27岁，满怀自信，但我不懂得一件非常重要的事情：怎样评估类似这样的事件。所以我毫不迟疑地跳进了这个坑里。我花了25000美元买下了这家店。5000美元是我们自己的积蓄，2万美元是从海伦的父亲那儿借来的。我对于合同契约一无所知，而这一点在后来对我造成了极大的打击。

但在当时，我确信纽波特镇和那家富兰克林店极富潜力，而我一直是个坚信自己目标的人，所以我给自己定了一个目标，在五年之内，我要让我的纽波特杂货店成为阿肯色州最好、盈利最多的店。我觉得自己有能力做到这一点，既然能做到，为什么不去试试呢？把它定作目标，然后看看你能不能实现。就算最后没有达成目标，你也在努力的过程中收获了乐趣。

没错，我是在协议签完以后才了解到这家店麻烦不小。它一年的营业额大约是72000美元，但它的铺面租金是营业额的5%，当时我觉得听上去还好，但实际上这是这一行业中人们所听过的最高昂的租金。没人把营业额的5%拿来交租金的。而且这家店有个强劲的竞争对手——街对面的一家斯特林商店——它有一个极其出色的经理约翰·丹姆，一年的营业额超过15万美元，是我这家店的两倍之多。

尽管我自信满满，但在管理一家杂货店方面，我连一天的经验都没有，于是巴特勒兄弟公司将我送到阿肯色州阿卡德尔菲亚的富兰克林店培训了两周。之后，我就得全靠自己了。

我们在1945年9月1日开始营业。这是一家典型的老式杂货店，宽50英尺，纵深为100英尺（约15米乘30米），毗邻正街，位于镇子中心，面朝着铁轨。在当时，这样的店每个柜台后面都有收银机和店员走道，店员就在柜台后面等着顾客。当时还没人想到自助式售货模式呢。

对我来说，像这般生涩和无知倒是桩真正的幸事，因为正是从这段经历中，我学到了令我终身难忘的一课：三人行，必有我师。我不仅通过阅读任何一本能到手的零售业书刊学习，还从研究街对面的约翰·丹姆的做法中进行学习，而这部分可能让我获益最多。

海伦·沃尔顿：

事实证明，经营一家店需要学习很多东西。不过当然，真正推动山姆的是街对面的竞争对手——约翰·丹姆做经理的斯特林商店。山姆总是跑到那里去观察约翰的所作所为。一直是这样。看他的价格、他的货物陈列，看他接下来要做什么。他总是在设法把工作做得更好。我不记得具体细节了，不过我记得他们两人进行过某种女裤价格战。后来，我们离开纽波特镇很久以后，约翰已经退休了，我们去看他，而他总是笑话当时山姆老在他店里晃悠。不过我确定山姆的这一做法之前肯定让他很恼火。在山姆之前，约翰从没有过一个真正的竞争对手。

我从富兰克林特许经营项目中，学到了大量关于商店经营的知识。他们为加盟的各个独立的店制定了一套极好的运营程序，某种关于如何经营一家商店的可复制的程式。这本身就是一种培训。他们有着自己的会计制度，有手册告诉你该做什么，何时去做，怎样做。

他们有经营报表，有应付账款单，有盈亏账目单，有被称为“昨日对照账本（Beat Yesterday）”的小型分类账簿，通过这种账簿，你能按日期对照去年与今年的销售额。他们拥有一个独立商人经营一家加盟店所需的全部工具。之前我在会计方面毫无经验，在大学时我这门课也实在学得很一般，所以我就按部就班地照他们的手册去做。事实上，当我在各个方面打破他们的规矩之后很久，我依然使用他们的会计制度。我甚至把它用在最早的五六家沃尔玛商店中。

尽管对于一个渴望学习的27岁年轻人来说，巴特勒兄弟公司的特许经营项目大有裨益，但他们要求我们完全照章办事——他们的规章。实际上他们不允许他们的特许经营者随意处事。店里出售的商品都是在芝加哥、圣路易斯或是堪萨斯集中调配的。他们告诉我要卖什么、售价多少、他们给我的批发价又是多少；他们告诉我，他们选择的商品就是顾客想要的；他们还告诉我，我必须从他们那儿进至少80%的货，要是我这么做了，到年底的时候就能得到一笔回扣；他们告诉我，要想获取6%或7%的纯利润，我应该雇用多少帮手、打多少广告。这就是绝大部分加盟店面临的状况。

起初，我按照他们的规章经营我的店，因为我的确不知道什么更好的办法。不过没过多长时间我就开始试验了——这也正是我现在以及一直以来的做事方式。我制定了自己的销售计划，接着我开始从厂商那儿直接进货。我同那些厂商费了很多口舌。我说："我想从你这儿直接进这些缎带和蝴蝶结。我不想你先把它们卖给巴特勒兄弟公司，然后我多花上25%的钱从他们那儿批发。我想直接进货。"大多数情况下，他们不想惹到巴特勒兄弟公司，所以拒绝我。不过时不时的，我总能找到一个两个愿意通融一下让我直接进货的厂商。这就是我的经商规则与哲学的开端，时至今日它们仍在沃尔玛流行。我总是在寻找非传统的供应商或货物来源。我开始驱车前往田纳西州找一些家伙，他们会给我额外的批发价，远低于富兰克林给我开出的价钱。我记得有一家是联合市的赖特贸易公司，他们以很优惠的批发价向我这样的小商店出售货物。我会在自己店里工作一整天，店一打烊我就发动汽车，车后挂着一辆老旧的自制拖车，开上大风呼啸的公路，前往位于密苏里州白杨地的密西西比河渡口，然后进入田纳西州。我会往车子和拖车里塞满我能以优惠价格买到的任何东西——通常是些轻工业产品女衬裤、长袜、男士衬衣——我把这些东西运回去，定个低价，以比其他店稍低的价钱出售。

说实话，我这种做法把富兰克林那帮人气疯了。他们不仅不能抽取佣金，而且也没法在采购价上同我竞争。接着我开始把业务拓展到比田纳西州更远的地方。通过某种方式，我同一个来自纽约的制造商代理人哈利·威那取得了信件联系。他在纽约第七大道505号开设了一家威那采购公司。那家伙的业务非常简单，他联系所有那些不同的制造商，把他们待售的货物列成清单。当像我这样的某个人给他寄去一份订单时，他就把订单送到厂家那儿，厂家就会把货物发给我，他自己从中抽取大概5%的佣金。对我来说，同富兰克林抽取的25%佣金相比，这5%的佣金看上去真是非常合理了。

我永远记得同哈利做过的一笔生意，那是我做过的最好的生意之一，也是早期我在价格方面学到的重要一课。它使我确定了思考问题的方向，这一方向最终成为沃尔玛哲学的基础。要是你对“沃尔玛经营之道”感兴趣的话，你就得坐下来好好听听这个故事。哈利经销女衬裤，这是一种双线斜纹缎子短衬裤，腰部是松紧的，价格每打2美元。之前我们一直以每打2.5美元的价格从富兰克林进同样的裤子，然后以1美元3条的价格出售。这下好了，因为哈利的批发价是每打2美元，我们就可以以1美元4条的价钱出售这些裤子，大大地打响了我们店的名声。

这是我们学到的一个简单道理——也是同时代的其他人所学到的，它最终改变了整个美国零售商售卖和顾客购买商品的方式。比方说我以80美分的价格买进一件东西，我发现如果我将它的售价定为1美元，卖出的数量会是定价为1.2美元的三倍之多，总的利润会多很多。非常简单吧。但这正是折扣销售的精髓所在。通过低价，你能卖出更多的东西，并达到这一目的——你将零售价定低些，所赚取的利润远远大于你将零售价定得较高时赚取的利润。用零售业术语来说，就是你降低标价，却获利更多，因为销售总量增多了。

我在纽波特时就开始琢磨这个想法，但直到十年之后我才把它认真当回事。在纽波特时我没法实行它，因为富兰克林计划太过刻板，这种方式不被允许。尽管我同像哈利·威那这样的人有生意往来，但我仍然受到合同约束，我店内的货物最少有80%应当从富兰克林购入。要是我没达到这个指标，就拿不到年终回扣。事实上，我尽一切可能拓展合同中可供发挥的余地。我在外面购买尽可能多的货物，同时努力想要达到80%的指标。查理·鲍姆——富兰克林在本地的管理人员之一——说我们只达到了70%，于是我暴跳起来，冲着他大声吵嚷。我猜巴特勒兄弟公司没有因此为难我的唯一原因，是因为我们的商店发展势头惊人，从一个拖后腿的店，一跃成为本地区业绩最好的店之一。

在纽波特，事情在短时间内就发展得非常顺利。仅仅过了两年半时间，我们就还清了向海伦父亲借的两万美元，我为此感到非常高兴。这意味着我们已经是完全独立自主地经营生意了，此时，我感觉我们已经真正走上了正轨。

我们尝试过许多行之有效的促销手段。起初我们在人行道边摆了一台爆米花机，结果爆米花简直卖疯了。于是我想来想去，最后决定在外面再增设一台冰激凌机。我鼓起全部勇气跑到银行贷了1800美元来买冰激凌机，这在当时可是惊人的一笔数目。那是我从银行借贷的第一笔钱。我们把冰激凌机摆在爆米花机的旁边，我想我们的确靠这两台机器吸引了不少目光。它很新奇，看上去与众不同——不过我们更从中赚到了钱。两三年之内我就偿清了这1800美元，我对此感到非常满意。因为某种稀奇古怪的冰激凌机而倾家荡产，我可不想这样被人记住。

查理·鲍姆：

每个人都想到山姆·沃尔顿的商店去看看。我们别的加盟店没有哪个有着这么一台叮当作响的冰激凌机。人们就是冲着它去的，那真是个了不起的新奇玩意。不过有个星期六的晚上打烊时，由于某种原因他们忘了清洗机器，第二天，我带着一些顾客到那儿去，想向他们展示下山姆商店的橱窗。哎呀，我得实话告诉你，橱窗里全是苍蝇，那情形真是妙不可言。

尽管生意很好，我总是不满于现状，事实上，我想我对现况始终如一地不停摆弄，可能正是我对日后沃尔玛的成功所作出的最大贡献之一。就像我之前提到过的，我们毗邻正街，而我们最大的竞争对手——约翰·丹姆担任经理的斯特林商店——就在榛树大街对过的拐角处。他的店比我们的略小一些，但在我买下我们的店之前，他仍设法使斯特林店的营业额达到我们这家店的两倍之多。我们遇到了一个强劲的对手，尽管如此，在我们经营的第一年里，我们店的销售额达到了10.5万美元，而之前的销售额只有7.2万美元。接下来的一年，我们的销售额达到了14万美元，第三年达到了17万美元。

最后我们赶上了榛树大街对过的老约翰，然后超过了他。但在我们街对面，他家店的隔壁，有一家克罗格杂货店。那时候，我的确非常关注社区动向，时刻注意着镇上发生的事情，于是我听说了斯特林店想要买下那家克罗格店的租约，用以扩大约翰店的店面，让他们店的面积远超过我们店。于是我匆匆忙忙地跑去温泉镇，找到那家克罗格店所在大楼的女房东，不知怎么的，说服了她把租约转给我，而不是给斯特林店。当时我并没想好要拿那个地方做什么，不过我确信一点，我不能让斯特林店得到那个地方。嗯，后来我决定在那儿开设一家小的百货店。当时纽波特已经有好几个百货店了，其中一家恰好为我店面的房东P.K.霍姆斯所有。这也许与即将到来的麻烦有关系，也许没有。不过当时我们谁也没想过这一点。

我起草了一个方案，买了块招牌，从内布拉斯加州的一家公司买来了新货架，进了货——裙子、裤子、衬衣、夹克，一切我觉得可以卖的东西。货架在星期三由火车送达，查理·鲍姆本来是代表巴特勒兄弟公司前来监察我的营业情况的，也向我伸出援手，帮我把所有东西归置妥当。他是我所见过的最有效率的店面布置者。我们赶到铁路边，把货架卸下来，组装好，放在店里，把商品都上了架——然后在六天之后，星期一，正式开业。我们把这家店命名为“鹰店”。

所以现在，我们在纽波特的正街上就有了两家店。我带着货物沿着街道跑过来跑过去，要是货物在这家店卖不出去，我就把它放到另一家店试试。我猜这两家店也是存在竞争的，不过并不激烈。到那时为止，那家富兰克林店业绩的确很好。鹰店从没挣过大钱，不过我琢磨着，我宁愿只赚取小小的利润，也不要我的竞争对手因为进占了那个店面而变成一家大商店。我不得不聘请了我的第一位经理助理，来帮忙管理富兰克林店，而我自己则两家店来回跑，接着我的兄弟巴德从军队退役回家，也同我一起工作。

巴德·沃尔顿：

纽波特的那家店实际上正是今天沃尔玛公司的开端。一切事务我们都亲力亲为。擦橱窗，擦地板，布置橱窗。我们也处理货仓的事务，登记入库。我们做了经营一家商店所需要做的任何事情。我们必须把开支降到最小。这是我们一开始就采用的办法，好些年前就这样了。我们就是通过控制支出积攒下钱的。这是一个原因，此外还因为山姆总是能想出新点子。他总是在尝试一些与众不同的东西。不过有一件事情让我永远不会原谅他：让我去清洗那台该死的冰激凌机。从我们还是孩子时，他就知道我讨厌牛奶和乳制品。他曾在挤牛奶时往我脸上洒牛奶。我一直觉得他之所以让我去干那活，正是因为他知道我讨厌牛奶。他只是想开我的玩笑。

对于当时的境况，我们实在再满意不过了。海伦和我的性格都爱参与社区生活，我们深深涉足于此。我们加入了那儿的基督教长老会，尽管我是个卫理公会教徒，但这一举动结果的确不错。因为我和海伦都是接受教会教育成长起来的，我们觉得，我们的孩子也会从教会教养中获取裨益。教会是社会重要的一部分，特别是在小城镇中。人们或者通过它互相接触、进行社交，或者是通过它帮助他人，它构成了人们彼此联系的纽带。当时海伦非常积极地投身于教会事务，现在她还是这样，她还参加了一个名为“PEO”的国际妇女组织。我们的四个孩子也有样学样。海伦打从心眼里爱上了纽波特。我是教区委员会的一名执事，并且积极参加“扶轮国际社”分社的活动，还当上了当地商会和产业联合会的会长。我差不多参与镇上的一切事务。

正巧，在我们店的另一边，也是在正街上，有家杰西潘尼店。我们与它之间没多少竞争，我和他们的经理相处得很好。有一天，有个衣冠楚楚的巡查员从纽约来到镇上，审查这家店的账目，并同经理闲聊开了。巡查员的名字叫作布莱克。

“你知道吗，”那位经理对布莱克说，“我们这儿也有个人以前在潘尼公司干过。他几年前来到纽波特，真是干出了一番事业呢。他买下了富兰克林店，把店子的营业额翻了一番，现在他拥有两家店，还当上了商会会长。”接着，当经理告诉布莱克那人的名字叫作山姆·沃尔顿时，老布莱克几乎绝倒。“不会是我在得梅因认识的那个家伙吧，”他说，“那家伙不会干成什么事的。”说着他跑到我店里来，当看到我正是那个字写得跟鬼画符一样的家伙时，我俩都哈哈大笑起来。

到此时为止，我到纽波特已经大概有5个年头了，我已经实现了自己的目标。那家富兰克林小店，每年创下25万美元的营业额，年纯利润为3万到4万美元。不管是从营业额还是从利润考量，它都已成为富兰克林加盟店中首屈一指的店——不仅是在阿肯色州，而且在附近六个州都是如此。它成为整个阿肯色州最大的商店，我不信在附近的三四个州里还有比它更大的商店。

我们尝试过的每一项新奇玩意儿，都没有那台冰激凌机来得成功，不过我们没犯过什么不能及时纠正的错误，所以也从没有严重威胁到生意本身。只除了一个我们在一开始犯下的法律上的小失误。当我因为成为零售商山姆·沃尔顿而兴奋不已时，我忘了在店面租契中加入一条条款，以便使我在第一个5年租期期满后有权续租。

再加上我们获得的成功引起了一些人的觊觎，于是事情最后发展成这样子：我们店面所在地的房东，对我们这家富兰克林店的成功印象极为深刻，所以他决定不再同我们续约——不管我们出多少价钱——尽管他完全知道在这个镇上我们的店根本没有别处可搬。他以非常优惠的价格，出钱买下了这家店的特许经营权、货架和存货；他想把这家店给他的儿子。我没有别的选择，只能放弃。不过我把鹰店的租契卖给了斯特林店——这样，约翰·丹姆，我可敬的竞争对手和良师益友，终于得以实现扩大店面的愿望。

这是我整个从商生涯中的一个低谷，让我觉得反胃。我不能相信这事会发生在我身上。这简直像是一场噩梦。我建立起了整个地区最好的百货商店，我积极投身社区事务，处理好每一件事情，而现在我却被一脚从镇上踢开。这太不公平了。我永远不能原谅自己被这个倒霉的租契给坑了，我也对那个房东非常生气。至于海伦，她刚在这个镇子安顿下来，建立起一个崭新的四口之家，现在却因为要离开纽波特而头疼不已。不过事已至此，我们只能离开了。

我从来不是一个对失败耿耿于怀的人，当时我也没有沉浸在失败中很久。那不正像一句老话所说：从哪儿跌倒就从哪儿爬起来，失败乃成功之母。我总是把麻烦看成挑战，这次也不例外。我不知道这一经历是否改变了我。不过经过这件事后，我知道要更仔细地审读契约，而且也许我变得更加谨慎了，因为世情险恶嘛。此外，也许就是从那个时候起，我开始鼓励我的大儿子罗伯——当时6岁——要成为一名律师。不过我并没有一蹶不振。我们面临的这个挑战并不复杂，一目了然。我必须振作精神，从头再来，不过这次要干得更好。

海伦和我开始寻找一个新的地方安家立业。

第三章

第一家沃尔玛

当我们离开纽波特的时候，它已经成为一个欣欣向荣的棉花产地了，我真舍不得离开。我们在那儿建立了一个家，想到不得不离开，真是让人不快。我无数次这么说。我至今还有些那儿的好朋友。

——海伦·沃尔顿

我从纽波特那段经历中走了出来，虽然自尊受到了一些伤害，不过出售富兰克林店让我赚到了一笔钱——有5万多美元。这也许是件好事，让我有个从头开始的机会，而这次我知道我该怎么做了。此时，我32岁，已经是一个羽翼丰满的商人了，我所需要的只是一家店。1950年春天，我开始和海伦带着孩子们驾车四处物色店铺，然后发现出于以下几个原因，阿肯色州西北部挺不错的。首先，对海伦来说，在那儿她离自己的亲友比在纽波特时近得多；而对我来说，因为我想要住的离一个适合狩猎鹌鹑的地方近些，而那儿正好是俄克拉荷马州、堪萨斯州、阿肯色州和密苏里州四州交接之处，我一年四季都能很方便地在四个州狩猎鹌鹑。

我们试图买下位于俄克拉荷马州边界的塞洛姆斯普林斯镇上的一家商店，但是我们没能同店子的拥有者吉姆·多德森达成协议，尽管后来他与我们成为了朋友。后来有一天，海伦的父亲和我驾车来到本顿维尔，绕着镇上的广场逛了一圈。这个镇子是我们考量的镇子中最小的一个，而且镇上已经有三家百货店了，而在那个时候，这样的镇子上有一家百货店就足矣。不过，我喜欢竞争，我觉得这正是一个能证明我可以从头再来的适当地方，正是这一点吸引了我。我们找到了一家有意出售的老店铺——哈里森百货店——不过我们需要把它的店面面积扩大一倍，为此我们不得不与它隔壁的理发店签订了一份99年的租约（我再也不定5年租约了）。这两家店的拥有者是两位来自堪萨斯州的老寡妇，她们在价钱方面一点儿也不松口，坦白地说，要不是海伦的父亲赶来此处——我事前不知道——谈妥了这笔交易，我真的不知道沃尔顿家会流落到何处。

海伦·沃尔顿：

本顿维尔事实上只是一个偏僻荒凉的乡下小镇，虽然镇上有一条铁路通过。这个小镇主要是以出产苹果而为人所知，不过当时养鸡业也开始在镇上发展起来。我记得当时我简直不能相信，那儿就是我们将要安家的地方。镇上只有三千人口，而纽波特却是一个繁荣兴盛的棉花和铁路城镇，拥有七千人口。那家店是家又小又老旧的乡镇店铺，摆着一罐罐烈酒、一盒盒帽子、缝纫纸样，各种你能在任何一家路边杂货店看到的东西。不过我知道，等我们到了那儿以后，它会变样的。

现在我又有了一家店来施展身手，即使在我买下它之前，它一年的营业额不过32000美元——而我纽波特那家店的营业额有25万美元——不过那关系不大，因为我有许多大的设想。我们拆掉了理发店与老杂货店之间的墙，在店里装上了崭新的荧光灯，以替代之前寥寥数只他们挂在天花板上的瓦数很低的灯泡。我们差不多是在原来的店面基础上建了一家全新的店。在当时，它对于本顿维尔来说可以算是一家巨型商店了——足有50英尺乘80英尺大，换句话说就是4000平方英尺（约15米乘24米）。富兰克林连锁店的查理·鲍姆又一次前来对我施以援手。这一次，他帮着我拆下装在我那家“鹰店”里的所有货架，之前正是他帮着我把那些货架装上的。我们把这些货架装进一辆大卡车里，我开着车把它们从纽波特运到本顿维尔去。我们不得不选择一条泥泞的老路，以绕开设在罗杰斯的一家秤车站，因为我知道我们车上装的东西，在某些方面而言是不合规格的。在那条老路上的颠簸使得我们一半的货架损坏了。但不管怎么说，查理和我仍然把它们装好了。大约是在这个时候，我读到一篇文章，上面说到有两家设在明尼苏达州的富兰克林店已经实行了自助售货——在当时可是一种全新的销售概念。我乘了整夜的大巴，到那两家店分别所在的小镇——派普斯通和沃辛顿，调查了他们的店铺。这两家店将货架靠墙摆放，还有两个岛柜一路通往店铺后部。整个店里既没有店员也没有收银机。只在店铺前部设立了结算台。我喜欢这种模式。于是我照做了。

查理·鲍姆：

山姆一把店从纽波特搬到本顿维尔，就进行了一次出色的大促销，我们在店里的地板上摆满了桶，里面装满了货物。那些上年纪的妇女冲进来，弯腰扑向那些桶。我永远也忘不了当时的情形。山姆往店里看了一眼，皱起了眉，说道：“有件事我们得记住去做，查理。我们得进些优质的内衣了。”当时世事艰难，那些抢购的妇人中有些人的内衣都相当破烂了。

所以当查理和我布置好本顿维尔那家店后，它成为了全国仅有的三家进行自助售货的百货店之一，也是我们周围8个州里的第一家。也许在当地没人知道这一点，不过这可算是件大事件了。我们从1950年7月29日开始，在《本顿县民主报》上刊登我们的第一则广告，这份报纸现在保存在我们的沃尔玛参观中心。那是为沃尔顿廉价商店“重新开业减价大甩卖”做的广告，广告很诱人：孩子们会免费获赠气球，9美分一打的衣服夹子、10美分一个的冰茶杯。人们蜂拥而至，并且不断再次光顾。尽管我们把这家店叫作沃尔顿廉价商店，但它是一家富兰克林特许经营加盟店，它同纽波特那家店一样迅猛发展，很快就成为一处兴旺的商铺。在当时，它的确是同行业中的一流店铺。

伊内兹·斯瑞，本顿维尔沃尔顿廉价商店店员：

我觉得沃尔顿先生就是有那么一种极富亲和力的个人魅力。跟你说，他会在街上隔了大老远就同你打招呼。他会同看到的每一个人打招呼，这就是为什么那么多人喜欢他、来这家店买东西的原因。就好像他是通过待人和善引来滚滚财源的。

他总是想着在店里尝试些新花样。我记得一次他去纽约出了趟差，几天后他回来了，说：“来来，我给你看个东西。这会是今年大卖的玩意儿。”我走过去，看到一个大箱子，里面装满了——我想人们管这些东西叫作方便拖鞋，现在人们管它们叫作“人字拖”。于是我就笑起来，说：“这些东西肯定没法卖出去。它们只会让你的脚趾头磨起泡。”好吧，他把那些拖鞋拿出来，一双双系好，一股脑儿全堆在过道尽头的一张桌子上，标价每双19美分。它们卖得那个好呀，你简直不敢相信。我从没见过一样东西卖得那么快的，一双接着一双，简直跟流水一样。镇上的每个人都买了一双。

同时，我开始寻找在其他镇上开店的机会。也许那只是我心痒痒地想要把生意做得更大，也有可能是因为我不想再把所有的鸡蛋都放在同一个篮子里了。在1952年的时候，我驱车南下到费耶特维尔，找到了一家克罗格公司正打算放弃掉的老百货店——因为它就快要倒闭了。它就在镇子的广场边，只有18英尺宽、150英尺长（约5.4米乘45米）。我们主要的竞争对手，是广场一侧的一家伍尔沃斯商店（Woolworth），以及广场另一侧的一家斯科特店（Scott Store）。所以在这里，我们是以一家又小又老、只有18英尺宽的独立经营杂货店，向两家大店发起挑战。这家店不是富兰克林加盟店；我们只是把它叫作“沃尔顿廉价商店”，就和本顿维尔的店一样。我记得当我买下那家店后，坐在广场上，听到一群当地的好事者在那儿说：“好吧，让我们给这家伙60天，或者90天吧。他肯定待不了那么久。”

但这家店跟我们的竞争对手不一样，它也完全实行自助销售，走在了时代前端。这是后来我们长期采用的经营模式的开端。我们不断创新，不断试验、不断扩张。这些年来，不知怎么的，人们想到沃尔玛总是有这样一种印象：它是我这个中年大叔凭空设想出来的东西，一个天才设想，然后在一夜之间取得了成功。没错，当1962年我们开第一家沃尔玛店的时候，我已经44岁了，但第一家沃尔玛店，完全是我们自纽波特时期起就一直在做的每一件事情催生的产物——是又一个证明了我那不会裹足不前、总要不断改变的天性的例子。就像绝大多数其他“一夜暴富”的故事一样，它经过了大约二十年的酝酿。

自然，我需要有人来帮我管理新商店，可我没太多钱，于是我面无愧色、非常自然地做了一件事——在我之后的经商生涯中我还会那样做——

在其他人的店里窥探，找寻出色的人才。那是我第一次真正自己雇用员工，第一位经理：威拉德·沃克。

威拉德·沃克，费耶特维尔镇沃尔顿廉价商店的第一任经理：

我第一次见到山姆·沃尔顿，是他和他的小舅子尼克·罗伯森一头闯进塔尔萨一家TG&Y廉价商店，当时我管理着那家店。他同我闲聊了大概一个小时，问了一大堆问题，然后离开了，我根本没把这事放在心上。后来，他给我打电话，说他正要在费耶特维尔镇开一家新店，问我有没有兴趣去应聘经理一职。我不得不自己跑到那儿去，白干了半天活，直到商店开张。我记得我睡在储藏室里一张帆布床上。不过他说，我能从商店利润里抽取百分之一作为红利，这点吸引了我。当我向TG&Y提出辞职时，TG&Y的副总经理跟我说："记住，威拉德，零利润的百分之一还是零。"不过我还是毫不犹豫地接下了这份工作。山姆每天都会到店里去，从开始营业待到打烊。他卷起袖子，每天都忙个不停，直到我们把那家店从无到有，最后建好。

山姆会拖回来各种各样的商品，都是从他那些田纳西州的朋友们那儿采购来的——用旅行车拖回来。店子的业绩确实不错。店子开张的第一年，本顿维尔的店总利润是9.5万美元，而我们费耶特维尔的店是9万美元。

好吧，后来，当我们成立了沃尔玛公司并公开上市时，我豁出去借了一笔在当时看来数目大得吓人的钱，买了沃尔玛的股票。一天巴德和山姆到店里来，巴德说："威拉德，我真的希望你知道自己在做什么。"他告诉我说，我比他表现得更有信心。我一直就知道沃尔玛会成功的。沃尔玛的经营哲学很有道理，而且你会不由自主地相信山姆那个人。

在之后的年月里，合伙人身份的魅力帮我们吸引了大量优秀的管理人员，不过我想没有别人买了比威拉德更多的股票。当然，现在他肯定为此感到非常高兴。

我记得在那些日子里，我绝大多数时候都在想新点子，寻找新奇的货物，以使得我们的店脱颖而出、引人注目。当时有一段时间，呼啦圈风靡一时，大城市的商店里堆满了这种东西。但正品是用塑料软管做成的，很贵，而且对我们来说很难进到货。吉姆·多德森——那个没把塞洛姆斯普林斯镇上的店卖给我们的家伙——给我打电话，说他认识一个制造商，能生产呼啦圈那种规格的胶管。他觉得我们应该五五分成，生产我们自己的呼啦圈。我们这样做了。我们在他的阁楼里制造呼啦圈，然后在他的店和我的店里售卖，我们卖掉了成吨成吨的那玩意儿。阿肯色州西北部的每个小孩人手一个。后来，吉姆终于成为我们设在密苏里州哥伦比亚镇一家沃尔玛分店的经理，干了大概十五年。

还有，在那个时候，我所有的货架都是从富兰克林公司购买的。它们的基座是木头的，用木制的托架来摆放货物，这在当时是司空见惯的事情。后来我出去看看斯特林店在干吗——绝大多数时候是学我已经干过的什么事，而那些事我也是从别人那儿学来的——然后看到了一些通体以金属制成的货架。我在本顿维尔遇到了一个叫作吉因·劳尔的家伙，说服他为我们的费耶特维尔店也做了一些金属货架。我相信，这使得我们店成为全国第一家使用百分百金属货架的百货店，而今天你在商店里看到的已经全部是金属货架了。吉因还为第一家沃尔玛店制作了货架，他同我们一起工作了二十一年，直到数年前退休。现在他在这儿，在本顿维尔的沃尔玛参观中心工作，这个中心是在第一家沃尔玛店店址上建立的一家纪念馆。

查理·凯特，曾是费耶特维尔店的货仓伙计，后担任沃尔玛分店经理，现已退休：

山姆过去常常开着一辆1953年产普利茅斯老汽车到我们费耶特维尔店来。他把汽车塞得那么满，几乎都没什么空间开车了。你要不要猜猜他在车里都装了些什么？女士衬裤。一美元3条的、一美元4条的，还有尼龙长袜。他会走进店里来，把东西放在顶头一个柜台上，然后说："现在，查理，你的活。你在这个储物箱里放上一美元3条的衬裤，这个箱子里放上一美元4条的。这些尼龙袜子就放在两个箱子中间。然后你就等着看它们被买走吧。"事情真的就是那样呢。真不可思议呀！

就在我穿梭于本顿维尔、费耶特维尔、田纳西州与富兰克林位于堪萨斯城的地区办事处忙这忙那时，我的兄弟巴德借了一些钱，买下了一家自己的富兰克林店，那家店位于密苏里州一个叫凡尔赛的小镇上，人口只有两千。他和我保持着联络，不过我们实际上并没有协同经营，他成了家，自己单干得很不错。接着，一次我到堪萨斯城去，听说那儿正有一处土地在规划之中——拉斯金高地。这处土地的中央将开设一座10万平方英尺的购物中心——这在当时可是个全新的概念。购物中心的中间部分将有一家A&P商店和一家富兰克林店，顶头会有一家皇冠化妆品商店（Crown Drugstore），两者之间是小的商店。于是我给巴德打电话，告诉他马上到那儿去和我碰面。我说："你想赌一把加入这事里面来吗？"他回答说：

"不妨试试吧。"于是我们就开干了。我们借了我们能借到的所有钱，以五五开形式投资那家富兰克林店。

巴德·沃尔顿：

在早年的美国零售业界，各个竞争对手之间存在一些不成文的协议。每家连锁店多多少少只能掌控自己所在的州。俄克拉荷马州是TG&Y公司的地盘，堪萨斯州是艾可公司（ALco）的天下，得克萨斯州由莫特公司（Mott）掌握，马丁尼公司（Mattingly）控制着密苏里州，内布拉斯加州由赫斯特公司（Hested）把持，而丹纳公司（Danners）则占据着印第安纳州。它们都是立足本地进行发展的，它们都这么说："行，你别过来，我也不过去，咱们井水不犯河水。"富兰克林特许经营加盟店，则是为那些想要在那些大公司夹缝中守住一两家店的小规模独立经营者准备的。当然，山姆改变了这一切。对我兄弟来说，边界线算不了什么。他觉得同时在四个州做生意根本没什么。

如果说，我曾经对我们所从事事业的潜力有过任何怀疑的话，拉斯金高地把那些怀疑都抹去了。那儿的业绩红火得像着火的房子。第一年我们的销售利润有大概3万美元，销售额则达到25万美元，这一数字很快达到了35万美元。当我看到那个购物中心兴旺发达的情形，不禁想："伙计们，这是前兆呀，是未来许多事情的前兆呀。"于是我决定——带着数目不值一提的钱——回到阿肯色州，发展我自己的购物中心事业。我激动地南下到了小石城，满怀成为此地购物中心发展先驱者的理想。我试图拿下一处的确非常理想的地段，但一个大投机商，伙同斯特林店从我眼皮底下把它买走了。他们建了镇上第一家购物中心，主打店面是一家斯特林店和一家俄克拉荷马轮胎及生活用品店（Oklahoma Tire and Supply）。

我仍坚持这个想法。在50年代中期，我大概花费了两年的时间，四处向人们游说在阿肯色州建立购物中心的想法——而这一想法的提出实际上过早了，早了大概十年。我最终得到了一块地产的期权，并且与克罗格公司及伍尔沃斯公司商议签署租约，他们提出的条件是，我们必须在那块地上铺设好一条路。我开始为铺路筹钱，但那实在太复杂了，最后我觉得我最好还是就此收手。于是我从这桩交易里抽身，回去专注于零售业。我大概损失了2.5万美元，而那正是海伦和我一枚铜板掰成两半花的时候。那也许是我从商生涯中犯下的最大错误。

从这次经历中，我倒的确学到了不少房地产业的知识，也许在某种程度上弥补了我的损失，不过我还是宁愿以某些不那么费钱的方式学到这些。顺便提一句，在我放弃那块土地的期权后，一个众所周知的年轻人，杰克·斯蒂芬——比我有钱得多——接手过去，建立起了一家成功的购物中心，现在依然还在那儿呢。

大卫·格拉斯：

山姆·沃尔顿身上有两个特点，使他与我所认识的几乎其他所有人区别开来。第一，他每天起床总是精力充沛，决心要改进某件事情；第二，他比我所认识的任何人都更不怕犯错。一旦他发现自己错了，他就改掉错误，换个方向前行。

自然，在那次失败的房地产交易整个过程中，我依然在努力经营着我那些百货店，诸事都很顺利，直到1957年5月20日——我永远不会忘记那一天。巴德从凡尔赛镇给我打电话，说一场龙卷风袭击了位于拉斯金高地的店。“啊，也许它只打碎了几块玻璃。”我说。不过随后我开始担心起来，我不能与那儿的任何人取得电话联系，于是我前往堪萨斯城，决定亲自去看个究竟。

我大约是在凌晨2点的时候到那儿的，我看到整个购物中心几乎已经被夷为平地。我们的店员中没人严重受伤，不过商店差不多全完了。虽然货物和货架都上了保险，但这对我和巴德而言依然是个很大的打击。这是我们最好的店，我们真正为之欢欣鼓舞的店。它就像昙花一现，转瞬即逝。我们重建了它，差不多恢复了它的原样。而到这时，因为我要跑来跑去很多地方，我花费在开车上的时间太多了，都没时间干别的事情了。所以我开始想，乘飞机会不会是解决这一问题的办法。

巴德·沃尔顿：

一天，我接到山姆打来的电话，他说：“在堪萨斯城跟我碰头，我想买架飞机。”好嘛，我真是大吃一惊。我一直觉得他是世界上最糟糕的驾驶员，即使是我父亲也不愿坐山姆开的车。当时我想：“他会在头一年就把自己摔死的。”于是我竭尽全力试图说服他不要买那第一架飞机。可他只是说：“不管你来不来和我碰头，我都会去看那架飞机的。”最后我没去，因为我知道他会开着那架飞机把自己摔死的。后来他又给我打电话，说他没买那架特订的飞机，不过他跑到俄克拉荷马城，花1850美元买了架双座飞机，我一定得去看看。我永远不会忘记自己跑到本顿维尔机场看到的那架他所谓的飞机。那玩意儿的发动机发动起来好像洗衣机，噗噗响一会儿，然后熄会儿火，接着又噗噗响上一阵。它甚至看起来都不像一架飞机，最少在两年时间里，我根本不想靠近它。不过那时候我们正在小石城附近地区开设更多的商店，然后，一天，他说："让我们去小石城吧。"自从在海军服役时在太平洋上飞行过之后，我再没飞行过，而且我那时一直是在水上飞行。而这一趟，我们乘坐着山姆驾驶的飞机越过所有那些树木和山峰。那是我所经历过的最漫长的旅程。那就是沃尔玛飞行时代的开端。

不管巴德怎么说，我就是喜欢那架双座小飞机，因为它每小时能飞100英里，只要不是逆风。而且我能直线到达想去的地方。在所有这些年数千小时的飞行时间里，我只遇到过一次引擎故障，就是在驾驶这架小型双座飞机时遇到的。当时我从史密斯堡起飞，正飞越河流，突然一根排气管炸裂了。我感觉好像听到了世界的终结。发动机还没完全停转，但我不得不把它关掉。在那一瞬间我想也许我这次完蛋了，不过最后我还是做到了让飞机盘旋返回，带着一个熄火的引擎安全着陆。

我一开上飞机，就患上了"开店热病"。我们开了一堆百货店，其中一些是富兰克林加盟店，位于阿肯色州的小石城、斯普林代尔及塞洛姆斯普林斯。我们还在堪萨斯州的尼欧德沙和科菲维尔开设了两家分店。所有这些店都是以各自独立的合伙经营模式运作的，合伙人有巴德和我，也有其他的合伙人，包括我的父亲、海伦的两个兄弟——尼克和弗兰克——甚至还有孩子们，他们把送报挣得的钱都投资进来了。

约翰·沃尔顿，山姆和海伦的次子：

说起来很难让人相信，不过我把送报挣得的钱和从军时得到的薪饷，全部投资到那些店里，这些投资现在已经价值4000万美元了。

不管我们在一家店里挣得多少钱，我们都用来投资到另一家新店里，就这样不断继续下去。还有，从威拉德·沃克那时起，我们就允许我们聘请的管理层人员成为有限持股人。比方说，我在一家店的投资为5万美元，那这家店的经理则可以投资1000美元，他就拥有2%的股份。

加里·雷恩波斯：

他从不让我们在每家店购买超过1000美元的股权。我想这其中的600美元是算作借款，400美元是4份私有股份的总和，按每股100美元计算。他所能保证的就是每年给我们分红，在当时，他给我们的利息是4.5%。我记得有个管理一家分店的家伙打来电话说："你打算买进某某分店的股份吗？"我说："我想是的。"接着，他说："我不打算借钱给山姆，让他用我的钱去扩张。"于是我拿起话筒，给沃尔顿先生打了个电话说："某某不想买他在那家店里的股份，我能买下他的股份吗？"他回答说："当然可以。"于是我就拥有了双份股份。

这一时期——大部分研究我们的人几乎都没有注意到——我们实际上非常非常成功。在15年的时间里，我们已经成为全美最大的独立百货店经营者。但这一行业本身似乎有局限。每家店的面积都不大，以至于整体看起来并不成什么气候。我的意思是说，在经过15年之后，到1960年，我们15家店的总销售额只有140万美元。到这个时候，你知道我的性格，我开始四处调研，寻找新点子，好让我们实现自我突破、使我们所付出的所有努力得到更好回报。

我们获得的第一个重要情报，来自密苏里州的圣罗伯特镇——靠近福特伦纳德伍德——在那儿我们了解到，通过建立“家庭购物中心”这种更大型的商店，我们的交易额可以达到百货业前所未有的数目，每家店每年超过200万美元，这对于小型城镇而言是不可想象的。这一事实同样在阿肯色州的贝里维尔和此地——本顿维尔得到了证实，只是程度稍低而已。

我开始听到有关早期折扣商店的情况——像安-霍普公司（Ann & Hope），其创始人马蒂·蔡斯被普遍认为是折扣销售之父。还有斯巴顿公司（Spartan's）、玛莫斯-玛特公司（Mammoth Mart）以及由哈里森公司、扎伊尔及奥兰公司合并而来的两友公司（Two Guys），全都是在美国东北部发展起来的，而且我还记得很早以前在纽波特通过出售女衬裤学到的那一课，当它们是以每条1美元而不是1.2美元的价钱出售时，销售额非常可观。于是我开始全国各地奔波，学习商业经营理念，从东部的家居用品零售店，一直到加利福尼亚州，而正是在加利福尼亚，索尔·普赖斯于1955年创立了费德玛（Fed-Mart）。

接下来要说到的，曾经让我更为头疼，赫伯·吉布森——一名来自贝里维尔的理发师——开设了自己的店，他有一个非常简单的经营哲学：“低价买入，大量进货，廉价售出。”他家店的东西比之前任何人都要卖得便宜，也卖得更多。他在阿比林也是这么干的，在阿马里洛也是这么干的，他的店在达拉斯遍地开花。接着，在1959年，他来到阿肯色州西北部，开设了一家名为霍华德的代销店，他在史密斯堡的业绩非常出色，所以又在费耶特维尔镇的广场上开设了分店，开始同我们的店竞争。我知道我们得行动起来了。他是唯一一个打折打到异乎寻常地步的人，而那时我已经完成了考察之行回到东部，我可能是当地少数几个能明白他这种做法的人之一。

在当时，我已经知道折扣销售的理念将成为未来的主流。不过我过去习惯于特许经营，我喜欢那种思维模式。总的来说我喜欢同富兰克林打交道的经历，但我并不想全然依靠他们的供货部门来建立自己的公司。所以，我首先前往芝加哥的巴特勒兄弟公司，带着我惯常用的黄色小本本，上面记满了条条目目，对着他们大大地说了一通好话，希望他们支持我的折扣销售的冒险计划。我希望他们做我的批发商、供货人。要是他们当时答应了，我们家可能就能继续我们相对正常的生活方式了。在那时候，我还没有把全部时间都花在事业上，而且同他们合作建立一家企业也没那么困难。可他们不感兴趣。接着我与吉布森接洽，但他已经有自己的代销商，所以我们也没有谈成。我们真的只剩下两个选择了，继续留在百货业，而我知道这一行业将在未来受到折扣销售大潮的猛烈冲击；还有一个选择是开一家折扣店。当然，我不打算坐以待毙。这时，我注意到沿着本顿维尔的公路往南，坐落着一个名为罗杰斯的小镇，这是一个比本顿维尔大很多的城镇，但是我不可能在那儿运营，因为马克思·拉塞尔拥有当地的富兰克林店特许经营权。我试图说服他同我合伙，在那儿建立一家大商店，但他对此毫无兴趣。

我没有放弃，开始着手在罗杰斯镇筹建一家店。我们家人为此作出了很大的牺牲。我们根本不能利用富兰克林店的资源来建设这家店，所以我同密苏里州斯普林菲尔德镇的一位批发商达成了某些协议。

没人愿意冒险投资这第一家沃尔玛店。我想巴德投资了3%，丹·惠特克——我从得克萨斯州阿比林镇的一家TG&Y店把他挖来管理这家店——投资了2%，而剩下的95%资金都是我投的。海伦不得不同我一起签发所有的票据，她做的报表比起我自己做的，能让我们借来更多的钱。我们抵押了房屋和财产，我们所有的一切。不过那时候我们总能借到最大额度的贷款。现在我们可是正正经经地打算进入折扣销售这一行业了。从那些见鬼的沃尔玛店开张直到差不多今天，总的看下来，当时那种状况也算是一次小小的挑战了。

鲍勃·博格尔，本顿维尔沃尔玛廉价商店的首任经理，现已从沃尔玛公司退休：

1962年春天，我们正飞往史密斯堡，山姆正驾驶着飞机飞过波士顿山脉。当时我们坐的是一架三人客机，而不是刚开始那架载着我们作过很多次旅行的飞机。山姆从口袋里扯出一张卡片，上面有他写下的三四个名字，他把卡片递给我，问我最喜欢哪一个。这些名字首单词都是三个或者四个字，然后我说："那个，你知道的，我是苏格兰人，我只想名字里保留沃尔顿这几个字，而且希望这个名字让人一看就知道这是个买东西的去处。"我在卡片的底端草草写下"W-A-L-M-A-R-T"几个字母，说："首先，不能有太多的字母。"我曾经购买过富兰克林店的霓虹字母，知道把它们竖起来、点亮它们、维修灯泡需要花费多少，所以我说："这就只有7个字母。"他什么也没说，接下来我就没再继续这个话题。几天以后，我顺路经过商店，想看看我们什么时候可以在店里安装货架，然后我就看到我们的招牌制造商雷伯恩·雅各布，已经竖起了"W-A-L"三个字母，正举着个"M"朝梯子走去。到这时候，白痴也能猜出商店的名字是什么了。我只是笑了笑，就继续往前走了。

关于招牌，还有些值得一提的事情。在招牌的一侧，我让雷伯恩放上“天天平价”几个字，在另一边放上“保您满意”，这两条作为我们经营哲学的基础，至今仍主导着公司的发展。

经过年复一年对折扣销售半心半意的研究和试验之后，我们终于准备好全身心投入这一行业了。1962年7月2日，我们的第一家沃尔玛店终于开张了，但并不是每个人都为此感到高兴。

李·史密斯，沃尔玛公司早期合伙人：

因为罗杰斯镇上已经有一家由别人运营的富兰克林店了，当我们第一家店开张时，实际上是捅了马蜂窝了。我清晰地记得开张那天。除了前来购物的人之外，一群来自芝加哥富兰克林总部的“官员”——都穿着细条纹衬衣——也露面了。他们走过来，就像一个军事代表团，然后站在店门口问我，表情能有多冷就有多冷：“沃尔顿先生在哪里？”他们朝商店后部山姆的办公室走去，一言不发。

大概一个半小时后他们出来了，然后连句再见也不说就列队离开了。几分钟以后，山姆走过来，告诉惠特克和我，那些人刚给他下了个最后通牒：不许再建任何一家这样的沃尔玛店了。我们知道山姆感受到了威胁，因为他也是富兰克林店的特许经营者。不过我们也知道，山姆·沃尔顿不是那种能被所谓“最后通牒”吓倒的人。

不过实话说，在罗杰斯开设的第一家沃尔玛店并没有那么棒。我们一年的营业额是100万美元，比我们绝大多数的百货店要多很多，那些百货店一年的营业额不过20万到30万美元。但请记住，圣罗伯特镇还是个军事驻地，那里的“家庭购物中心”一年的销售额有200万美元。当我们在罗杰斯镇打开局面之后，我们安于此地，屏息以待了两年之久。接着我们在罗杰斯镇附近一个更大点的城镇斯普林代尔和一个略小些的镇子哈里森开设了分店。接下来，当然了，我得让大卫·格拉斯讲讲他那个现在已经很著名的故事——他前往哈里森镇想看看沃尔玛店到底是个什么样，然后被自己看到的情形吓得不轻的故事。

大卫·格拉斯：

当时，开始有传言说有个叫作山姆·沃尔顿的家伙，对于零售业有些非常有意思的想法，于是我从斯普林菲尔德驱车南下——当时我在那儿的克拉克药店工作——去观看一家沃尔玛店开张。那是我所见过的最糟糕的一家零售店。山姆进了两卡车西瓜，把它们堆在人行道上。停车场上有头毛驴在瞎溜达。当时的气温大概是华氏115度（约为摄氏46°），那些西瓜开始炸裂，那头毛驴也开始干些牲畜们干的事情，在停车场里乱跑一气，场面一片混乱。而当你走进店里面时，情况也好不到哪儿去，地板上全是脏兮兮的脚印。山姆是个很好的家伙，但我还是写信跟他说：那简直太可怕了。

我猜当时的情形可能真的像大卫描述的那样糟糕，不过他只是刚好碰到了商店境况最糟的时候。那家店只有1.2万平方英尺（约1080平米），天花板有8英尺高（约2.4米），地板是水泥的，店里摆放的是光秃秃的木制平板货架。斯特林公司在哈里森商业闹市区有一家大百货店，店里有着铺着瓷砖的地板、明亮的灯光、真正优质的货架和样子很好看的商品。而我们的店简直就是这几样东西硬拼凑起来的——力度很大的促销活动、非常简陋的店面以及堆得满满当当的货物——不过我们的标价比竞争对手们要低20%。我们想知道，是不是在一个人口只有六千的镇子里，仅仅因为价格比较低，顾客们就会愿意跑到我们这个从某种程度上说来不过是个仓房的商店里，买同样的东西。答案是肯定的。我们发现人们的确是这么做的，而且他们想要这么做。今天，我们在哈里森镇已经有一家9万平方英尺（约8100平米）的大卖场。接下来在斯普林代尔，我们想弄明白另一桩事情：在一个较大的镇子上，一家真正大型、高档的商场会获得成功吗？我们在那儿开设了一家3.5万平方英尺（约3150平米）的沃尔玛商场，它很快就成为我们销售业绩首屈一指的店。为了让你对这些年来这一行业的整个理念转变有些概念，我想告诉你这样几个数据：我们最近在斯普林代尔开设了一家面积为18.5万平方英尺（约16700平米）的大卖场，而今天罗杰斯镇上沃尔玛店的面积为13.5万平方英尺（约12200平米），而过去的老店面积只有1.8万平方英尺（约1620平米）。

也许那天在哈里森镇，有许多人和大卫·格拉斯看到了同样的情形，但我自我感觉确实不错。在我们开设了第一批三家店并运营起来后，我就知道沃尔玛会成功的。

沃尔玛开局良好，我们看到了它的巨大潜力。而这时候，吉布森和其他的同仁们开始关注更小些的城镇，并且对我说："嘿，也许那些地方有一些我们应该考量的东西。"我们认为最好尽快地将分店铺展开去。

第四章

沃尔玛早期的疯狂促销

每当一家沃尔玛店开张营业，沃尔顿先生都会明确指出，沃尔玛不会像富兰克林店那样只以低价销售部分商品。他想要的是真正的折扣销售。他说："我们要把每一样商品都减价出售。"要是我们周围其他的连锁店还没有搞折扣销售，他就会说："我们要打出廉价销售的广告去，而且要说到做到！"所以不管我们还采取了什么别的销售策略，我们始终执行廉价销售。如果某件商品新上市，镇子里别的商家都以25美分的价格出售，我们就会以21美分的价格出售。

——查理·凯特，商店经理

就像我前面说过的那样，自从我们在斯普林代尔开设了那家沃尔玛店，我就知道我们正在做一件意义非凡的事情。我从骨子里相信这一点。但是在当时，绝大多数人——包括我的兄弟巴德——都对沃尔玛这整个概念深表怀疑。他们认为沃尔玛只是山姆·沃尔顿又一个异想天开的主意而已。沃尔玛的理念在当时完全没有经过检验，但那的确是我们一直所执行的。不断试验，不断试着做出些与众不同的事情来，不断自我训练以深入了解零售业，不断努力保持自己处在潮流的领先位置。这是我天性中一个很大的矛盾之处，直至今日我也不能完全理解。在我的许多核心价值观中——譬如教会、家庭、公众领袖甚至政治之类的事情上——我是个相当传统的人。可是由于某些原因，我在经商之时总是不断冲击现有体制，不断创新，做出异乎常规的事情。一方面，在社会生活中，我实实在在是个走保守路线的人；而另一方面，在商场上，我一直是个标新立异、特立独行，以致常常引发小小混乱的人。有时候既定规范会让我发疯。事实上，当那些巴特勒兄弟公司的家伙拒绝了我折扣销售的想法时，我有点光火了，也许正是这件事情使得我决定要靠自己激流奋进。

丹·索特奎斯特，富兰克林公司前任总裁，现任沃尔玛代理董事长及常务总经理：

我第一次见到山姆是在1964年，当时我在富兰克林公司负责资料处理方面的事务，他是我们最大的特许经营加盟商。他已经开设了罗杰斯镇的沃尔玛店，正跑来芝加哥，试图说服我们的高层，授予他在小型城镇开设折扣商店的特许权。他们给了他一个干脆的回答：不行。会见之后，他跑来找我，直接把话题转到计算机上。他想知道我们使用计算机的所有相关情况，还有，我们计划将来怎样使用它们。他把我说的每一个字都记在那个黄色的小本本上。

第二天是星期六，我到我家附近的凯玛特购物——穿着一套邋里邋遢、边上都起了毛的牛仔服。我走到服装部，然后看到那家伙正在同一个店员聊天。我心想："呀，那看上去像是我昨天会见的那个家伙。他到底在这儿干什么呢？"我溜达到他身后，听到他正在问那个店员说："好吧，你们多久订一次货呀……唔……你们订多少货呢？……还有，要是你们在星期二下订单，货物什么时候能到呢？"他在一个蓝色的活页笔记本上，把那个女店员的回答都记下来。接着，山姆双手撑地趴到地上，朝柜台下面打量，他拉开柜台的拉门，问道："在你们下订单时，是怎样知道这儿还有多少存货的呢？"

最后，我喊道："山姆·沃尔顿，是你吗？"他趴在地上抬头看来，说："哦，丹！嗨！你在这儿做什么呢？"我回答："我买点东西。你呢？”他就说：“哦，这只是培训课程的一部分而已。就这样。”当然，他现在也还做着同样的事情，只不过用的是微型录音机了。

我想，每个知道我打算全靠自己实行折扣销售理念的人，都真心实意地认为我是彻底昏头了。现在，当我回顾沃尔玛创建之时的情形，都会忍不住笑起来。那是1962年，折扣销售业真的还只是刚刚起步，充斥着生活奢侈、出手阔绰、开着凯迪拉克到处显摆的行销商——譬如赫伯·吉布森那样的家伙，我前面提到的那个半路出家开店发家的理发师——他们通过限定所有权掌控了这个行业，但是其中没几个人能算得上是出色的经营者，直到1962年，这一年就折扣销售业而言，是值得大书特书一笔的。就在这一年，我知道有四家公司开设了折扣销售连锁店：S.S.克瑞吉斯公司（S.S.Kresge），一家拥有800家店的大型百货连锁公司，在密歇根州的加登城开设了一家折扣店，取名叫凯玛特（K-Mart）；F.W.伍尔沃斯公司，廉价销售的先驱者，开设了沃柯连锁店（Woolco Chain）；从明尼阿波利斯起家的代顿-哈德森公司，开设了其第一家塔吉特店（Target）；还有某个自主经销商，在阿肯色州的罗杰斯镇开设了一家叫作沃尔玛的店。在当时以及其后相当长的一段时间里，我可以向你保证，几乎没人注意这四者当中最后那个。妈的，在大概五年的时间里，凯玛特拥有250家店，而我们只有19家，他们的销售额超过8亿美元，而我们只有900万。三十年过去了，所有那些早期的折扣店几乎都风流云散了，那四家里有三家成为了业界最大、业绩最好的公司，垮台的那个是沃柯，而最大、最兴旺的却是阿肯色的沃尔玛，这些事情要说给当时的人们听，没人会相信。有时候连我自己都觉得难以置信。

不过我可以告诉你，在一生不断的激流勇进之后，我深信，沃尔玛会取得今日的非凡成就，其中一个真正的秘诀就是适应社会发展的趋势。我们许多的上好机遇都是由社会需求催生的。因为我们是在资金短缺、投资不足的情况下，在那些偏远的小城镇里起步的，所以我们不得不去学，去做，而也许正是这一点，帮助我们作为一家独立的公司发展起来。要是我们资金充足，或是像我曾经设想的那样，成为一家大公司的附属，我们也许压根就不会打算在哈里斯镇罗杰斯镇、斯普林代尔以及所有那些我们在早期进驻的城镇里开店。事实证明，这也是我们学到的重要的第一课——在美国的小城镇里，有着非常非常巨大的商机，比任何人，也包括我，所想象的要多得多。

克莱伦斯·雷斯，首家沃尔玛店助理经理：

当我们在斯普林代尔开设沃尔玛第三分店时，山姆想对防冻剂来个惊爆价促销。于是他进了两三卡车“百适通”防冻液，标上每加仑1美元的价格。接着他又把佳洁士牙膏的价格标为每管27美分。好嘛，甚至有人从塔尔萨那么远的地方跑来买牙膏和防冻液。顾客太多了，消防部门让我们开门五分钟，然后锁上门，直到里面的顾客离去再放下一波顾客进来。山姆抓起一个工具箱来代替收银机，尽可能快地为顾客结账。

我们坚持在经营百货店时学到的东西，即：为顾客服务，使顾客满意。但我不得不承认，在那些日子，我们的确不像现在这样强调商品的质量。我们时刻需要面对的一个问题就是，保持我们的价格比其他任何店都要低。我们全身心地致力于此。每个人都疯狂地工作以便减少开支。我们也想过建体面的店面，但我们不得不将房租维系在一个低水平上——我们绝不愿意支付高于每平方英尺1美元的房租。我们的店铺看起来的确不怎么样——它们根本一点儿也不专业。我们开过这么一家店，即设在阿肯色州莫里尔顿的沃尔玛第8分店，那真算得上是一道特别的“风景”。我们租了一间老旧的可口可乐灌装车间，它被分隔成5个房间，接着我们花了3000美元从一家倒闭的吉布森店那儿买了一些旧货架。我们用打包钢丝把它们吊在天花板下面，把服装层层叠叠地挂在管道上，一直挨到顶棚，架子用钢丝固定在墙上。不过这是个非常小的城镇，所以8号分店也是另一种尝试。

我们没有制度。我们没有货物分类程序。我们没有一个基本的商品分类表。我们自然也没有任何类型的计算机。事实上，在今天回顾过去时，我认识到在创业之初，我们真的有那么多的地方做得很不到位。不过我们想方设法，以尽可能低的价格出售我们的商品，正是这一点，使得我们在最初十年里以良好的势头不断发展——通过这一点，以及通过建立与顾客之间的联系，在较小的市场里持续不断地提高销量。我们的理念很简单：当顾客想到沃尔玛时，他们就会想到低廉的价格和保证满意的承诺。他们能够非常确定，自己再不可能在别的任何地方找到更低的价格，而且，要是他们不喜欢自己买的东西，可以拿回来退换。

克莱伦斯·雷斯，首家沃尔玛店的助理经理：

罗杰斯店已经开张快一年了，所有的东西仍然堆在桌子上，不管怎么看都杂乱无章。山姆要求我多多少少将商品进行下分门别类，那就是我们部门体系建设的开端。不过，我记得最清楚的是我们给商品标价的方式。货物进店后，我们会就那样把它放在地板上，然后拿出发票。山姆决不会允许我们在价格上进行对冲操作。比方说，一件货物在订单上的标价是1.98美元，但我们只花了50美分的进价。刚开始的时候我会说："好吧，它的原始定价是1.98美元，那么我们为什么不以1.25美元的价格出售呢？"而山姆就会说："不，我们只花了50美分的进价。标价在进价的基础上提高30%就可以了。不要去管你的进价是多少，只要我们有不错的赚头，就要把好处也分给顾客一些。"当然，我们就是这么做的。

创业伊始有段时间也有些许挫折，很让人沮丧，我们从不隐瞒这一点。除了没有基本的货物分类制度，我们也没有真正的补货体系。我们甚至没有像在经营富兰克林店时使用的存货目录，你只需简单地通过它查看一下自己所需的东西，然后就能从巴特勒公司订货了，之后还能根据它来给商品标价。我们也没有固定的批发商，没有贷款。推销员们就站在我们的门口展示商品，而我们会尽最大可能争取最大的利润空间。有时候，我们很难得到那些大公司——宝洁、柯达之类——的推销员光顾，而要是他们来了，他们就会对着我们颐指气使，硬性决定卖给我们多少货物、以什么价格。宝洁提供2%的折扣，前提是你在十天之内付清货款，要是你没付清，嘿，他们就会干脆地取消掉这些折扣。不客气地说，在那时候，我们可真因为许多供货商的傲慢自大受了不少气。他们毫不把我们放在眼里，狂妄行事。我始终很不理解这一点。对我来说，事情很明了嘛，顾客就是顾客，你应该竭尽所能把东西卖给他们。

最大的挑战，是以低价购进保健品和美容产品并保证货源充足，因为这些东西，实际上是几乎每个早期折扣销售商销售策略的核心所在。我跑去考察了第一家吉布森店之后，就领悟到了这一点。他们公司的整个理念，就是以比任何独立经营店所能得到的进货价更低的价格直接进货，然后铺货给旗下的特许经营加盟店，每月收取300美元的佣金，也就是说，公司实际上充当了特许加盟店采购代理商的角色。折扣销售的基本理念就是通过将这些商品——牙膏、牙刷、止痛片、肥皂、洗发水——的标价压低到进价水平来吸引顾客光顾。这些商品，就是那些早期的折扣经销商称之为“代言形象”的东西，也是你会在报纸广告中大肆推销的东西——就像斯普林代尔沃尔玛店27美分的佳洁士牙膏——你会把它们堆得高高的，以吸引人们注意到它卖得有多好。人们就会口口相传，说你家店的价格确实低廉。店里的其他商品价格也很低，但它们都预留了30%的利润差额。而保健品和美容产品则是彻底让利的。

公司逐渐起步，而我们简直没有时间对它进行规划。我们太忙于集中精力进行日常运营了。我将办公室从位于本顿维尔广场的富兰克林店搬到了附近的一个旧车库里，并聘请了三位女士帮我一起处理账务。到20世纪60年代初，我们已经拥有18家百货店和一批沃尔玛店了。

在一段不长的时间里，我们拥有好几种不同类型的商店。有挂名在富兰克林和沃尔顿之下的百货店，也有我们自己的沃尔玛折扣店。多年以来，在我们组建沃尔玛公司时，仍然继续经营着若干富兰克林店和沃尔顿百货店。不过我们逐渐地将它们结业，通常是以沃尔玛店取而代之。

我们在办公室的墙上挂了一个文件架，用来存放每家店的现金收入单据和相关文书。我有个蓝色的活页分类账簿，记录每家店的情况。每当我们新增一家店，就在墙上多加一个文件架。我知道至少在我们的店达到20家之前都是这么做的。然后每月一次，旺达·怀斯曼和我会结算那些账目——登记货物数量、销售额、现金额，平衡并结清账目。现在，你肯定听说过许多财务结算办法，像是LIFO（后进先出法）、FIFO（先入先出法），但在我们那时候，我们用的是ESP法，这是一种非常基本的方法：如果你没法平衡账目，就将异常项移除，放到名为“ESP”的项下面，ESP的意思就是“某处有误”。当需要结清那些账目的时候到来，这种方法实际上加快了结算速度。

接着我们制定了一份盈亏账目表，每家店都有个盈亏账目，然后尽可能快地通告各家店的经理——今天我们仍在做着这些事情。如果哪家店的账目有问题，我会立即去找那家店的经理。不过他们中的大部分都拥有自己管辖店铺的股权，所以他们可能同我一样正为此感到烦恼。我有一本很大的分类账簿，用胶水粘在一起，记着我想记下的所有东西。账页上大概有15个不同的栏目，每个店都是。栏目包括销售额、开支、纯利润、减价商品——每一项商品——公共事业费、邮费、保险费、税费。每个月，我都亲自用钢笔登记那些数字，这能帮助我把它们记得更牢。这已经成为了我的习惯，当我到各个店里去时，衣袋里总是放着这本账簿，所以每个人都能一直非常确切地知道自己店的经营状况。

好多年里，公司只有我和各家店的经理。他们中的大多数是从百货业转行加入我们的，他们在一起，便组成了人们前所未见的最大一帮子廉价销售商。我们大家一起工作，不过他们每个人都拥有相当多的自由，试行他们脑子里五花八门的新奇想法。

这帮人里最像个业务经理的，是丹·惠特克，我从阿比林的TG&Y店把他挖来，担任我们第一家沃尔玛店的经理。在那之后，他又成为我们的第一任区域经理。丹只不过高中毕业，可能是吧，因为他的语法很糟糕。有时他会对身边经过的人视而不见，因为他只有一只眼睛好使，他看人的样子蛮滑稽的。不过他是我一生中认识的最好的人之一。每个人都管他叫惠特克，他是一个工作努力、注重实际、思维敏捷的家伙。他心胸开阔，不过态度生硬，所有的年轻人都怕他怕得要死。从没有人质疑过他老大的地位。而当他想要做成某件事情时，相信我，那件事一定能成。我会在这儿特别提到他，是因为丹·惠特克在我们公司的早期发展中非常非常重要，正是他建立了我们的经营理念：热忱待客、诚信经营、追求卓越、始终如一。

克劳德·哈里斯，沃尔玛首任采购员：

如果要我说的话，山姆非常机敏，能够看穿人们的心思，了解他们的个性与品行。在选拔人才方面，他从来没有犯过任何错。真的，说回创业那会儿，一个糟糕的经理真的会把我们整个公司拖垮掉。当一家分店一年的净利润只有8000或是12000美元的时候，只要有个把不老实的经理，整个公司就完蛋了。山姆招人的时候，会跑到那些人工作的店里和他们面谈，然后邀请他们到他的店里参观。你知道的，他是个非常有说服力的人——他甚至能把鸟儿从树上哄下来。他和海伦会邀请你到家中，给你递上冰激凌，他们总是会问你和你的家人上不上教堂。他是那么善于评估和挑选这些管理人员。他不只是在寻找店铺经理。我想他是在挑选他觉得可以并肩前行的伙伴。他总是不断向前。他知道他需要什么，他不断追寻这个目标，并一步一步实现它。

我们是在孟菲斯城一家伍尔沃斯店发现克劳德的。他来自俄克拉荷马州的马斯克吉市，大概有四分之一的印第安人血统，他高中毕业后就进了伍尔沃斯店工作。我的这些分店经理，像丹、克劳德，都没上过大学，他们也不希望我雇用任何大学生。他们认为大学毕业生放不下身段擦洗地板、擦拭窗户。在那时候，百货业一个传统的培训方法，就是把一辆两轮车——你知道的，就是那种用来搬运货物的推车——塞到一个刚刚前来报到上班不过三十分钟的家伙手里，让他去里屋搬货去。我这些经理都出身于这样的百货店，有着同样的背景、同样的经营理念和培训经历。我们寻找的正是这种行动导向、说干就干、精干型的家伙。

克劳德有四五个孩子，年薪大概是1.2万美元，也可能是1万美元。一天，我在他的冷饮柜前停下来，开始同他聊天。我发现他还能存下一些钱来，我一向觉得，一个人要是能够理好自己的财务，肯定也能出色地管理我们的店。我们把他安排到位于费耶特维尔广场东侧一家我们的百货店里，于是他就得同我们位于广场西侧的另一家店进行竞争，而当时那家店是由查理·凯特管理，并由查理·鲍姆进行监理。那是一次真正的考验，因为没人比查理·鲍姆更好胜了——那家伙甚至会同一把圆锯较劲。不过克劳德表现得非常出色，以至于查理不得不在某种程度上同他保持和平相处。

克劳德·哈里斯：

我那家店盈利不多，而且我们正开始同吉布森店展开竞争，他们在广场那儿也有一家小店。很明显，他们的折扣商品卖得很好，而且靠着他们的保健品和美容护肤品，他们几乎把每一个人都吸引到了店里。于是我想："好吧，我干吗不在我的百货店里也试试呢？"我改变了整个店面的布局，同麦肯森公司谈下了一个低廉的价格，进了一大批非处方药。它成为我们公司第一个折扣销售部门，位于费耶特维尔广场东侧的保健及美容产品销售部。不过这件事也差点让我失去了我最好的朋友。查理·鲍姆差点因为这事气得心脏病发作。他觉得我是在设法通过减价销售同他抢生意。你知道的，查理是世上最争强好胜的人之一。如果狭路相逢，他一定会同你争斗到底。可我只是想看看这一举措会将我们引向何方。不管怎样，山姆对这一切心知肚明，他说："去吧，试试。"他总是会尝试类似这样的事情。他总是敞开心胸听取建议，这就是他如此成功的原因之一。现在他也依然如此。

当我开始为沃尔玛采购货物时，我经常带着克劳德一起。没过多久，我们就任命他为沃尔玛采购总经理。就担任一个采购总经理而言，他并不比街上随便一个人来得更有经验。他之前是分店经理，但我们没有别的合适人选，所以他就当上了这个采购总经理。我甚至都不知道我们公司什么时候才终于招进了第一位专业采购员，或是之前有过任何采购经验的人。不过那肯定是几年之后的事情了。

我想，那些早年间的分店经理与我都拥有的最相似的一点就是，我们都热爱经商。不要误解我的意思。我们早期的店并非全都经营良好。我说这话的意思是，我们的货物种类并不是最完备齐全的，商品陈设也并非引人入胜。因为，你得记住，当时我们没有真正的批发渠道，我们不得不在所有能采购的地方进货。不过我们都热衷去发现与众不同的东西，而那些分店经理也拥有足够的自由，去试行不同的举措。

查理·凯特：

山姆让我们每个星期递交一份本分店的销售报告，报告中还得附上一项"最热销商品"。我的意思是说，我们必须这么做。他这么做正是在教我们去发现某段时间中长销不衰的商品。你必须仔细关注店内情况，因为你每个星期都得递交这份报告，要是你报告里面说没什么商品畅销，沃尔顿先生就会不高兴。他会觉得你没有好好研究商品销售，在这种情况下，他最好是来帮你研究研究。自从我在1954年第一次见到他以来，他一直是这么做的。

自我成年以来，没有一天不曾花上些时间考虑关于销售的问题，要承认这点实在有些为难，不过这是事实。我怀疑，相比这个国家绝大多数其他的零售业管理人员，我更多地强调商品的销售和促销的重要性。那是我内心深处一种纯粹的喜好。我喜欢销售，促销是我经商生涯中最喜欢做的事，没有之一。我真的很喜欢挑选出一件商品——也许是最基本的生活日用品——然后唤起人们对它的注意。我们过去常常说，任何商品，只要你把它从天花板上挂下来，你就肯定能把它卖掉。所以我们购进数量巨大的某件商品，摆在店铺里最显眼的位置，对它进行大肆宣扬。要是大家都知道这件商品卖得不太好，我们就把它撤下来，放在店面的普通柜台。这是使得我们公司在创立伊始就彰显与众不同的原因之一，也是令同行很难与我们竞争的因素之一。不过，伙计，在沃尔玛创立的早期，这种做法有时候确实是蛮疯狂的。

菲尔·格林，沃尔玛创立早期的经理：

我和山姆过去常常花上大量时间挑选商品。我们会跑去买上一份达拉斯的报纸，一份小石城的报纸，还有一份史密斯堡的报纸，然后他说："好了，现在，菲尔，让我们来搞定这个周末的广告吧。"于是我们就在店铺里四处看看，找到一大堆短袜或是衬裤，或是一个废纸篓、一把扫把，或是在老旧货架上堆了一大堆的电动机润滑油。我们会挑选出，比方说，20件商品，然后我们就坐在地板上，抄起剪刀，浏览那些报纸，直到发现某家商店销售汽油的广告，于是我们就把广告上的油壶剪下来，粘在一张纸上，写上“鹏斯30W机油”的字样，然后贴上我们的价签。对袜子、衬裤、废纸篓，我们也是用同样的方法处理——用那些报纸上刊登的任何其他人的广告，制作出我们自己的广告。不过这个办法挺管用的！因为我们的价格的确惊爆。山姆说过，要是我们打出去的广告上面的价格和别人广告上宣传的价格一样，是没什么用的，顾客干吗非得来你这儿呢？山姆曾是一个廉价商店经营者，所以最开始时，他想在每件商品上都获取一定比率的利润。不过后来他的想法转而变为真正热销的商品能够把顾客吸引到店里来，所以我们最终开始实行一管牙膏只卖16美分这样的做法。接下来我们就得担心存货是不是够的问题了。

不久之后，菲尔举办了一次商品促销活动，这次活动成为了我们公司历史上最著名的促销活动之一。我们派他到阿肯色州的温泉镇开设第52号分店——也是我们第一次在一个已经拥有一家凯玛特店的镇上开设沃尔玛店。菲尔到了那儿，了解到凯玛特店里的有些东西卖得实在不便宜，但因为在本地没有折扣销售方面的对手，居然生意也还不错。于是他搞了一次洗衣粉促销活动，这次活动大概是有史以来世界上最大的一次汰渍洗衣粉——也可能是奇好或别的什么牌子的洗衣粉——的展销会。他同供货商达成了一个协议，只要他购进数量大到完全可以称得上是荒谬的洗衣粉，比方说3500箱大包装的，他就能拿到每箱1美元的优惠价。然后他打了个促销广告，上面说每箱平常的价格是3.97美元，现在减价到1.99美元。好嘛，当我们本顿维尔办公室的所有人看到他买下了多少洗衣粉时，我们真的以为老菲尔彻底疯掉了。这一大堆洗衣粉，数量多得让人不敢相信。装货物的箱子堆成了一座金字塔，有12个箱子到18个箱子那么高——一直堆到天花板，足有75或是100英尺那么长，占据了整个通往商店后部的通道，而且大概有12英尺宽，你几乎没法跨过去。我想许多公司会因为菲尔这么干而解雇他，不过我们一直觉得，我们得尝试类似这样的疯狂举动。

菲尔·格林：

在组织促销活动时，山姆总是让我去做我想做的任何事情，因为他觉得我不会把事情搞砸，不过这一次，他跑来问我了："你为什么买了这么多？你不可能把它们全卖掉的！"不过这事儿闹得挺大，上了新闻，每个人都开始关注，所有的货物在一个星期里销售一空。我还搞过另一次促销活动，也让他们本顿维尔的人大吃一惊。一天，一个来自俄亥俄州默里公司（Murray）的家伙给我打电话，说他到本季度末的时候，能搞到200台默里8马力乘式割草机，他能以每台175美元的价格卖给我们，问我们要不要。我说："行，200台我全要了。"他惊奇地说："200台！"我琢磨着，过去我们都是以每台447美元的价格出售这种割草机。所以当这批割草机运来后，我们把它们的包装全部打开，成排放置，一直排放到店铺前面，每一行有25台，一共8排。我们用一条铁链把它们围起来，铁链上挂了个大招牌，写着："8马力默里割草机，每台199美元。"我们卖得一台也没剩下。我想我天生就是个促销者，而担任一名早期沃尔玛的经理，正是施展这一才能最合适不过的职位了。

我要告诉你们，菲尔不仅喜欢激流勇进，而且他还喜欢在那么干的时候给自己增加点难度，只为了显示他有这个能耐。现在的人们对于促销也许不像过去那么狂热了，不过成为一名沃尔玛的经理，仍然是展现促销才能的理想职位，因为这就是我们传统的一部分，也是我们应该一直坚持下去的一部分。这么多年以来，我从中得到了那么多的乐趣，想到你只要用一个小小的促销手段，就能卖掉那么多的商品，真是让人惊叹不已呀。人们总是问我，在我的记忆里，哪些时候是沃尔玛历史上的重大时刻，我通常会回答说，哦，当我们的销售额突破10亿美元的时候，或是100亿美元的时候，诸如此类。但事实上，我的一些最珍爱的记忆，是我们通过在端架（放置在走道末端）或是主走道（结账台后面横贯一家店铺的宽大的横行走道）尽头桌子上的精心展示，卖出成吨最普通不过的日用品的时候。我想，真正的商人就像真正的渔夫一样——我们的记忆中，总有那么一个特别的地方，留给我们捕捉到的那些大鱼。

我了解，说到这些，可能会让你们中的大多数人觉得无趣，不过所有的促销商品中，我最喜欢的一件，是一种大家称之为“床伴侣”的软床垫。我想，我是在某天走出去同某个正在休息室里等候的推销员聊天时挑中这件商品的。外出聊天是一桩我喜欢做的事情，我时不时就会同推销员聊聊天，以保持彼此间的联系。在当时，我想我们甚至都没有软床垫的存货，可不知怎么的，我感觉这是一件未开发的潜力商品，或是某种我们应该备货的商品。于是我们进了一大堆这种床垫，把标价和利润余地作了些微下调，把它们摆在显眼的位置，结果它们成了我们店里有史以来卖得最火的商品。前几天我让某个人帮我核账，结果发现自从1980年引进“床伴侣”以来，我们已经卖掉超过550万条这种倒霉玩意儿了。

还有一天，我走出去，走进休息室，开始同一位来自阿拉丁公司的推销员聊天，他们公司生产热水瓶。他带着样品，我习惯性地问他，你有什么真正热门的产品，可以让我们成功地促销出去？于是他拿出一个半加仑装红蓝色热水瓶，那玩意看上去的确很漂亮，他说："这种能够给特价。我们按特价给你们，而你们可以用某某价钱出售。"我说："让我们好好谈谈。"于是我又说服他把价钱再降了点，这样我们就能以一个非常低的价钱出售这种热水瓶。这东西简直卖疯了。在各家分店推出后，我们卖掉了成车成车的这种热水瓶。

有段时间，我一度觉得自己在挑选促销商品方面是个天才，我挑出来的东西都卖得非常好。不过后来我终于意识到那是因为我是老板，我那些分店经理都知道我迟早会到店里去，于是他们会打听我挑选了哪些商品，然后把自己店里的那些东西摆出来。那次促销月亮小甜饼的事情让我得到一个教训，我应该谨慎挑选促销商品。月亮小甜饼是一种甜腻的蜜饯点心，在南方非常受欢迎，也是我大力促销的一件商品。我是在田纳西州接触到这种东西的，当时我正驱车造访一位部门经理，一位女士，她以一种令人难以置信的方式售卖月亮小甜饼——就那么摆在人们能看到的地方。唔，我知道当时这种商品还没有在沃尔玛全面铺货，因为我在各个分店里几乎看不到它们。于是我采纳了那位部门经理的意见，回来，叫上采购员，给生产月亮小甜饼的公司打电话说："嗨，我打算把月亮小甜饼作为我们的促销商品，在所有分店上架，以1美元5块而不是23美分每块的价格出售，你们觉得怎么样？"他们忙不迭地同意，还把进价降到每块12.5美分。我们标价20美分一块，在一周内卖掉了50万块，换句话说，价值10万美元的月亮小甜饼。就公司范围而言，算是一次非常成功的促销了。问题是大家都被这一商品的热销冲昏了头脑，把它们运到威斯康辛州售卖。那儿的人们之前从未听说过这种东西，也没兴趣尝试。我们必须警惕这样的错误，绝不能重蹈覆辙，因为它的后果实在太严重了。

大卫·格拉斯：

你知道，我们会举行主管人员的单项产品促销竞赛（Volume Producing Item，VPI），不过很难有人比得过山姆，因为他挑选的促销商品总是能得到顾客的青睐，真是令人非常难以置信。我想查塔努加糕点公司，就是那家生产月亮小甜饼的，肯定把山姆评为当年度的风云人物。要是他们没有，真应该那么做。有史以来没有谁能想到，会有人卖掉那么多月亮小甜饼。不过想想看，要是他挑选出一件促销商品，他就要求在结账台的前面摆上张桌子，摆上15盒月亮小甜饼，按照香草口味、巧克力口味、焦糖口味分门别类，每种口味的数量由他决定。那种叫作"床伴侣"的玩意儿通常放在侧边货架上——一个靠墙货架上堆着四条，一个月也卖不出一条去。好嘛，山姆在主走道里放上张桌子，亲自设计标识牌，然后规定说，必须保证这张桌子上堆满"床伴侣"。自然，它卖到脱销。不过，你可以问问他关于垂钓水桶的事情。那是他有史以来卖得最差的一件促销商品。就在那一年，我靠着销售塞内卡苹果汁赢得了当年的单项产品促销竞赛。那简直轰动一时，卖掉了好几吨。于是每当我去分店，就会让店里的人把那种钓鱼桶摆到店门口，里面放上冰块，倒上苹果汁，用他挑选的钓鱼桶装着我挑选的苹果汁欢迎顾客品尝。我还特意挑选知道他将要造访的分店这么干。这事儿把他气得要命，他能有多快就有多快地把那些钓鱼桶全下架了。

我们从这些商品促销活动中得到了许多乐趣，不过下面我要说的才是真正关键所在。销售哲学——牵涉到所有的店员、分店经理和部门负责人——告诉我们，你的店里到处都有可以卖出惊人数量、获取惊人利润的商品，只要你足够聪明，能把它们找出来，不怕麻烦地去推销它们。这是帮助我们公司单位面积销售额以戏剧性速度增长的真正诀窍。要是你也想让你家商店的同类销售额像我们那样以每年两位数的速度增长，也想像我们一样发展你们的公司，你就必须得是以销售为驱策，否则，你就会变得跟其他人一样。我可以告诉你许多零售商的名字，他们刚开始时都是以销售为驱策，但这些年来不知怎么地已经失去了这一点。在零售业中，你或者是以运营为驱策——这种情况下你的主要精力应该放在减支增效上——或者你是以销售为驱策。那些真正以销售为驱策的商人，总是能不断改善运营状况。但那些以运营为驱策的人往往业绩平平，渐渐开始走下坡路。所以山姆的“商品促销狂热症”既是一场好玩的游戏，我们都从中得到了许多乐趣，同时也是我们能够创造出非同寻常的单位面积销售额的关键所在。正是这些促销活动，使得我们始终领先于我们的竞争对手。

顺便说一句，今年我正在各家分店里促销一件商品，我觉得它会是真正的赢家：一种卤素车前灯，每个只卖10.94美元。这个促销项目是我同通用电气公司总裁杰克·韦尔奇共同合作的。这是证实目前我们同我们的大供货商在最高层次上合作的一个极好例子。

在沃尔玛早期——到现在为止我们一直在谈论这个时期——我真的相信，我们对于商品促销的强调，帮助我们弥补了自身的许多不足——过于简单的进货模式，不够完备的商品种类，以及几乎为零的后勤支持。它是我们搏水击浪的另一种方式。我们正是靠着销售来弥补我们的欠缺。

回想当时，事情能够协调运转、顺利发展，唯一一个另外的原因就是从一开始，我们就每周一次把所有的分店经理聚集起来进行自我批评——那实际上就是我们的采购机制，每个星期六一大早，一大群分店经理就聚集在一起，也许是在本顿维尔，也可能是在某个地方汽车旅馆的房间里。我们会回顾上周采购的货物，看看在上面花了多少钱。我们会筹划促销活动，挑选我们计划购进的商品。我们实际上正是在制定我们的销售计划。这种方法非常有效，这么些年以来，当我们发展壮大、成立了公司，它已经成为我们企业文化的一部分了。我想那就是我们周六晨会的前身。我们想让每个人都知道接下来我们要干什么，想让每个人都了解我们曾犯下的错误。当某个人犯下严重错误时——不管那个人是我本人或是别的什么人——我们都会讨论、承认错误，试着找出改正的方法，然后投入到第二天的工作中去。

我们力图弥补自身经验及业务上不足的另一个办法，就是花上尽可能多的时间研究我们的竞争对手。这是我从一开始就做的事，也是我坚持让我们所有的经理都做的事。

查理·凯特：

我记得他总是一遍又一遍地说：去，研究研究我们的竞争对手，一个也别漏下，不要去看他们的短处，找出他们的长处，要是你能得到一个好点子，那可是比你往店里进了样好货更棒。然后我们得试着把这个点子同我们公司的情况结合起来。我们的确不关心我们的竞争对手做错了什么，我们关心的是他们做得好的地方，而每个人都有一些做得好的地方。

克莱伦斯·雷斯：

当时吉布森店首次在罗杰斯镇开设了分店，我们实际上处在两家大连锁店的夹缝之间。我的助理约翰·雅各布和拉里·英格力会经常到他们的店里去，走过整个店堂，试着记下商品价格。然后他们走出来，把价格写下来。还有，那家店后面有一个非常大的敞口垃圾箱，于是到了晚上，当两家店都打烊以后，约翰和拉里就会跑去吉布森店那边，在他们的垃圾箱里翻翻捡捡，尽可能地找寻价签。

我想在那些日子里，我们基本没什么精力去顾及面子问题。我们完全不去考虑事情本来应该是用什么方式去做的，还有，你知道的，零售业行规约定俗成的处事方法。你应该已经读到过早年间我们去纽约出差进货的一些情况。我们雇用了一位来自密苏里州斯普林菲尔德的批发商，一个叫作吉姆·海克的家伙，同我们一起工作，他算是某种程度上的代理商。我们过去一直从他那儿进货，所以，当我们说我们需要有人带着我们到纽约去采购一些商品时，吉姆这个大好人，直率的家伙，就带着丹·惠特克和我到处转，把我们介绍给他的供货商。他这么介绍我们："这些家伙是从阿肯色州一家小连锁店来的，他们都是些好人。"我们采购了裙子、短上衣、少女服装和婴幼儿服装，我得再一次说，我们基本上什么都买，不像其他那些连锁店，一位采购员只擅长某类商品的采购，并且只采购这类商品。我觉得纽约的那些供货商没人能真正理解我们的想法，不过我们的店就是这样的——我们的利润和销量，必须依靠找到那些真正划算、并且能让我们在偏远地区销售出去的货物。我们就是那么做的。在采购男式衬衣时，我通常在克罗尼尔制衣厂一个叫作哈利·克瑞斯的家伙那儿得到最优惠的进价。他总会给我们特殊待遇，安排我们早上7点之前在他的样品陈列室同他会面，这样我们就能有额外的时间去做别的事情。我一直很感激这一点，这些年来，我从他那儿买进了大量的衬衣。

巴德·沃尔顿：

我永远也不会忘记那些采购之旅。我们一次会出动4到6个人：山姆、我、丹·惠特克、菲尔·格林、克劳德·哈里斯、加里·瑞因博斯。我们有个采购预算，所有人都清楚自己总共能花多少钱，不管你怎么用。我们可以为这个部门采购1万美元的货物，或是为那个部门采购2万美元的货，只要总额控制在预算之中。于是我们就去了，一帮来自阿肯色州的家伙在纽约城里四处晃悠。那儿的一切对我来说都是新鲜的。我以前从没去过纽约。山姆会把我们分成两人一组——有的组采购日用品、有的组采购女装，诸如此类。

于是有一天，他说："巴德，你和丹·惠特克去给男装部采购些货物。"好嘛，我们两个都从来没有过采购男装的经验。我们这帮人大多是些粗线条的商人，对服装没什么了解。我们跑到帝国大厦，那儿集中了所有的男装制造商，有生之年我都不会忘记那一天。我从没见过那么多各式各样的男装。我们挑得眼花缭乱，于是就买了毛衣、裤子，什么都买了点。然后到了晚上，我们回去以后，聚集在旅馆房间，看看我们花了多少钱。绝大多数时候我们会超过预算，于是第二天有的人就得去取消一些订单。

加里·瑞因博斯：

从最一开始，山姆就不断试图向我们灌输这样的想法：你不能一到纽约就不知道自己姓什么了。在那儿，我们去任何地方都是靠步行。我们从不打车。山姆还为采购旅行定了条规矩：我们的差旅费不能超过进货款项的1%，所以我们总是一堆人挤在麦迪逊花园广场附近什么地方一家小旅馆的房间里。

他总是连大清早或大晚上也要找到某个客户同我们谈生意。要让纽约人这么干可是非常困难的，你知道，因为他们都要赶地铁，而且什么事都有他们自己的规矩。不过山姆总是能找到某个客户在晚上来同我们商谈。一来，他是想让出差时间尽可能短；二来，他是想确保我们时刻都有事可干。

总之，我们会分组到各个不同厂商的样品陈列室去。我们走进去，然后他们就会问："你们是哪家公司的？"

我们回答说："我们是沃尔顿公司的。"

"哦，你们的公司在哪儿呀？"

"阿肯色州。"

"哪个城市？"

"阿肯色州的本顿维尔。"

然后他们就总是会说："这个阿肯色州的本顿维尔到底在什么地方？"

而丹·惠特克，那个总是绷着张脸的家伙就会回答："罗杰斯镇旁边。"

接下来，接待我们的那个家伙就会说："请原谅，我得去后面房间拿点东西。"

而老惠特克就会说："你不用跑去向邓白氏公司（Bun and Bradstreet，美国权威评估机构）查询我们的信用状况。我们的信誉就和通用汽车公司一样好。"

然后那个家伙就会跑回来说："好啦，我查过了，你们的确有良好的信誉。那么你们要看点什么呢？"我们会一直工作到晚上12点半，然后一帮人就都跑出去喝啤酒，只除了沃尔顿先生。他总是说："我们明天6点吃早饭时见。"然后我们就会说："沃尔顿先生，实在没理由那么早碰头吧。那么早我们甚至连那些大楼都进不去呢。"而他只是回答说："我们会找到些事情做的。"

第二天早上，他总能说服某个看门人或是别的什么人让我们进去，当那些纽约人开始来上班时，我们已经坐在样品陈列室外面等着了。就像我说过的那样，我想他是在力图强调这一点：仅仅因为我们身在纽约，并不意味着我们就必须开始按照纽约人的方式办事。

加里说我总是力图强调那一点，我想他说的没错。因为不管我们在哪儿，我们总是力图向我们的人灌输这一想法：我们沃尔玛的人有我们自己的办事方式。它也许与众不同，也许开始时，有些人得花上一段时间来适应它。但这种想法直接坦率，基本上很容易理解，只要你愿意理解。而且，不管别人愿不愿意配合我们，我们仍然会坚持我们所相信的东西，因为事实证明，它真的是非常非常成功的做法。

我们从一开始就激流奋进，这使得我们更加强壮、精干、机敏，而且我们很享受这种采购旅行。我们真的看不出，现在有什么理由要去改变这种做法，加入那些随波逐流的人群中去。

第五章

山姆·沃尔顿一家

我们小时候，都以这样或那样的方式为沃尔玛公司工作过。我五岁时就开始站在糖果柜台后面卖糖果，或是照看爆米花机。做生意是我们生活的一部分，晚餐桌上的谈话内容总有它。我们听到过许多关于债务的事，父亲举债以开设新店，我为此担忧不已。我记得一次我曾向我的闺蜜倾诉过——边哭边说：“我不知道我们该怎么办。爸爸欠了那么多钱，他就是不肯停止开设新店。”

——爱丽丝·沃尔顿

在早年间，沃尔玛创立之前，我没觉得我们家与当地绝大多数其他家庭有太多的不同。海伦和我制定了非常审慎的计划；我们想要四个孩子，而且海伦说，她希望最好是在三十岁之前生完孩子，这样她就能享受儿女绕膝的快乐，将来亦能含饴弄孙。果然，在我们离开纽波特之时，我们已经有4个孩子了：3个男孩——罗伯、约翰和吉姆——和1个小女婴，爱丽丝。

我相信，一直以来海伦坚持要在一个小镇上生活，原因之一就是，我们年轻时正是在这样的环境中，经由耳濡目染建立起我们的价值观，我们想让孩子们在成长过程中建立同样的价值观。我们的确这么做了，只除了时代背景不是大萧条，我们从不需要担心一日三餐。我们的另一个目标是让家庭团结和睦，就像海伦成长的环境一样。我已经告诉过你们，在理财方面，罗伯森家族的举措对我和海伦影响有多大，不过说真的，我觉得他们家族的成功、幸福和兴旺，正是这种团结和睦的家庭环境影响所致，这样的家庭环境是我年轻时就向往的，当然，也是我和海伦一直以来身体力行想要达成的。

我常常想起我自己的童年时代，虽然一些回忆说起来还蛮让我伤感的。不过因为海伦觉得它对我有着重大的影响，我还是简单地描绘一下。简单说来，就是我的爸爸和妈妈是有史以来最爱吵嘴的一对夫妻。我很爱他们两个，而且他们两个都是好人，不过他们总是在吵架，他们之所以没有分开的唯一原因，就是我和巴德。在我们长大后，他们甚至分开过一段时间，各走各的路。譬如说在二战期间，妈妈就搬去加利福尼亚州，在一家军工厂工作。作为长子，我觉得这种家庭内部的不和睦对我冲击最大。我不能确定它对我的个性影响到底有多大——我总是这样时刻忙碌不休，也许它就是部分诱因——不过我很早就发过誓，要是我自己建立家庭，绝对不让家里充满那种争吵。

所以，海伦和我都尽自己最大努力保持家庭的和睦，而且我们还确保我们的孩子有机会体验一些我们小时候的经历。他们都加入了童子军，我还担任了一段时间的童子军领队。三个男孩都玩橄榄球，而且表现不错。事实上，他们每个人都曾与队友一起拿过州冠军，当吉姆快要毕业时，我记得全镇人都在引用教练的话，大意是，他不能想象一支没有沃尔顿家人的球队会是怎样，所以他当时正努力说服爱丽丝玩橄榄球。她大概也会玩得很不错。我总是尽量在周五晚上待在家里，这样我就不会错过太多孩子们的比赛。他们也送报，你知道的，我觉得送报是一种多么重要的培训经历。爱丽丝很小的时候就开始马术训练。当然，还有，我们都上教堂和主日学校。我在一段时间里也担任了主日学校的教职呢。

海伦·沃尔顿：

有一段时间山姆的确在主日学校任教，不过尽管这样，他依然坚持他那独特的工作习惯。在纽波特时，有一段时间，星期六晚上他会一直工作到10点钟，然后周日早上起来后直接回家。我们应该是轮流送孩子们去主日学校，不过在没人搭把手的情况下，给4个孩子穿上去教堂的衣服，对我来说有点儿不太现实。说真的，在沃尔玛成立之后，我们和山姆在一起的时间变得更少了，但别以为在那之前，他就不是把绝大多数时间花在工作上的。

通过我们的共同努力，孩子们接受到了人们每天都奉行的核心观念的教育，这些观念建立在传统价值观的基础之上：相信辛勤工作、诚实为人、友善待人、勤俭节约的重要性。海伦承担了大部分抚育孩子们的责任，比她应当承受的那份更多，而我把大量时间花在工作上，至少每周工作6天。星期六是我们商店最忙的日子，我全天和晚上都要工作。对我来说，这算是一种言传身教。就像爱丽丝说的那样，唯一使得我们家显得与众不同的事情，是我们家里的每个人都参与到与商店有关的工作中。

罗伯·沃尔顿：

我们总是在店里干活。我会在放学后清扫地板、搬运箱子，在暑假里会干更多的活。我还记得，我刚拿到驾驶执照的那天晚上，就拉了一车货到圣罗伯特的富兰克林店，我们都知道那是全世界最棒的一家富兰克林店。在那时候，爸妈也给我们零花钱，但比我们的一些朋友要少。我们不知道我们有没有特别感觉自己穷，不过我们手头真的没多少钱。爸爸总是——怎么说呢，也许可以用“节俭”来形容。不过他一直让我们往商店投资，我在圣罗伯特的那家富兰克林店投了一笔钱，获益确实非常丰厚。偿付了我的房款和其他各种——爸爸会管它们叫作——“奢侈消费”。

我猜，孩子们回想起那时候，会觉得自己被当作奴隶使唤了，不过我们并没让他们那么辛苦地干活。我们只是教给他们劳动的价值。除此之外，我也需要帮手——在商店、在家里。我没时间割草坪，既然我有三个健壮的儿子和一个健康的女儿，为什么不让他们做些家务杂活呢？而且工作也并非全部。海伦和我坚持带着全家人出去旅行或是野营。有时孩子们会觉得，这些旅行是强迫进行的急行军，不过我觉得，我们一起度过的那些时间，对我们一家人保持现在的亲密关系有很大的帮助。我们周游全国，留下了许多美好回忆，特别是驾驶一辆很棒的老德索托旅行车旅行的经历。

吉姆·沃尔顿：

爸爸总是说，你要保持灵活。我们全家一起旅行的时候，没有哪怕一次在出发后计划没有变动的，甚至在商务旅行时也是这样。后来，我们都暗暗嘲笑那些把爸爸看成一位伟大战略家的作者们，他们认为他是直觉地制定出复杂的计划，并一丝不苟地贯彻执行。事实上爸爸的事业是在不断变化中发展壮大的，没有哪个决定从未更改过。

海伦·沃尔顿：

沃尔玛成立之前，山姆还不像这样一年到头不得空闲。在经营富兰克林店时期，我们每年有一个月的休假。在1956年，我记得我们走遍了整个阿肯色州。我们逛公园，露营，我们都爱上了这个州，因为我们真正开始熟悉它。那是一段不可思议的美好时光。接下来有一年，我们进行了一次长途旅行，去了黄石公园，还有一年我们去了弗德台地和大峡谷，还有一次我们长途旅行一直到东海岸。我们开着一辆车，孩子们挤在里面，还有我们所有的野营设备，捆在汽车各处，我爱死这样了。野营真的是我们生活中重要的一部分。当然，我们总是不得不半路停下来查看商店——各种各样的商店——不管我们的目的地是哪儿。你知道的，我们可能经过一个相当大的城镇，而山姆知道那儿有些什么店。我会坐在车子里等，和孩子们待在一起，当然，孩子们会说："噢不，爸爸，别再看另一家店了吧……"我们都习惯了。山姆没有一次经过一家凯玛特店的时候不停下来进去看看的。

爱丽丝·沃尔顿：

真棒。每年夏天，我们挤在旅行车里——4个小屁孩和1只狗——车顶上捆着独木舟，车后面拖着自制的拖车，到全国的不同地方旅行。在路上的时候，每次爸爸只要能停下来检视他的店，我们就停下来。他通常会帮我们选好停泊地点，支起帐篷，然后妈妈会和我们待在营地，他则出发去检视商店。我们学着一起干活，每个人都做自己的那份杂活，然后晚上一起祈祷。

你知道的，那很有趣。我知道爸爸的工作时间多得让人难以置信，而且他出差很多，但说真的，我从来没觉得他老是不在家。他不怕麻烦想方设法地和我们待在一起，和他在一起很好玩。他喜欢和我们玩棒球。有段时间，他出差时我是他的“小尾巴”，因为这个，我现在还喜欢逛商店。我上初中高中的时候，他会带我去进行马术训练。妈妈以为他会陪着我，在旁边看着我，可是爸爸和我约定好，他把我送到地方，然后我进行我的马术训练，他去检视他的商店。商店一直是我们生活中的一部分。这并不是说他不关心家庭或者对我们不公平。他必须这么做。我们都理解。

罗伯·沃尔顿：

我记得爸爸参观商店的事儿，但不记得那影响或是妨碍到了我们的旅行，因为我所记得的主要是旅行中的美好时光。

在一次去大提顿国家公园的旅行中，我们有机会进行一项在那个时候来说花费非常昂贵的活动项目——背着背包进山，进行一次钓鱼野营，在那儿待上数天时间。不过那会花光我们所有的钱，我们不得不进行家庭投票来决定要不要去。我们决定去，非常好玩。不过我们在这趟行程中花光了所有的钱，所以只在黑山国家森林公园短暂停留，然后匆匆徒步回家。

去东海岸的那次旅行给我留下的印象特别深刻。我们穿过卡罗来纳州，朝着海岸线进发。当时有妈妈、爸爸、我们四个孩子，还有一条叫作泰尼的脏兮兮的小狗。我们挤在一辆旅行车里开进了纽约城，车顶上绑着条独木舟，车子后面拖着辆露营拖车——那是我们几个孩子第一次去纽约。那次旅行给我留下了非常特别的回忆。我们去看了《卡米洛特》，全由原班人马演出——朱莉·安德鲁斯、理查德·伯顿、罗迪·迈克道尔和罗伯特·顾雷特——看戏时我们全穿着百慕大短裤。

当然，他们说的都是真的。那时候我总是在检视商店，现在还是这样。我们看过了世界各地的商店，通过这种方式得到了一些很棒的点子——虽然有些实施的效果没那么好。比如说在周末工作，要是你想在零售业中获得成功，就不得不这么干。我很高兴孩子们记住了那些美好的时光，而且似乎并不埋怨我这些年来常常不在家、总是为工作分心。我想他们不会埋怨我的一个原因，也许是因为海伦和我总是让他们参与到经商活动中来，并且从一开始就保证他们的知情权——顺便说一句，我真的不知道爱丽丝在小时候曾经对债务如此恐惧，不过可以肯定的是，当时还有更多能让她感到恐惧的不靠谱的事情。在我们度假时，他们也许并不想去参观那些商店，但是他们多多少少理解我这么做的原因。他们也在商店里干过活，投过资，买过东西。

海伦·沃尔顿：

第一家本顿维尔店的商品损耗（语焉不详的存货遗失，通常是由偷窃导致）部分应归咎于我。每当我要用什么东西，就直接顺手拿回家。我甚至完全没想过付钱的事。这很不好。我的意思是，别人看到我这样做，可能就会想，好嘛，我也顺手牵羊点什么好了。我记得当我们从经营廉价杂货店转向经营沃尔玛店时，我一度感觉很不适应。我得付钱买东西了。那对我真是一个不小的震动。

还有，在圣诞节时，我们会从福利机构得到一份名单，上面是一些没法得到圣诞礼物的儿童的名字，还有他们的年龄、身高尺寸之类的数据。我记得一天晚上，商店打烊后，我们带着孩子们来到店里，把那份名单给他们，告诉他们在店里四处转转，为那些孩子挑选礼物，因为我们想让孩子们对我们这个亲密家庭之外的世界有些概念。这是一个小镇，而我们这样做的确算是小镇作派了。

有件事情我从没做过，我从未对我的任何一个孩子施加压力，我深深以此为荣。我知道自己的的确确是个活跃分子，但我不希望我的孩子勉力成为我这样的人。而且，我让他们知道，我非常欢迎他们参与到我们的生意中来，不过他们必须像我那样努力工作才行——必须下定决心当个商人。罗伯进了法学院，成为我们公司专属的第一位律师。他在公关方面做了大量工作，从那时起到现在，一直是公司高层管理人员中的一员，他是高级职员及董事会成员。

吉姆学习了许多房地产方面的东西，还从他叔叔巴德那里学到了谈判的艺术。当巴德多多少少从为新店选址、购买的工作中退居二线之后，吉姆接了他的班。他真的很擅长干这个，人们至今还会说起他飞奔进某个小镇，骑着自行车，四处转悠以寻找一处上好店址的情形。他从未告诉任何人他是谁，但他谈成了一些非常棒的交易。现在，他管理着沃尔玛公司，是家庭合伙人，我觉得他差不多和我一样精打细算。

除了其他业务之外，沃尔玛公司也在本地周围的几个城镇拥有银行。吉姆和一位合伙人还拥有当地的报纸：《每日纪事报》。购买《每日纪事报》的故事表明了，从海伦大摇大摆地走在店里拿走她需要的东西——顺带说，对她这个习惯我总是皱眉不已——那时候到现在，我们走过了多远的路程。回头说那时候，我们正要将沃尔玛公司上市，我买下了那家报纸，盘算着，这样的话，我们就有个花钱不多的地方可以印刷我们的传单。我想我只花了65000美元买下了那家旧报纸。可是当我们上市之后，一些纽约律师跑来告诉我们，我们必须把报纸卖给沃尔玛公司，否则只要我们继续印刷传单，就有利用上市公司非法牟利之嫌。所以我们把它卖给了沃尔玛公司，当时的价格是大概11万美元。好嘛，又过了一些年，吉姆决定买下那家报纸。于是我们从外面请了个顾问来评估它的价值。最后吉姆和他的合伙人为那个倒霉报纸付了110万美元。这家报纸说破天也就有些许微利，而且早在好多年前就不再印刷沃尔玛的传单了。我说这个故事的目的在于，我们一家人打死也不会利用沃尔玛公司，也不会不公地强调我们的所有人身份，公司里每个人都知道这一点。

爱丽丝和约翰也曾在沃尔玛工作过一段时间，不过后来都出去自己创业了。爱丽丝曾试着当个采购员，但对此并不十分上心，现在她已经拥有自己的投资公司了——“美洲驼”，位于费耶特维尔。在某些方面，我觉得她是几个孩子里最像我的，她喜欢标新立异，不过她甚至比我还灵活善变。约翰曾在越战时做过美国陆军特种部队的医务兵，后来成为我们的第二位公司专属飞行员——我是第一位。他是我们一家人里最独立的一个，也是唯一一个不和我们一起住在阿肯色州的，他非常有个性。他和他的家人住在西部，他在那儿设计建造帆船，还经营了一家很大的飞机喷洒农药公司，也是沃尔玛公司的子公司。我们都是飞行员，所以我俩非常心有灵犀，很谈得来。

海伦·沃尔顿：

山姆和我父亲有一点非常不一样。我父亲总是跟我说，你应该怎么生活、你应该怎么工作，总是鼓励我干这个干那个。我觉得山姆好像不是这样对我们的孩子。我可能是这样的，孩子们耳朵都听起老茧了。山姆可能是看在眼里，但从不吱声。

爱丽丝·沃尔顿：

在我们的成长岁月中，爸爸确实对我们非常包容。要是你考试成绩又有A又有B，妈妈会是那个唱红脸的："我过去考试全是A，我知道你们也能做到的。"而爸爸就会更……嗯，他会说："A和B都挺不错的。"

约翰·沃尔顿：

我记得，我曾要爸爸同意我去爬一处俯瞰布法罗河的悬崖。他说："只要你觉得自己已经长大到可以去做那件事情了，就去做吧。"这对一个12岁的孩子来说，既是对他判断力的一种挑战，却并不令人生厌，同时又是对他自信心的极大鼓励。后来，当我长成一个年轻人，想要在这个世界上寻找自己的道路时，他公开邀请我加入沃尔玛团队，但从没有过任何施压的暗示。这是多么棒的成长经历呀。

嗯，像我之前说过的那样，我对海伦一见钟情的一个原因就是，她是一个自主的女性，事实证明她从未令人失望过。举个例子，有件事让我在公司远近闻名，我态度坚决地坚持让本顿维尔所有的主管和分店经理都参加周六晨会。我喜欢这件事的一个原因就是，如果店里的员工必须在周六工作的话，我觉得我们这些总部的管理人员也应该在周六上班来。此外，就像我之前说的，要是你不愿意在周末工作，你就不应该从事零售业。

但只要被问到，海伦就会对着任何人说出她对于周六晨会的看法：

海伦·沃尔顿：

> 我觉得，很多当爸当妈的，家里有孩子参加体育比赛这样的周末活动，自己却因为不得不参加周六晨会而不能到场为孩子们加油，实在是一大憾事。要是谁为此抱怨，我绝不会责怪他的。

作为一个商人，我总是力图在公开场合对有争议的政治问题保持中立态度，即使我有自己的主张；但海伦是那种只要被问到，就会直截了当说出自己想法的人。说真的，我觉得她有点女权主义，跟我母亲没什么两样。而且我估计，我们时不时还是会有些头脑发热吵起嘴来的时候。不过她的一些观点可不会受到那种极端女权主义者的欢迎。我得说，她从不问我她应该怎么考虑一个问题，而我也不会上赶着去告诉她。在我们的婚姻生活中，有过一次真正激烈的争吵——在早年间——为着买什么型号的汽车。我想买雪佛兰，而她想买福特。最后我们谁也没争赢，不过从此我们都认识到了对方有多固执，再也没为类似的事情争吵过。我们幸福地生活在一起，但也保持彼此独立，追求各自的兴趣爱好。

有件事情曾让我们家的气氛变得非常紧张，就是之前我谈到过的，我被评为美国首富这件事。我不知道海伦有没有真正原谅我将全家人带入如此窘境。

海伦·沃尔顿：

我讨厌成为人们好奇的对象。人们对任何事情都那么好奇，所以我们就成为了公众话题。现在我一想到这整件事情还是很恼火。我的意思是，我恨死了。

当然，海伦是对的，不过我想，所有那些因为我们不想成为一个公众化的家庭而导致的混乱，我们已经差不多慢慢忍受下来了。而且成为名人带来的少数好处，我们倒也乐在其中。孩子们对这事的态度不过是耸耸肩膀。我想这件事情对孩子们的影响并没那么大，因为他们是逐步经历这件事情的，而他们在成长过程中已经接受了良好的价值观教育。

我得承认，我有时也很担心沃尔顿家族未来的子孙后代。我知道，要期望他们都早早起床去送报是不现实的，我也知道那不是我管得了的了。不过，我还是不想看到任何一个我的后代堕落成那种我会叫作“纨绔子弟”的人——我一直深恶痛绝的一类人。不管怎么说，我真的希望我和海伦，还有我的儿女们的价值观，能被一代一代人接纳、传递下去。即使那些将来的沃尔顿子孙觉得，没必要从清早工作到大晚上，以坦然面对各类收款人，我也希望他们觉得自己有必要做些有益、有用、有挑战性的事情。也许应该有某个沃尔顿家的人，开始来考虑投入医学研究中去，研制出治愈癌症的方法，或是找到新的办法，使穷困的社会底层人士能够接受到文化教育，或者是为第三世界国家的自由事业带去福音。也许还可以——严格说来这是我自己的理想——会有另一个沃尔顿家的商人正在某处等待羽翼丰满，有朝一日一飞冲天。

第六章

团队：招兵买马

我一直说：山姆，我们赚的钱已经够很好地生活了，为什么还要出去奔波，为什么还要这样子扩大规模呢？新店已经开到越来越远的地方了。不过，在第17家新店开张以后，我意识到再没有什么能阻止这种发展势头了。

——海伦·沃尔顿

在刚创业那时候，我们看上去肯定很像投机商——停车场上摆着割草机，还有毛驴溜达，店子里堆着小山一样高的汰渍洗衣粉或是别的商品。当时，包括一些我们自己的管理人员在内，没有人意识到，我们的确是从一开始就在努力成为最好的业界人士、最专业的管理人员——我们可以做到的。诚然，我性格里有推销员的一面，再加上我们沃尔玛或多或少有些非传统的风格，也许在最开始的时候，很让人们搞不清状况。事实上，我有时候会听到自己被人拿来同P. T. 巴纳姆[①]相提并论，因为我所表现出来的作风是，喜欢站在一大群人面前高谈阔论——谈论一个想法、一家店、一种产品、整个公司——任何我当时正好关注的东西。但在内心深处，我一直拥有一个经营者的灵魂，想要把事情做好，然后更上一层楼，然后达到力所能及的顶峰。所以我猜想，当人们看到我一边四处走动，一边在我那沾着咖啡渍的黄色小本本上乱涂乱写，或是看到我从

① 指菲尼亚斯·泰勒·巴纳姆，1810~1891年，美国巡回演出团老板和马戏团老板，被认为是世界最伟大的巡回演出团老板。

我那辆旅行车里，把一盒盒女士内衣拖进店子里，也许他们会认为我不是在干什么正事呢。他们会觉得我们的生意长久不了。有些人甚至可能会觉得我们颇有些不可靠——你知道的，今天做折扣生意，明天也许就跑去兜售汽车或是炒地皮。我觉得，这种误解在很长一段时间里对我们还挺有利的，它让沃尔玛得以在没人注意的情况下迅猛发展，等到人们发觉时，我们已经一飞冲天，很难超越了。

说真的，折扣销售在最开始时吸引了绝大多数的投机商——分销业的从业人员，还有些实际上是房地产投机商，那些人内心里甚至连丝毫成为商人的抱负都没有，只因为看到了一个巨大机遇，就一拥而上。是个人都能看出来，折扣销售作为一种新的潮流，将席卷全国，于是各色人等纷纷投入进来，想在其中分一杯羹——不管他们在什么地方——爱荷华州的锡达拉皮兹，或是密苏里州的斯普林菲尔德，都无所谓。他们会原样照搬康涅狄格州或波士顿某家店的样子和做法，雇上一些采购员和几个他们觉得应该懂业务的管事者，然后就开张营业了。从大概1958年开始，一直到1970年左右，这种做法表面上看还是很成功的。

不管是谁，但凡对我有所了解，都知道我从不为一时利益所动；我总是想要尽己之力建立一个尽可能好的零售企业。不过在早年间——我们第一家沃尔玛店开张的前后——我结识了不少那种投机商。就像我之前告诉你们的那样，我跑遍全国，研究学习折扣销售的理念，参观访问我所能找到的每一家商店和公司总部。

我参观的第一批折扣销售店，是东部的仓储商店，它们是整个折扣销售的发源地。安-霍普公司在罗德岛州的普罗维登斯，还有一些别的折扣销售公司在马萨诸塞州和新英格兰。我长途跋涉，跑到那儿去参观捷安特百货店（Giant）、玛莫斯-玛特公司以及奥兰公司（Arlan's）。

我还从一个人身上学到了不少东西——索尔·普赖斯。他是一位杰出的经销商，于1955年在加利福尼亚南部创建了费德玛商场。我同索尔的女婿交上了朋友，他在休斯顿经营一家分销中心，同他交谈，帮助我理清了有关物流供货的思路——这一思路最终成为沃尔玛成功的另一个诀窍。

我想我从索尔·普赖斯以及业界其他人那儿偷取了——实际上我更愿意管这叫作“借鉴”——许多点子。比方说，沃尔玛的名字是那天鲍勃·博格尔在飞机上想出来的，这事是真的，不过我立马中意它的原因，并不是因为用这个名字招牌的制作费用会更低，我真是很喜欢索尔商店那个费德玛的名字，所以我觉得沃尔玛这个名字很合我胃口，我确定那会儿凯玛特还不存在呢。

前不久，我在某本商业刊物上读到，1976年业界前100名折扣销售商中，已经有76家不在了。这些消失的商家与我们相比，有不少在创业时拥有更为雄厚的资本和更加清晰的目标，而且因为位于大城市，所以拥有更好的机会。它们就好像滑过天边的流星，只辉煌了一瞬间就消逝了。我开始思考究竟是什么使得它们失败，而我们又是为什么一直保持良好势头的。一切归结为一点，它们不关心顾客，不关心店铺，没有使店里的员工具备端正的态度，它们会失败，因为它们甚至从未试着真正关心过自己的员工。要是你想要店里的员工为顾客着想，你必须首先为员工着想。这一点也正是沃尔玛成功的最关键部分。

这些早期的折扣经销商，绝大多数是些自我本位主义者，他们喜欢驾驶豪华的凯迪拉克轿车，乘坐私人喷气式飞机飞来飞去，在游艇上度假，其中有些人还住在我想都不曾想象过的豪宅里。我记得一次，去某个这样的家伙家中赴宴，前来接我们的那辆豪华轿车，大得肯定能坐下十四个人。我跟你说，他们过着奢侈的生活。当时他们能负担得起这样的生活，全因为那时候折扣销售的生意很是兴隆，简直可以说是“顾客盈门，钞票滚滚”。要是他们遵循一些运营商店的基本原则，其中绝大多数人依然能够在这一行业中坚挺不倒。要建立实力雄厚的公司，有许多途径。你们不必一定按照沃尔玛的路子、我的路子或是任何其他人的路子来，但是你一定得致力于此。那些家伙就是沿着路走啊走，走到某个地方，不再给自己设立目标了，于是付出了代价。他们的失败，也许并不是因为凯迪拉克和游艇，也许他们只是觉得不值得那样埋头苦干。不过不管原因是什么，他们都不再努力投身于自己的事业，他们更多是朝着自己当初的目标背道而驰了。

他们没有建立起周密体系，比如是配送中心和企业扩展必须的后勤支持，就过快地扩张了。他们没有走出去，走到自己的店里看看事情的发展情况。没过多久，凯玛特开张了，业绩越来越好。我记得去过他们的店——我敢打赌我去过的凯玛特店比任何人都多——我真是非常羡慕他们的商品种类以及他们陈列商品的方式。当时他们的店比我们的要好上很多，以至于有时候我觉得，我们简直没法跟他们竞争。当然我们并没有停下脚步。接着，塔吉特公司也加入了这一行业，他们更多面向较高层次消费者，业绩也很不错。当这些大的经销商形成体系后，竞争更趋激烈。而之前提到的那些家伙，所有那些投机商们，或是不能迎合顾客的需求，或是没有建立起强大的组织体系，于是开始走下坡路，最后以失败告终。

说实话，在这整个发展的早期阶段，沃尔玛真是小到引不起任何一个商界巨头的注意，绝大多数经销商的业务范围都不在我们地区，所以我们没什么竞争。这也有助我了解到许多关于他们经营的信息。我参观拜访过的折扣销售公司总部办公室，可能比任何人都多——不论过去还是未来。我会跑到他们的办公室，然后说：“嗨，我是山姆·沃尔顿，从阿肯色州的本顿维尔来。我们在那儿开了几家店，我想拜访一下某某先生，”——不管那家公司的老大是谁——“谈谈生意。”多半情况下他们会让我进去，也许是出于好奇吧，而我就会问一堆关于定价和配送之类的问题。通过这种方式，我学到了许多。

库尔特·巴纳德，销售顾问：

我曾是折扣销售业同业公会的执行副主席，1967年的一天，我正在我纽约的办公室里工作，我的秘书说外面有个人想加入我们。我说，给他10分钟吧。于是走进来一个又矮又瘦、深棕色皮肤的男人，胳膊下还夹着一个网球拍。他自我介绍说叫山姆·沃尔顿，从阿肯色州来。我简直不知道该作何感想。当他面对你的时候，他会直视着你——头微微侧向一边，前额微微皱起——然后不停地从你嘴里榨取每一点信息。他会一直做零碎笔记，并且把谈话推得越来越深入。两个半小时后，他离开了，我也完全被榨干了。我还不太清楚自己刚刚会见的是什么人，不过我确信，我们将会听到更多关于他的事情。

通过参观拜访其他每个人的公司，我感觉我们的确是在朝着正确的方向前进。不过就在我们不断发展之时，我们开始感觉有点儿力不从心了。在20世纪60年代末，我们已经拥有超过12家沃尔玛超市以及十四五家百货店，算是一家颇具规模的公司了，但管理人员却只有总部办公室的三位女士、我自己和丹·惠特克以及每个分店的一名经理。我之前已经告诉过你，我们的采购员是多么捉襟见肘。我们的管理人员要么经验很少，或者干脆一点经验没有，要么对于规模更大的企业的实际运作情况没什么了解。我决定，得去找个深谙管理之道的人来。当时我已经从J.J.纽贝里公司聘请了加里·瑞因博斯，那是一家大型连锁百货店，当时正陷入一些问题之中。于是我问他是不是认识什么人，他就向我推荐了这个来自奥马哈市的家伙——费罗德·阿兰德。他当时是纽贝里公司的地区经理，及整个中西部地区的经营主管。于是巴德和我乘飞机去和他会面。我们还邀请他和他的太太到我们这儿，看看我们的公司。

费罗德·阿兰德，沃尔玛首任常务副总裁，后任总裁：

1966年年中，阿肯色州康惠镇上，沃尔玛5号分店正在修建之中，山姆激动不已，跟我说："我得给你看看我们的设计。"于是他将我和我太太请上他的飞机，飞到那儿。商店的一边是家棉花加工厂，另一边是个牲畜栏，处在一个糟糕透顶的地段。我的第一个念头就是：这可不是一个适合开店的好地方呀。我还想到，就运营方式来看，本顿维尔店看上去也不像是有任何组织的样子。要我说，当时我对整个山姆·沃尔顿企业并没有非常深的印象。我告诉他，我不感兴趣。

后来，康惠镇的沃尔玛店开业之后，山姆打电话给我，告诉我销售额。我心想："老天，那家店一天的销售额，竟然和我们这些大得多的店子一个月的销售额一样。"接着他又告诉我，他每平方英尺只需支付90美分的租金。于是我想："他肯定有两下子。"大概就在那个时候，纽贝里公司决定进行改组，我将不得不调往一个新部门。于是我想："好吧，要是我得在一个已经工作了21年的公司里从头再来，为什么不去瞧瞧我真正感兴趣的地儿呢？"——于是我便选择了折扣销售和山姆·沃尔顿。

我来这儿以后当了副总裁，我花了些时间来适应。公司总部办公室仍然在本顿维尔的广场上，当时山姆刚进行了改建——我相信那是一个很大的改善——不过在我看来，还是不够好。办公室在楼上一条老旧狭窄的走廊里——有几间楼下是理发店，其他办公室房间的楼下是家律师事务所。地板下陷松弛，墙边到房间中心的地板高低相差大概有4英寸。房间里有些隔断和一些木板，那真是些很小的办公室，简直转不开身。

尽管我们给费罗德的办公室并不能凸显他的身份，但请他来，对我们公司来说是一个重要的举措。我知道，和以前相比，我们必须进行更好的公司组织管理。我们还得建立一个基本的商品分类体系和一个真正的补货系统。我们有货品清单，上面记着应有货品，而各项商品的相关记录，我们全靠店里的员工手工更新——那个时候，还只有非常少的人开始接触计算机应用。我已经听说了不少关于计算机的事，很是好奇。我决定要去学学IBM电脑的相关应用。于是我参加了纽约波基普西IBM电脑学校为零售商开设的课程，课上的一位讲师来自美国大型零售商协会（NMRI），也就是折扣销售业的同业公会，这位讲师叫作亚伯·马克斯。

亚伯·马克斯，哈特菲尔德·佐迪公司负责人，美国大型零售商协会首任主席：

一次开会，我正坐在那儿看报告，然后觉得好像有人正站在我旁边，于是我抬头看去，一位浅灰色头发、穿着黑色西装、带着公文包的男士正站在那儿。我在心里嘀咕："这家伙是谁，看上去像个殡仪员。"

他问我是不是亚伯·马克斯，我说："是的，我就是。"

"请允许我自我介绍一下，我叫山姆·沃尔顿。"他说，"我只是个无名小卒，来自阿肯色州的本顿维尔，我也从事零售业。"

我说："请原谅，山姆，我自认为知道零售业里每个人和每家公司，不过我从没听说过山姆·沃尔顿。你能再说下贵公司的名字吗？"

"沃尔玛商店。"他说。

于是我说："好吧，欢迎加入折扣销售商行会。我相信你会喜欢这个会议，并且认识这儿的每一个人。"

"呃，不瞒您说，马克斯先生，我来这儿不是为了交际应酬的，我是来这儿见您的。我知道您是一位注册会计师，而且您是个可信任的人，我很想请您对我正在做的事情提些意见。"于是他打开公文包，接下来，我发誓，他的包里装着我写过的每一篇文章和每一次讲演的讲稿。我就想："这真是个考虑周到的人啊。"接着他递给我一叠会计结账计算表，上面有他所有运营项目的条目，全是手写的。然后他说："请告诉我情况如何。我有什么地方做错了？"

我看着那些数字——那是在1966年——简直不敢相信自己的眼睛。他只开了几家店，每年竟然做下1000万美元的生意，而且有些地方还有惊人的利润空间。真是令人难以相信！

于是我看着那些表，说："你有什么地方做错了？山姆——要是我能这样叫你的话——我告诉你你什么地方做错了。"我把那些表格递还给他，合上他的公文包，然后对他说："你在这儿就是个错，山姆。不要再打开你的包了。下楼去，叫辆车去机场，回到你的来处，继续做你现在做的事情。你的所作所为没有任何需要改进的。你是个天才。”这就是我与山姆·沃尔顿会面的情形。

亚伯邀请我加入美国大型零售商协会，事实证明，这个协会对我来说非常有价值。我在协会委员会待了大概十五年，建立了一些极好的社交联系，交到了许多朋友。我曾到亚伯在纽约的办公室拜访过他好些次，他是个非常坦率的人，同我分享了他使用计算机管理生意的经验。

亚伯·马克斯：

从今天的标准看来，我们的计算机系统非常初级，不过在20世纪60年代可是非常先进的了。只有寥寥数家公司采用我们的方法来管理生意。山姆花了许多时间学习这些管理方法，还带了一些他公司的人来学习。他是一个对任何事情都要吃透，并加以改进，使之符合自己需要的人。

早年间，我们帮他建立的计算机系统主要用于管理后勤。就像行军打仗，你可以把部队调配到世界上任何一个地方，不过你得有能力供给弹药和粮草，否则把军队派出去就毫无意义。山姆明白这一点。他知道他已经处在——用行话来说叫作“不在场老板”的境况之中了。这话的意思是说，你把商店开在远离自己的地方，就很难进行管理。要是他想不断扩展，就得学会掌控这种情况。所以，要想管理这些商店，你得获取及时的信息：商店里有多少商品？都是些什么商品？什么卖得好什么卖得不好？什么商品该订新货，什么该减价，什么要下架？用更专业的话来说，就是帮助你控制我们所说的周转或是存货周转率——也就是销售商品与存货的比率。这是个关键。周转率越高，所需的资金就越少。而要做到这一点，就必须知道进货的恰当时机，必须了解行情、以确定如何定价及怎样减价之类的事情。这就是后勤管理。

不管怎么说，那家伙就是个天才。早在1966年他事业的初级阶段，只管理着为数不多的几家商店时，他就意识到，他不可以把事业扩展到视界之外的地方，除非他有能力获取信息以掌控运营状况，不管那些店开在什么地方。他真的做到了，他成为了有史以来利用信息掌控“老板不在”状况的最好一人。这使得他可以开设像现在这么多的店，运营得像现在这么好，获利像现在这么丰厚。

你也得认识到这一点。他在那次开会时前来拜访，真是在对的时间去了对的地方。在那时候，还没有小型电脑和微机。他对于计算机应用的理念超前了整整十年。但他本人已经为此作好了准备。这点非常重要：没有计算机，山姆·沃尔顿不能取得今天的成就，不可能以他的方式建立起现在这种规模的零售帝国。他还成功地做了很多其他的事情，不过没有计算机，他不可能做到。绝不可能。

虽然我很不乐意承认，但我想，亚伯所说的关于计算机的事情大概是对的。关于我跑到那次会议上去的事情，他的记忆力也很好。我想给他看看我的账本，请教他关于经营管理的问题。不过我知道，自己从来就不是个电脑玩得很灵光的人，所以我去那家电脑学校还有另外一个原因。找到一个合适的、聪明的、懂得系统管理的人，我想在那儿也许能找到这样的人。事情的确如此，那个学校里有各种各样的聪明人。比如戴尔·沃曼——一位非常精明的零售商人，来自波特兰市的费罗德·迈耶公司，现在是我的一位好朋友；还有阿里·拉扎勒斯，后来成为了赫伯·费希尔公司旗下詹姆士威公司的总裁。当然，我还在那儿第一次遇见了罗恩·迈耶，当时他是堪萨斯州阿比林的达克沃尔商店（Duckwall Stores）年轻的财务主管，非常聪明。我看准他就是我们沃尔玛需要的人，于是立马开始对他进行游说。像很多其他人一样，当时他对于搬到阿肯色州本顿维尔，为一个他差不多一无所知的家伙工作不感兴趣。不过后来，我们让他改变了主意。

不过，那个时候，我心里还惦记着另外一个问题：配送。所有其他那些在大城市商场工作的人，像亚伯·马克斯，以及他们的店，都有大的物流商支持。凯玛特和伍尔科都采用同样的物流系统，向旗下数以千计的百货店供货。而在这一点上，我们不得不面对这样一种困境：没人向我们的分店配送货物。这差不多就意味着，我们的分店经理们从销售商那儿订货了，然后得等到猴年马月，才会有一辆卡车从不知道什么鬼地方开来，卸下货物。即使在当时那个阶段，这也是完全行不通的。我们许多分店太小了，不能一次订购整集装箱的货物，于是我们租下了本顿维尔商业区一个旧车库作为货仓。我们会把大批量的货物运到那儿，拆包重装成小包装。然后我们给汽车货运商打电话，让他们把这些小包装的货物运到各个分店。这种方式既费钱又费时。就在那段时期的某个时候，费罗德和我雇佣了另一个来自纽贝里公司的人：鲍勃·桑顿。他之前曾在奥马哈市为纽贝里公司管理一家配送中心，我们承诺，将建立一家配送中心交给他管理。

鲍勃·桑顿：

他聘请我，对我想要将货仓和配送中心合而为一的想法表示了完全理解。我接受了这份工作，搬到了这儿，开始绘制一些设计图。然后有一天他突然告诉我，他不确定我们是否真正需要一个货仓。这让我很是苦恼，担心我的计划会不了了之，因为那真的是我唯一想要全心投入的事情。我说："哎，山姆，我想要管理一个仓库。"从那之后，大概半年到一年时间里，我只是在公司里做些杂七杂八的事情，业余时间就绘制货仓的设计图。办公室里没有空余位置给我了，于是他们在墙上打穿了一个洞，通到隔壁一家鞋店的楼上。有点像个阁楼，我就在那儿办公，既没有暖气也没有空调。我们把一间老旧的洗手间拿来做休息室，门上挂了幅门帘。当时已经有大概二十五个人在那儿工作了。山姆有时会走过来，告诉我别停下绘制那些仓库设计图，但我能够看出他还没有完全打定主意。

我知道我们需要一个仓库，我只是想确保我们最后建成的是我们需要的那种。而且要记得，当时我们做任何事情都得自己筹集资金，在这件事情上也不例外。为了开设新店，我们已经负债累累。不过不管怎么说，当时有个也是那所IBM学校的家伙，来自威斯康星州的格林贝市——他是我们这帮人里唯一一个自己拥有一家仓库、一个配送中心的人。他邀请我去参观。于是当我从学校回家后，就拖上丹·惠特克和费罗德，还有鲍勃·桑顿以及其他两个人——我记得总共是六个人——坐着我那段时间开着的一架比奇男爵飞机，一路飞到威斯康星州的格林贝。我们参观了那家仓库，看他们怎样运作，做了一大堆笔记。那是一个电脑控制的仓库，此外也是我知道的第一家计算机化仓库。

参观回来以后，我知道我们得建立一家自己的仓库了，而且大家都跟我提意见说，得有个像样的新办公室了，于是我们花了大概25000美元，在一家紧邻本顿维尔的农场里，买了25英亩的地，我们现在还在那儿办公呢。鲍勃负责给我们建造一座15000平方英尺的标准办公楼，我希望能够让我们永远使用。还有一座6万平方英尺的仓库，我觉得太大了，不过费罗德信誓旦旦地跟我说我们需要它。

鲍勃·桑顿：

我记得，我绘制的货仓蓝图要求10万平方英尺的面积，在我看来还是非常小的。后来，山姆决定找个建筑师来参与设计。当我看到他的设计图时，我想："天哪，这肯定不对。怎么只有6万平方英尺。"于是我跑去告诉山姆，而山姆说："唔，是我给这个建筑师打电话告诉他削减面积的。我只是觉得我们不需要10万平方英尺那么大，鲍勃。"

此外还有一件事。我之前设计的配送中心，配置了一个传送带系统，你知道的，在地板上铺设轨道，方便拖车运行。山姆说："唔，鲍勃，我只是觉得我们不能那样做。我们花不起这个钱。"当时，我真的不知道，没有地面轨道的话怎么去运作一个仓库，于是我就说："嘿，山姆，要是没有传送带系统，那我在这儿也没什么用了，因为我不知道该怎么办了。"所以他让步了。事实上，山姆做任何事情的时候，都不会优先考虑大尺寸或大容量，除非确实需要这样做。他总是尽可能地紧缩。

那时候，我对于任何绝非必要的开支都非常敏感，这是事实。当时我们尽可能地将商店的利润，转化为发展所需的资金，但还是借了一屁股债。为了公司的发展，我背负了沉重的个人债务——接近200万美元，在当时可是一大笔钱。这些债务开始让我觉得不堪重负。

不过到那时候，对于我们的确已经步上了正轨这个事实，我已经不再有任何怀疑了。我们的业务已经扩展到了密苏里州——我们在塞克斯顿开设了第一家店。我们还在尼欧肖和西普莱恩斯开设了分店。我们还把分店开到了俄克拉荷马州的克莱尔莫——海伦的家乡。我们最开始的七八家沃尔玛店，已经开始显露出骄人的业绩。一旦了解了状况，我们看不出有什么理由应该停下来。事实就是，你能那么清楚地看见发展的潜力，利润和销售额就摆在那儿。但我们需要更好的管理，需要想出一个更合理的方式，来为发展筹集资金。我需要有人在系统管理和配送问题上帮我一把。

我一直与罗恩·迈耶保持联系，不断追着他邀请他来为我们工作。最后，我说服他到我们这儿来看看我们的运营状况，可他甚至还没来得及签聘书，就差点儿把命送掉。我们乘着我的比奇男爵飞机盘旋飞行，参观商店，然后准备在密苏里州的迦太基市着陆——去参观那儿的第12号分店。迦太基有两条交叉的跑道，就在我飞机的轮子触到其中一条跑道的地面时，我突然看到，就在我们前面，另一条跑道上也有一架飞机，正处在两条跑道的交叉处，我们正朝着它直冲过去。我之前既没有看到它，也没在无线电里接收到它的信号，完全不知道它是从哪儿冒出来的。我马力全开，拉升飞机，男爵从那架飞机的上方刚刚擦过。之后我们盘旋一圈才着了陆。这是罗恩第一次同我一起乘机飞行，天知道他会怎么想。不过不管怎么说，我最终还是说服他加入了我们。他于1968年加入沃尔玛公司，担任副总裁，分管财务及配送。

虽然这么说也许会让有些人吃惊，不过我必须承认，罗恩在公司期间，也就是从1968年到1976年（1976年，因为我们之间发生的一些令人非常不快的事情，他离开了），是沃尔玛发展史上最重要的一段时期。在罗恩到来之前，我们已经有不错的发展势头了，不过他，还有他引荐的一些人，像是罗伊斯·钱伯斯，我们首位信息处理主管，为公司建立了第一个成熟的管理制度。这些管理制度是一种先进管理方式的开端，正是这种先进的管理方式，使得我们即使是在飞速发展时，依然得以与我们的分店保持着紧密联系。

在物流配送和信息技术方面，我们不得不赶在当时的时代前面，因为我们的分店都分布在非常小的城镇上，我们必须同它们保持联系，保证它们的供货。罗恩创立了一套程序，最后发展成为我们的内部通讯网络系统。罗恩还接管了配送方面的工作，在这方面，费罗德·阿兰德之前已经打下了一定基础，罗恩在此基础之上，开始设计和建立一个能够让我们迅速发展、获利丰厚的物流体系。将我们从过去那种制造厂商直接配送货物的方式中解脱出来，罗恩是主力。过去各家分店都是直接从厂商那儿订货，然后由承运商将货物直接运送到商店。罗恩为我们开启了一些新的方向，比如“整合订货”，即各家分店的订单信息集中起来，然后传递到配送中心进行整合后，向供应商订货；还有“交叉配送”，即各家分店预订的货物进货在仓库一端，发货在另一端。

自从罗恩·迈耶来了以后，我们公司在尖端设备和科技上的投资，就超过了绝大多数别的零售商。好玩的是，沃尔玛里每个人都知道，我一直尽可能激烈地反对所有这些技术上的花费。所有人都喜欢谈论我是怎么排斥这些技术，而他们又是怎样费了九牛二虎之力说服我的。事实上，我的的确确想引进这些技术，我知道我们需要这些技术，可我就是不能痛痛快快地说：“行，没问题，你们想花多少钱就花多少钱。”我总是对每件事情提出疑问。对我来说，能让他们想想，也许技术并没有他们想的那么好，或者它实际上并不能十全十美地达成他们想要的效果，这很重要。在我看来，要是他们觉得能有机会证明我错了，就得更努力地去尝试，更细致地调查研究。要是我真的不想引进技术的话，我就不会那么大方地在这上面花钱了。

到20世纪60年代末，我们的势头非常好，发展速度惊人。我们有自己信奉的零售理念，以专业的管理队伍为核心，以能支持公司持续发展的组织体系为基础。到1968年，我们已经拥有14家百货店和13家沃尔玛店。1969年，我们的沃尔玛店增加了5家。而且我们还想要发展得更大。我忍不住想要往前走，看看我们到底能够走多远。我总是想，只要我们不再像现在这样赚钱的时候，就可以慢下来，或是停止脚步。

大概就是在这时，我和巴德——暗暗地——开始考虑公司上市的问题。

第七章

发行股票

公司上市，对我们这些乡下仔来说并不代表什么，董事长一直说我是光着脚丫趟过红河，然后抓住了这个工作机遇的，事情差不多就是这样子。我甚至都不知道股票是什么东西。不过我还是买了一些，感谢上帝，因为菲尔·格林跟我说，嘿，去买些股票吧，小伙子。我买了，一直留着，因为我相信沃尔顿先生，相信我们的店。就是这么简单。当他说我们能够把公司办得越来越好时，我相信他的话。而他也的确做到了。

——艾尔·迈尔斯，阿肯色州费耶特维尔6号分店首任经理助理后任沃尔玛公司高级主管，现已退休我第一次向银行借贷是借了1800美元，用在给那家纽波特的富兰克林店买冰激凌机。从那时起，我一直都对背负债务感到很不舒服。不过我意识到，对于做生意来说，借贷是必须的，而且我真是借了不少债。有段时间，我常常就那么跑到当地银行，不管不顾地借上一笔钱，拿去开设新店，或是购买发展生意所需的某样东西。这种行为的后果就是，我几乎在阿肯色州及南密苏里州的每家银行里都欠下债务。当时他们都很相信我们的经营能力，相信我会偿清债务。我的确总是按时偿还贷款，不过有时候我会从一家银行借钱还给另一家银行。我曾经买下一家本顿维尔的银行，花了大概30万美元，那是家规模很小的老银行，只有大概350万美元的存款金额。不过它的确帮助我学到了不少金融方面的东西。我交了些新的朋友，开始更多地研究银行家以及他们做生意的方式。

我偶然间结识了一个叫作吉米·琼斯的人，他在达拉斯的国家银行工作，后来给我们提供了100万美元的贷款。当然，我还一直尽力从我们的分店经理和一些亲友那儿吸收部分产权投资。所以到1970年为止，我们公司已经有78位投资合伙人了，事实上，我们的公司不算是家公司，而是多人共同拥有的32家不同的商店组成的联合体。我们家在每家分店都拥有最大的一份股权，但海伦和我也背负着满身债务——数目高达数百万美元。我从来都不是个消极的人，但那些债务确实让我感觉不堪重负。我总是忍不住想，要是发生了什么事情，大家决定撤回投资，我们就完了。也许是因为成长岁月恰逢大萧条时期，我才会这么想，不过我还是祈祷债务方面不要出现最坏的情况。

我之前曾流露过一点儿将公司公开上市的想法，并向别人征求意见，像亚伯·马克斯以及同时期商会中其他一些折扣经销商，不过我从没真正采取什么行动。1969年的一天，我接到迈克·史密斯打来的电话，他说想过来同我们谈谈。迈克在小石城的威特与杰克·斯蒂芬公司工作。今天，斯蒂芬公司已经是密西西比河以西最大的投资银行，也是全国信誉最好的银行之一。但在当时，它充其量不过是一家证券交易所。顺便提一句，杰克就是那个接手了我失败的小石城商业中心开发项目、并取得成功的家伙。总之，迈克·史密斯开车来了本顿维尔。当时我们还在镇子广场上那个只有三个房间、位于律师事务所和理发店楼上的办公室办公。我还记得迈克爬上那些楼梯的样子。不过可别被他的外表蒙蔽了——他有许多新颖独到的见解——就在那天的会谈之中，他在我们心中播下了这样的种子：也许我们已经准备好公开上市，准备好在公司内部分配股权并公开发售股票了。

迈克·史密斯，斯蒂芬公司：

1969年秋天，我到那儿去会见他们，那真是一桩野心勃勃的举动呀。之前我们只做过一次股票上市的操作，是我做的，所以我觉得自己是个行家了。山姆迫切地想同我谈谈，因为他已经借了所能借到的所有钱款了。在从小石城到本顿维尔的路上，我每经过一家沃尔玛超市就会停下来看看，这样我就能了解一些他家的情况。当然，我们碰面以后他做的第一件事情就是把我拉上他的飞机，一路飞到俄克拉荷马州和密苏里州的各个分店考察。

那之后没多久，我和巴德跑到俄克拉荷马州的罗伯森家牧场狩猎鹌鹑，收获颇丰。那天，我们大部分时间都花在讨论该怎样走下去的问题上。我们想要扩大规模，而又意识到，我们所创造的利润不够同时拿来扩大发展和偿还债务。事实上，资金短缺的问题已经迫使我们放弃了5块已经计划拿来建造新店的地皮，所以我们知道，我们得干点什么了。那天晚上开车回来的时候，我们达成了一致，要认真研究公司上市的可能性了。这对我们来说是一大步，我们都很担心失去对公司的控制。之前一年，我的儿子罗伯已经从哥伦比亚大学法学院毕业，在塔尔萨最大的一家法律事务所工作。我们，沃尔顿家族，正是他的第一个客户。作为我们的律师，他也一直在跟进关注沃尔玛各家店的合伙协议，于是我让他开始评估我们所有的可选方案。

我们还没有确定要不要将公司上市。同时，财政问题变得严峻起来，一些债权人开始对我们施压。我飞去达拉斯，试图向国家银行借更多的钱，但我们已经借下的债务让他们的主管很是紧张，所以他们向我们解释说，我们能从他们那儿借到的钱就那么多了，这使得我们的合作关系就此告吹。当时，吉米·琼斯已经调到新奥尔良一家银行——第一商业银行工作了，于是我从达拉斯飞到那儿，看看他能不能帮我们一把。吉米向我们提供了150万美元的贷款，暂时帮助我们摆脱了眼前的困境，但依然不是长久之计。

出于各种原因，包括税额问题，罗伯建议我们重组债权结构，将所有债权合并为公司的一项大的贷款。当时，罗恩·迈耶和我，听说保德信保险公司正在向一些小型连锁零售店提供贷款，于是我们与他们的一位贷款部主管约定会面，然后飞往纽约。在那个时候，我们真的非常需要钱，一点儿不掺假。我去了保德信公司，事先已经在我的黄色小本本上写下了我预期的全部金额，确信他们会借给我们这笔钱。我阐述了我的五年计划——销售额、利润、分店数量；谈到了我们定位于小城镇的经营策略，那些地方没什么竞争；还告诉那位贷款部主管，我们认为在小城镇里蕴含着多大的商机以待开发。他完全不买我的账，告诉我们说，他不认为像保德信这样的公司，能够承担与我们一同碰运气的风险。我把这份五年计划书保存了很长时间，后来，我们达成的各项指标都超出预定目标15%~20%。

当时，我们还同另一家叫作“万通（Mass Mutual）”的保险公司有所往来，于是便顺道拜访了一下他们。他们答应借给我们100万美元，但作为回报，我们得同意他们提出的苛刻条件。我们不仅得付利息，而且假如我们公司上市，就得向他们提供所有种类股票的优先认股权。这真是完全吃定我们了。但我没得选择，我们需要钱。当我们的公司上市之后，他们从这个交易之中获取了数以百万计的利益。

到了这时候，我已经厌倦了向认识的人借钱，但更厌烦向陌生人低声下气地乞求借贷。我决定了，要将沃尔玛公司上市。我向迈克·史密斯和杰克·斯蒂芬放出风声说，我们将执行股票上市的计划，不过我同时也让他们知道，他们得通过竞争才能拿下我们这桩业务，就像我在经商时一直做的那样，让其他人感受到来自于我们的竞争。我让他们知道，我对同小石城证券交易所合作的兴趣不是很浓厚，我们需要的是一家华尔街的大证券包销商。也许这个想法是对的，也许不是。不过我知道迈克和杰克对此都感觉不太高兴。而我则跑去了纽约，看看能不能找到合适的包销商。

迈克·史密斯：

显然，我们想要接下沃尔玛公司上市的业务，但山姆一直犹豫不定。我记得事情是这样子的：山姆出差去纽约进货，然后决定顺便去趟华尔街，听听那儿的人的意见，来个出其不意的拜访——直接从大街上进去。他知道怀特-威尔德公司曾替奥马哈一家叫作帕米达（Pamida）的零售连锁店运作过上市业务，于是就去拜访他们。他向公司的接待员自我介绍说是沃尔玛百货公司的山姆·沃尔顿——他总是这么做——然后说："我想找个人谈谈我们公司上市的事儿。"接待员说："哎呀，你是从哪儿来的？"当他告诉她说自己来自阿肯色州的本顿维尔时，接待员说："哦，我们这儿有位瑞梅尔先生，也是阿肯色州人。也许他能帮上你的忙。"于是她就把他引见给了巴克·瑞梅尔——来自小石城。

我不太记得自己是怎么认识巴克的了，不过迈克说的也许就是那么回事儿。我记得我向他作了自我介绍，然后问了些诸如"你们对接下我们公司上市业务的兴趣有多大"之类的问题。嗯，他的回答是得先看看，然后，果然，他们决定接下这桩业务。我现在依然觉得我们的股票上市发行得如此成功，他们功不可没，因为在当时，怀特-威尔德公司是数一数二的集团化投资银行之一。虽然我身边的人并非都同意这一点，不过我还是坚持这么想。

迈克·史密斯：

山姆认定了——也就是那个时候啦——怀特-威尔德公司比我们更了解股票发行的事情，于是就让他们接下了这笔生意。不过他告诉他们说：“我想你们能不能把斯蒂芬公司的人叫来一起做，因为他们是我的好朋友，也是很靠谱的人。”于是怀特-威尔德公司问我们，愿不愿意包销三分之一的股票，他们包销三分之二。我就同杰克商量，他问我觉得沃尔玛公司怎样，我说，我觉得我们应该做。于是我们接下来了。后来，在另一次沃尔玛股票发行业务中，我们和怀特-威尔德公司各包销了50%的股票。

于是罗伯开始着手将所有合伙人全部纳入公司名下，然后将20%的股份上市销售。当时，我们家拥有公司股权的大概75%，巴德拥有大概15%，其他一些亲戚朋友也拥有一定份额，查理·鲍姆、威拉德·沃克、查理·凯特、克劳德·哈里斯，都拥有一些股份。所有那些早年间的经理都从我们的银行借钱购买分店的股份。威拉德最会搞钱，他平时就注意同一些银行界人士培养感情，所以贷款的时候很是容易。所以，他收到的回报惊人，比其他的经理们拥有更多的股份。

罗伯·沃尔顿：

父亲有张表格，列出了所有各家分店小额股份投资人的名字，但问题是，应该以什么为根据来计算他们初始投入的价值。我记得我们基本上是依据账面金额来计算的，没有把账面收益、增长潜力以及所有这类的东西算进来作复杂的相关评估。不过每个人都爽快地签了约。就我所知，时至今日大家都对当时的做法很满意。

1970年初，一切就绪，罗恩·迈耶和我到各地大肆进行宣传——拉斯维加斯、旧金山、芝加哥——告诉每个人我们公司的前途不可估量。但就在我们股票上市前夕，股市下跌了，我们不得不推迟计划。那时候我们常常召开不定期的经理会。我们号称是一起去钓鱼，不带家属，每次4～5天，然后大家一起讨论公事。我记得一次我们去了泰布尔罗克湖大坝，我不得不告诉大家我们股票上市延期的事情。不过后来股市有所回升，于是1970年10月1日，沃尔玛公司股票正式上市，在场外市场进行交易。我们的招股书标价为每股15美元，一共发行30万股，但实际成交价为16.50美元。发行状况很是喜人，不过投资人的面不太广；我们只有大概800位股东，大部分是我们认识的公司或个人。在这次发行中买进的人，以及那些拥有早期合作份额并在这次发行中转换成股份的人，真是赚大发了。

今天，众所周知，沃尔玛股票的表现以及它所衍生的财富，完全是个传奇。仅在15年前，沃尔玛公司的市场价值大概是1.35亿美元，时至今日已经超过500亿美元了。还有一个更简单的算法，假如你购进了100股原始股，花了1650美元，在那之后我们又进行了9次1:1比率的股票分割，那么现在你手头共有51200股。截止去年，每股的价格大约是60美元，所以你现在持有的股票价值大约是300万美元。很明显，我们的股票这么多年来一直让股东们非常满意，而且——一点儿不夸张地说——沃尔顿家族的资本净值就是这么产生的。它的回报超过了我们任何一个人的想象。

这儿有张表格能说明100股原始股在这些年里面的股价变化：

股数	100%股票分割	股票分割当日市场价格（美元）
100		
200	1971年5月	46/47 场外交易
400	1972年3月	46/47 场外交易
800	1975年8月	23 纽约证券交易所
1600	1980年11月	50 纽约证券交易所
3200	1982年6月	49.875 纽约证券交易所
6400	1983年6月	81.625 纽约证券交易所
12800	1985年9月	49.75 纽约证券交易所
25600	1987年6月	66.625 纽约证券交易所
51200	1990年6月	62.5 纽约证券交易所

关于这次股票发行，我还记得一个有趣的插曲。我和罗恩离开纽约那天，在机场碰到了一个普信集团的人，那是一家位于巴尔的摩的投资管理机构。当时，我们那副自信满满的样子不知怎么地让他坚信我们会大有作为。于是，他回到巴尔的摩后，为他们公司买进了一大堆我们的原始股。持有10到15年后，这些股票成了他们的摇钱树。我们不断进行股票分割，他们就不断出售股票。我都不知道他们究竟在这上面赚了多少了。

海伦·沃尔顿：

在公司上市之前，我就知道我不想这事发生。我想，要是我会因为什么事情对山姆恼火的话，都比不上这件事情，我一直觉得我们不发行股票也会过得很好。在与沃尔玛有关的事情里，再没有什么比这件事情对我影响更大的了，就是因为这个，我才决定要找寻一些公司之外的兴趣。我只是不喜欢想到，我们得把我们全部的财务状况摆出去给每个人看。当公司上市之后，人们就可以问你各种各样的问题，整个家庭都被牵涉进来。隐私全不存在了，我真讨厌这一点。

当然，在公司上市带来的不良后果这个问题上，海伦说得对。它的确给我们招来了许多不必要的关注。不过，那天我从纽约回家，想到我们所有的债务都清了，真是一生中感觉最好的一天。从那天起，沃尔顿家族只拥有沃尔玛61%的股份，不过我们能够偿还所有那些银行贷款了，而且从那天开始，我们再也不需要以个人名义借钱来维持公司发展了。公司自我推动向前，自己解决资金问题。公开上市实际上使得公司发展更为自由，而且除去了我心头的一块大石。后来我们又发行了一次股票，目的是为了扩大投资人范围，这样我们就能在纽约证券交易所进行交易。不过在这次发行中，我们一家整个算下来只出售了非常有限的沃尔玛股票份额。我觉得这正是我们区别于他人的地方，就像我之前说过的，这些股票是我们净资产的来源，我们就是要留着这些股票。大部分像我们这种情况的家族也许会说，我们不想再这样累死累活了。我们不需要再这样劳心劳力了，让别人来吧。而且我总有一天会退休，到时候公司的死活就不关我的事儿了，股票卖给那些证券投机商或是凯玛特呀联合百货公司之类的人就好了。但我是那么享受我的工作，喜欢看到公司不断发展壮大，看到我们的伙伴和股东们满意的样子，所以我绝不会撒手不管。

有件事情一直让我觉得很有趣，刚开始的时候，除了在我们公司工作的人，本地，也就是阿肯色州西北地区的人，对我们的股票反应很是冷淡。我一直有种感觉，就是这些地方的人对我们的印象，还停留在我们只拥有一家店、三家店的时候，或是只记得我当扶轮社主席以及商会会长那档子事，他们不知怎么地，觉得我们的成功是因为玩了些不可告人的花样，他们认为我们只是运气好而已，而这种好运气不会一直延续下去的。我觉得这一现象倒不是这个地区独有或是针对我个人的。我想这就是人的本性吧，当某个跟你天天抬头不见低头见的家伙发达了，有时候正是他的街坊邻居最后才意识到呢。

像其他公司一样，我们显然也想保持我们股票行市的上涨趋势，并且吸引尽可能多的新投资者。而早期我们为此采取的方式，也像我们在其他事情上那样非传统。大多数上市公司每年都会召开股东大会，有些公司还会专门邀请华尔街的股票分析家们参加，他们在会上报告公司的状况，尽力赢取听众对于他们股票的支持。就像我跟你说过的那样，迈克·史密斯不是个普通人物，他满脑子的新奇想法和主意，有时候颇有些离经叛道。总之，当我们公司上市之后，迈克建议说也许可以把我们的股东年会办成一个大事件，我们听取了他的建议。

绝大多数股东会议，都是在某个大城市的酒店舞厅举行，会开得可快了，读会议记录以及通过股东提案，随着正式议程的进行就完成了。我听说许多公司把会址定在公司所在地，像特拉华州的威尔明顿之类的地方，满心希望不会有太多人来参加。我们则恰恰相反。我们知道我们公司的所在地太过偏远，本来就会叫人望而却步，但为了鼓励股东来参加会议，我们安排了一整个周末的会议流程。纽约、芝加哥以及其他任何地方的股东都在我们的邀请之列。他们往返的费用自理，但我们实实在在地给他们留出了充足的时间。

迈克·史密斯：

没错，要把年会开得更隆重些的主意是我提出来的，不过山姆没有告诉你我们这么做的全部原因。我永远不会忘记沃尔玛的第一次股东年会，或者我应该说，数次股东会。为了做准备，我提前一天到达会议地点，但山姆的一位朋友——来自纽波特的佛瑞德·皮肯斯——弄错了日期，也提前一天到了。于是山姆决定提前为佛瑞德召开一场股东会，就在他的办公室里。第二天我们召开了正式的股东年会，我们六个人，围坐在仓库附近一家咖啡店的桌子旁边。

第二年，我说："山姆，我们现在是一家上市公司了，得开个像样的年会，尽量多邀请些人来参加。我们把会议地点定在小石城吧。你是阿肯色州人，而小石城是阿肯色州的首府，而且人们到那儿去比来本顿维尔要容易许多。"他不是很喜欢这个建议，不过还是答应了。于是我们在小石城的一家汽车旅馆——马车夫旅店召开了第二届年会。但被邀请的人一个也没来。于是他说："看，这就是你的主意，迈克。"好吧，我真的是很想弄来一些分析家参加会议，好让我们公司开始真正拥有一批拥趸，于是我孤注一掷地提出了把他们全邀请到贝拉远景度假酒店度周末的主意。那是一家高级会所，坐落在本顿维尔正北方的山区，有许多高尔夫球场、网球场和湖泊。我依然记得当我对山姆说出这个建议时他的反应，他说："听起来我要大大地破费了。"不过他还是决定试上一试。

事实证明，这的确是个好主意。被邀请的人都赴会了，我们特意安排了一位经理从总公司出发到机场迎接他们，并在周末的时候为他们开车。我们想让这些来自大城市的不同类型的投资者们，其中包括许多当时为我们提供贷款的银行家，能够亲眼看到我们在做什么，怎样在做。我们想让他们认识我们的经理、了解我们公司的原则。我们想要他们亲自到本顿维尔来看看我们是怎样的人，了解我们的诚意、我们的热忱、我们的行业操守，正是所有这些加起来，使得我们超越了我们的竞争对手。而他们只待在纽约的话是不可能了解这些的。绝大多数零售商的价值观和经营方式，都与我们这帮身处阿肯色州的疯子大相径庭，我们想让他们亲自来看看。于是他们来了，我们在星期五那天召开了股东大会，晚上则安排了一个盛大的野餐会。我记得一次晚餐时，一位女士穿了件正式的晚装前来，吸引了不少好奇的目光。接着，星期六早上，我们早早就叫他们起床开会，听取我们的销售规划、财务情况、物流配送方面的报告，总之就是所有我们当时在做的事情。

早年间的股东会完全不像现在这样子，现在我们的股东会简直是全世界规模最大、容纳了最多数量吵吵嚷嚷股东的会议。不过那时候的股东会挺特别的。周六开完会以后，我们总是会安排一些别出心裁的活动。有一年是高尔夫球比赛，我想这个其实不算别出心裁啦。不过有一年我们去了布尔肖尔斯湖钓鱼。还有一年我们带着大家在“糖湾”上做了一次泛舟之旅。我印象中最疯狂的一次，是大家跑到糖湾岸边搭帐篷露营过夜。那是一次彻头彻尾的失败。现在回想起来，那一大帮从大城市来的投资分析家，好嘛，郊狼开始嚎叫，夜枭开始低鸣，他们中有一半人整晚待在营火旁边，因为不能入睡。我们明白了，带着这些不习惯在岩石上扎营、在睡袋里睡觉的人搞些露营这样的活动，可能不是个好主意。

迈克·史密斯：

这些联欢性质的股东会非常成功。沃尔玛公司的人整晚都忙着烧烤，而那些分析家和其他大股东会待在我们身边“帮忙”。不过没过多久，事情就变得有点儿失控了——在山姆看来。一些北方佬喝得酩酊大醉，从船上掉到河里去了。还有些待在岸上烧烤的家伙也喝过头了。唔，山姆并不是个清教徒，也不是个极端禁酒主义者，但他不能容忍人们纵酒。于是从那以后，再举办这样的活动时，他便完全取消了酒类供应，不过当然，那之后的股东会也完全不是一码事了。

在我看来，他们的确玩得有点过头了。别的不说，我们的会议的确引发了华尔街对于我们的许多谈论——我相信并不都是好话。不过那些留心观察的人，确实看到了我们是认真的实干家，具有长远发展的潜力，看到了我们具有成熟的金融策略，看到了我们不断完善我们的想法。他们也看到了我们是些活泼有趣的人，其中有些人也许会觉得我们有点儿活泼过头了。

那些会议只是一个例子，说明在上市初期，我们的确比其他大多数公司更努力地让华尔街认识我们、了解我们。部分原因，是因为我们的经营方式与其他所有人都大为不同；还有部分原因，是因为我们与纽约相隔甚远，那儿的许多人好像都认为，要想做生意，得先成为我们现在这种规模的大商家才行。当我们在华尔街游说时，遇到过各种各样的人，有些分析家祝福我们，欣赏我们；有些对我们不屑一顾，始终认为我们不过是纸糊的房子，随时都会倒掉。

玛吉·吉列姆是我们最忠实的支持者之一，她是瑞士信贷第一波士顿银行的一位分析师，多年以来一直支持我们。因为这种信任，她为她的客户赚到了数目巨大的投资回报。这儿摘录她写的一份报告中的一段，也是我最喜欢的一段。

玛吉·吉列姆，瑞士信贷第一波士顿银行：

沃尔玛是我们关注过的公司中经营最好的一家。我们认为它可能是整个美国经营最好的一家公司，就我们了解，至少有一位投资者认为它是全世界经营最好的公司。我们一生之中再难找到另一家像沃尔玛这样的公司了……

另一方面，我还记得另一位在20世纪70年代中期到这儿来的分析师。我永远不会忘记她的来访。那天我刚在外面打了一天猎，回来和她出去吃饭时浑身都脏兮兮的。我的儿子吉姆，当时是房地产部门的负责人，和我们一起，而他也是个不修边幅的人。实话实说，他看上去也总是邋邋遢遢的。我们带她出去，对她以诚相待。我们告诉她当时公司的软肋所在以及面临的问题。但我们也尽力向她解释了我们的经营理念，试图让她对我们自信所具有的潜力产生兴趣。她回去之后，写了一篇报告，可能是有史以来关于沃尔玛公司最不堪的报告了。你看了那篇报告以后得到的印象是，要是你还没抛掉沃尔玛的股票，可能已经太晚了。

在过去10到15年里，绝大多数支持我们股票的分析家都始终如一地支持我们，尽管他们也会因为这样那样的原因暂时变更投资。不过总的来说，他们总是同我们站在一起。

我并不非常赞同那些建立在设想之上的投资理论。除了沃尔玛以外，我从未在别的事业上作过什么投资，大多数人知道了这一点都会很惊讶吧。我相信那些一直支持沃尔玛股票的人，肯定是对公司有所研究，了解我们的实力和管理方式，于是像我一样决定对我们公司进行长期投资。

我们在苏格兰有一批长期投资者，在坚持对我们长期投资这一点上，他们可能比任何人都做得更好。那是我们的发展初期，斯蒂芬公司的人带着我们去了伦敦，就是在那儿，我们第一次吸引了这批投资者的兴趣。他们毫不犹豫地告诉我们说，他们相信我们，想对我们进行长期投资。他们说只要他们对公司的基本状况感到满意，对公司的管理充满信心，就不会把股票买进卖出，像一些资金管理人那样。哎呀，他们真是说到我心底里去了。几年后，我们在爱丁堡拜访了他们，他们果然是那么做的。我们在加利福尼亚州也有一群这样的股东。

我们在法国也有一位投资人——叫作皮埃尔，他也是这样做的。那年沿着糖湾泛舟而下时，我们差点让他淹死，当时我真担心他会拂袖而去，再也看不到他了。但皮埃尔却开始信任我们，开始购买我们的股票，并且向他的法国同行们推荐。他持有我们的股票大概有十五年了，从中获利丰厚。

我们的长期投资人都很开心，因为我们是美国投资回报率最高的企业之一。从1977年到1987年，我们的投资人年平均回报率高达46%。即使是在1991年经济衰退期间，据报告我们的回报率也超过了32%。

我觉得对公司高管们——任何殚精竭虑管理像沃尔玛这样规模的公司的人——来说，有件事情很讨厌，就是那些短期资本经营者，老是在他们的投资人那儿掀风鼓浪。你知道的，要是股票价格涨到40或是42美元，他们就会屁颠屁颠地跑去跟大家说：“嗨，让我们把股票都卖掉吧，因为它不可能涨得再高了。它已经是被高估的个股了。”哼，在我看来，这话根本讲不通嘛。只要我们公司管理做得好，只要我们关心我们的员工和顾客，遵循那些基本原则，我们就能够成功。当然，只有那些善于观察、有眼力的人才能自己进行判断。要是我是沃尔玛的股东，或者打算买进沃尔玛的股票，我就会跑去10家沃尔玛店，问里面的员工说：“你感觉怎么样呀？公司给你们的待遇怎样呀？”他们的回答会告诉我不少我需要知道的东西。

同样地，我也经常会被问到这样一个问题：为了让我们的股票大卖，会不会迫使我们改变经营策略，更多地考虑短期收益而忽略长期的战略计划。我的回答是，我们会始终两手都抓，两手都硬。当像我们现在这样，每年要开设150家新店时，必然有不少计划带有短期性。但是为了保持这样一种增长速度，你就始终必须考虑到今后5年的规划。我觉得股市的压力迫使我们把目光放得更长远，这样才能保证发展的可持续性——不仅仅在利润率方面，也包括销售额、毛利等等。

我从不在股票的事情上过度烦心。这么些年来，我们的股票也有过一些剧烈的起伏波动。有时候它会很红，因为零售业成为了投资热点；有时候它会大跌，因为什么人写了篇报告说沃尔玛的经营策略大错特错。当我们在1981年收购一家名叫库恩－比格－凯的连锁店时——那将我们的业务首次扩展到密西西比河以东地区，具有里程碑意义——一些报道说我们的扩张已经超出了能力范围，说我们再也没法进军到亚特兰大或是新奥尔良。还有报道预测说，我们一旦扩展到了圣路易斯或者随便什么地方，遇到一些真正的对手，就再也不能保持现在的势头了。自从我们的股票上市以来，就不断有人预测我们的垮台。而只要某个大金融机构投资者读到一些那样的论调，就信以为真，然后抛售100万或是500万沃尔玛股票，在过去的确导致了一些我们股票价格的起伏。

就在几年前，有一些零售业分析家担心我们将不能保持20%的年增长率，因为我们的规模太大了。当时我说，每年20%的增长率，简直会让我做梦都笑醒。我的意思是，当我们每年的销售额为250亿美元时，20%就是50

亿美元，这个数字本身已经比不少零售商的年销售额多了。但那些分析家却认为，50亿美元的增长会对我们是个灾难。说这话的时候，不妨去看看制造业的情况吧。今天，我们都是英雄，因为我们依然保持着两位数的增长速度。要是我们的增长率达到了20%，就会成为全国新闻报道的头条，因为人们把这当成一项经济指标。我说这些的目的在于，所有那些分析家，也许都有一套完美的逻辑理论，来说明为什么20%的增长率对我们公司来说会是个灾难。但他们却没能看到，在当时那个经济大衰退时期，当别人都遭受了沉重打击的时候，沃尔玛的基础实力能够让我们保持强劲的发展势头。不管怎么看，这都是非常了不起的。

随着公司的规模越来越大，投资者的数目越来越多，跳进飞机飞去底特律或是芝加哥或是纽约，去游说那些银行家和投资人购买我们的股票，变成了一件非常诱人的事情。不过因为我们的股票自上市之始就保持上扬势头，我觉得最好是把时间更多地花在我们自己的员工身上，花在我们的分店里，而不是跑到外面推销我们公司。我认为从长期来看，什么公共关系专家呀、在纽约或是波士顿的宣讲呀，对我们股票的价值都不会起什么大的作用。我觉得起作用的只是你的经营业绩。不过这并不是说，我们不再乐意花精力让华尔街了解我们公司的最新状况。事实上，最近几年里，因为我们与股东的良好沟通，一家叫作美国股东协会的组织将我们评选为美国最佳公司。

这些年来，真正让我担心的不是我们股票的价格，而是某天我们可能会满足不了顾客的需求，或是我们的经理不能激励、关照我们的员工。我也担心随着我们的发展，我们会遗失团队精神，遗失家族情谊或是公司内部踏实务实的敬业精神。相比某个人说我们公司走错了路的评论报告，这些挑战更为现实。

作为企业的领导者，我们绝对不可能被某些零售业分析师，或是纽约的金融机构牵着鼻子走，他们给我们设定了这样那样的目标，大声嚷嚷着你们公司应该以这样那样的速率增长。有时候你得把视线从球上转移开，才能更好地击中它。不过，只要我们能以每一天、每一周、每个季度的销售额和利润证明我们的业绩良好，我们自然会实现我们理应达到的增长，市场也会回馈给我们应得的回报。只要我们在接下来的十年里始终如一地这样做，不管我们的增长率是15%、20%还是25%，我们的员工和顾客——其中有许多现在也是我们的股东了——都会得到更好的回馈。

要是我们没达成别人为我们设定的目标，我一点儿也不在乎。也许这会让我们的股票受到一点儿打击，不过从长远来看并无所谓。我们不用太在乎那些预测或是股市要求。要是我们把那些东西太当回事，从一开始就没法打进小城镇折扣零售业市场了。

第八章

小镇扩张：占领折扣销售处女地

1970年，山姆聘用我担任地区经理，负责新店开张的事宜。当时他拥有18家沃尔玛店和一些百货店，一年创下大概3100万美元的营业额。我举家搬了过去，当搬家的货车还在往我们租来的房子里卸家具时，他们就从办公室给我打来电话，说："你能去密苏里州安排这家新店的开张事宜吗？"我的妻子，带着三个婴儿，还得照应搬家的货车，她帮我找了几件衣服，我就走了。一走就是两个星期。接着又有一个经理会议，又是两个星期。实话说，在那些日子里，我们每天都最少要工作16个小时。

——杰克·休梅克，沃尔玛前任总裁及运营总监现在我们已不为债务所累，能够真正实施我们的主要经营策略了，其实就是在别人忽略的小城镇里开设大型折扣店。在那个时候，凯玛特不会把店开到人口少于5万的镇子，即使是吉布森，也不会考虑人口少于1万或1.2万的小地方。我们很清楚，我们的原则就是即便人口少于5000的镇子，我们也会开店，而全国这样的镇子非常多，因为对我们来说，可扩展的空间很大。这就是为什么，当人们想用几句话归纳沃尔玛的传奇故事时，通常会把我们的成功秘诀总结为："噢，他们赶在所有人之前进占了小型城镇。"而很久以前，当我们第一次引起别人的注意时，业界的许多人都把我们描绘成一帮乡巴佬，完全是瞎猫碰上死耗子才想到这个主意的。

也许想到这个主意的确是瞎猫碰上死耗子，但要不是我们想出了一个适当的实施办法，这个策略也不会成功。这个实施办法就是，先通过向外扩展渗透市场，然后回头铺满整个市场。在折扣销售兴起的早期，许多拥有配送系统的全国性大公司——比如凯玛特——已经通过在全国各地建立分店占得了先机。显然，我们没办法支持类似的经营模式。

不过当这些大公司争相从一个大城市发展到另一个大城市时，他们变得太过分散，深深陷入不动产、城区规划和地方政治的漩涡之中，反而将城市之外的大好发展机会留给了我们。我们的发展策略的确是应运而生，不过起码我们很早就认识到这是一种策略。我们意识到，建立分店时，必须要将它们置于配送中心或是仓库的配送范围之内，而且分店要能被控制到。我们希望每家分店都在地区经理、以及我们本顿维尔总公司的掌控之中，这样我们就能了解它们的情况，关注和照顾它们。每家分店距离配送中心不能超过一天车程。所以我们会跑到距离仓库可以达到的最远地点开设分店。我们就是这样填充我们的营业地图的，一个州接着一个州，一个县接着一个县，直到铺满这一地区的市场。

我们铺满了阿肯色州西北部的市场，我们铺满了俄克拉荷马州市场，我们铺满了密苏里州市场。我们从尼欧肖扩展到了乔普林，扩展到了莫内特和奥罗拉，扩展到了内华达和贝尔顿，扩展到了哈里森维尔，然后扩展到了堪萨斯州的斯科特堡和奥拉西——等等。有时候我们会跳过某个地区，比如，当我们在路易斯安那州的拉斯顿开设了第23号分店时，在总部与拉斯顿之间的南阿肯色地区尚未开设任何一家分店，于是我们开始回头填充南阿肯色州的市场。在那些时候，我们对于将来并没有什么正规计划。我们只是觉得，我们可以一直用这种方式拓展分店，而且分店的经营状况都很好，不管是在田纳西州还是堪萨斯州，还是内布拉斯加州——任何我们决定设店的地方。不过涉及到在大城市开店的问题时，我们的确努力考虑得更长远些。实际上我们从没打算进军城市。取而代之，我们的做法是在城市周边地区开设分店——距离城市其实有相当的距离——然后等待城市扩展到这一区域。这一策略几乎无往不利。我们最开始在塔尔萨实施这一策略，在塔尔萨城附近的布罗肯阿罗和沙泉开设分店。在堪萨斯城时，我们在城市靠密苏里州那一侧的沃伦斯堡、贝尔顿和格兰德维尤，及与城市隔河相对的邦纳斯普林斯和莱文沃斯设立了分店。在达拉斯城我们也是这么干的。

这种渗透策略除了有利于控制和配送之外，还有各种好处。从一开始，我们就不赞成在广告上花太多钱，而这一策略帮助我们省下了一大笔广告费。在这些主要是偏远农村的地方，要是你像我们这样，把店从一个镇子开到另一个镇子，通过人们的口口相传就能很快地把你的促销信息传递给顾客，而不需要作任何广告宣传。当我们在阿肯色州拥有了75家店、在密苏里州拥有75家店、在俄克拉荷马州拥有80家店的时候，人们都认识我们了，除了那些非折扣经营的商人之外，每个人都翘首以盼着我们把店开到他们镇上。通过这种方式，我们通常只需要每月发送一次促销广告单，大家就都知道了，而不需要在报纸上做一大堆广告。我们一直都不是大的广告客户，而且就算是现在，同我们的规模相比，我们也算不上。我们成为了我们自己的竞争对手，今天也是如此。比如说，在密苏里州的斯普林菲尔德地区，100英里范围内有40家我们的店。当凯玛特最后跑到那个地区开了三家店的时候，简直是自讨苦吃。

所以总的说来，我们开始复制我们的成功模式，按照既定规格开设分店。我们唯一需要作出的决定，就是在何种规模的市场上开设何种规模的分店。我们有五种不同的商店规格——从3万平方英尺到6万平方英尺不等——而且我们几乎不会错过任何一处市场，因为镇子就这么大。我作过大量旅行，以考察百货业的竞争对手，所以一眼就能看出这些社区里面蕴藏的巨大商机。而且在新店选址方面，我和巴德都知道我们需要的是什么。

今天我们依然多多少少坚持着这一策略，就像坚持那许多从一开始就助益我们公司走向成功的想法一样，尽管今天我们已经直接进驻了一些城市，但我依然认为，我们的新店主要应该开在城市周边的待开发地区。就像最开始时候那样，我们在那些小镇上开店，人们驱车经过我们的商店，开始认识我们，然后成为我们的顾客。令我吃惊的是这一过程起效之快。我们在佛罗里达州结交了那么多的新朋友——来自北方的朋友们——他们跑到佛罗里达州过冬，看到了我们的商店，然后迫不及待地期盼我们把店开到北方去。

信不信由你，我一直收到他们的来信，要求我们到北方的某个地方开店，因为当他们回家后很想念我们的店。在里奥格兰德谷也是这样。所有那些跑到那儿过冬的农场主——来自北达科他州、南达科他州和明尼苏达州——都认识了我们。所以当我们向这些新的市场进发时，已经拥有一批拥趸了。在这些从根本上来看我们觉得是对沃尔玛友好的地方，我们依然采取向外渗透、向内填充的策略，而且在占据整个营业版图之前，我们还有很长的路要走。

毫无疑问，在那时候，要是我自己没飞机，我们是不能做到所有那些事情的。我买第一架飞机就是为了事业，为了在店子之间往来，以及时了解经营状况。不过当我们真正开始大规模开设分店时，飞机就变成了勘察新店店址的强大工具。我们可能比绝大多数零售商早十年从空中勘测店址，而且通过这种方式，我们找到了大量绝佳的地址。从空中俯瞰，我们能够考察到交通流量，看到城市和镇子的发展方向，还能评估竞争对手占据的地形——如果那儿有竞争对手的话。然后我们就能拟定适合当地的建店方案。

我喜欢亲自做这件事情。我会低空飞行，在镇子旁边拉高飞机，从它上空直掠而过。一旦我们选中了某个地点，我们就着陆，跑去找到地产的主人，然后设法马上同他洽谈这笔交易。这也是我不喜欢喷气式飞机的另一个充分理由——你没法飞到足够低的地方来看清下面的状况，而我的小飞机就可以。通过这种方式，巴德和我几乎选定了开始时的120～130家分店的店址。我一直很为我们的技术和取得的成果自豪。我敢向你保证，没多少零售大公司的负责人会横向飞行，往来于空中研究本公司的发展格局，不过这种方式对我们来说的确非常有效。我们的前500家店，或者说至少前400家吧，每家店的新址选定与交易我都是这样操作的，在我们签署任何协议之前基本上都要先去看看。一个好的位置，以及我们为此支付的价钱多少，对于成功开设一家分店来说很重要。这也是公司事务中我们家人一直亲自参与的部分。吉姆负责过一段时间，而直到今日，罗伯还在不断出差以选定分店新址，并且参加每一桩相关的地产交易洽谈。

一旦我们找到一处好地段，就马上买下来开设分店。我们亲手装修店面，现在我们还是这样做的。我们会有一个被称作“开店计划”的东西，不过基本上我们都是召集人手——通常是所有能叫到的经理助理——共同参与新店筹备的工作。我还记得艾尔·迈尔斯曾经参与筹备过100家新店，并亲自参加了超过300家店的开张仪式。我们得组装好货架，摆放好商品、做好广告宣传计划——更不用说进行员工的招聘及培训。我们所有人都热切地参与到这件工作中来。在这些过程中发生了各种各样的趣事。我记得有一次，我不想花钱住旅馆，于是我们所有人都在一个同事家里的地板上打地铺。好在当时他的房子里还没搁家具。

费罗德·阿兰德在沃尔玛崭露头角的时期是个重要角色。他是一个做事非常有条理的人，这一点跟我不一样。我总是说，那是因为他是个德国佬。他是那种家伙——如果一天里他有十件事情要做，他会把它们全部写下来，然后一件一件去完成。他还会杀回马枪，检查人们是否把他交代的事情做好了。而我一般来说不这样做，事情交代下去之后我就离开了。

当我准备好了，我就会有强烈的冲动想要飞往下一个城镇或是分店，绝不会花时间去等别的什么人，这也许是我从来不能与飞机驾驶员愉快相处的主要原因。在我已经准备好出发的时候，他们好像从来都还没准备好。不管怎么说，我喜欢飞行，在天空中挑战自我，择路前行，亲自判断天气状况，进场着陆，以及诸如此类的事情。不过相比之下，我更喜欢的是那种自由自在去往我想去的任何地方的感觉，想什么时候走，就什么时候走——毫不拖延。此外，我一直喜欢看别人干活，而一个公司飞行员的工作还包括了许多地面检修。所以，当我们招来第一批飞行员的时候，我想出了这一天才的主意。“好吧，伙计们，”我说，“要是你想为我们开飞机，我希望你们在没有飞行任务的时候，到我们的店里去，查看一下各个部门的存货情况。”我对这个主意颇为得意。他们需要更多地学习一些商业知识，这样就能帮上我们的忙，而且他们也能从中得到不少乐趣。我的建议只施行了大概三个月时间，招来了各种各样的怨言。我听到了各种借口：我们得去核查天气情况呀，得确保飞机保养状况良好呀，诸如此类。最后，我放弃了。所以今天我们的飞行员待在空中的时间和别的飞行员没什么两样。

杰克·休梅克：

我进公司后开的第一家店，是设在密苏里州圣罗伯特的21号分店。我们这些筹备新店开张的人，本应该在土建工作完成之后接手。但常常事与愿违。当我们接手那家分店时，停车场还没修好。我的意思是，只铺上了砾石，还没画标识线，也没划分停车道以及诸如此类的东西。所以分店的经理加里·雷恩博斯和我绞尽脑汁，想找出个法子避免开业时出现混乱状况。我们看到一个小吃摊贩在货车后面拖了许多黄色的大桶，用来装他用过的油，顿时眼前一亮。于是我们同他作了个交易。他以后可以用优惠价购买我们的油，只要他把所有的油桶在我们开业那天都给我们。我们把油桶用绳子系起来，上面插上彩旗，围出了一个停车场。当时我们就是这样办事的。山姆希望做成一件事，只要能做成那件事，不管怎样的奇思异想他都能接受。所以我们的思维活跃，做起事来毫不拖沓。

我还记得另一家分店开业的事。我们终于在阿肯色州莫里尔顿，靠近40号州际公路的地方建造了一家新店，用来取代那家建在可口可乐老工厂的不可思议的店——山姆是那么以那家店为豪。我的上级主管是费罗德·阿兰德，他让我们创个新纪录，在三周时间里开一家店。我说行。但他弄错了一个星期的时间，所以我们实际上距离预定开张时间只有两周。我们拼命赶工，但还是没完全弄好。我们在感恩节那天开张，店子一塌糊涂。当山姆开车过来时我正站在店子门口。他看见了这一片混乱，但他是个聪明人，知道我们已经尽力了，要是他说真话的话我们都会很受打击。所以他说："伙计们，店子看起来还挺不错的嘛。"然后就开车走了。

显然，因为我把那么多的时间花在我认为值得的地方，也就是店子里面，视察我们是否在做正确的事情，这给我们所有的主管带来了很大的压力，特别是当我要求他们也去店里巡查以后。我的风格一直是将许多日常经营职责下放给他们，像是早期的费罗德·阿兰德、罗恩·迈耶，后来的杰克·休梅克，最后是大卫·格拉斯和丹·索德奎斯特。所以我的任务就是挑选优秀的人才，给他们最大的权限，也让他们担负最大的责任。

总是有人问我，我是不是一个事必躬亲的管理者。我真的觉得，我更是那种人——四处巡查，在这个过程中我会尽我所能地过问每件事情，来看看它会怎么发展下去。我会让我们的主管自己作决定——也允许他们犯错——不过我会对他们提出批评和建议。我对数字的判断力能够让我了解我们的运营状况，了解我们从各个不同地方得来的信息。从这一点说，我觉得我的管理风格很大程度上是由我的天性决定的。我会发挥自己的长处，同时充分信赖别人来弥补自己的不足。

就像我在前面提到的那样，我很早就发现自己对记数有天分。很多时候我都想不起人名呀还有许多别的事情。但是对于数字真是过目不忘，而且一直是这样。这就是为什么我每个星期六早上都会到公司，通常是凌晨2点或者3点钟，把这个星期的各项统计数字都过一遍。这样在周六晨会之前，我已经比其他每个人都更胸有成竹了。通过那些表单，我能了解一家店的经营状况，即使我已经有段时间没去那家店，只要我提醒自己一下这家店的某些情况，比如经理是谁，我就能想起他们这个星期的营业额以及工资开支是多少多少。每个星期六早上我都会这样过一遍每家分店的报表。那通常会花上3个小时，但当我看完以后，对我们公司的状况就和公司里任何一个人一样心中有数——也许有时比别人都更有数。

不过要是你问我，我是不是一个有条理的人，我会脱口而出：不，根本不是。按部就班地做事情会降低我的工作效率。事实上，那也许会导致我不知所措。我努力去做计划安排的事情，去计划安排的地方，但我真的称不上是一个严格按照行事历做事的人。我觉得我这种办事方式多多少少让我的两个秘书，洛蕾塔·博斯，以及后来的贝姬·伊利奥特抓狂。我是一个非常随意的人。

洛蕾塔·博斯·帕克，担任山姆·沃尔顿的私人秘书25年：

他总是这样子。他的脑子转得比别人快十倍。我是说他行动起来总是三步并作两步走，而且脑子里想到什么就很快去做。要是他想到什么事情得去做——不管是不是还有别的安排——他想到的事情总是有优先权，立马就得完成。每个人都有自己的日程安排，于是“砰！”有时遇到这种事情他只好召集会议来协商。

在早年间，这引发了不少尴尬局面。我给他安排好日程，告知他——我们有两本日程表，一本在他桌上，一本在我这儿——但他会完全忘到脑后。一次有人从达拉斯飞到这儿来与他会面，我都安排好了。早上8点我到公司来接待他们，发现山姆已经在早上5点乘飞机离开镇子了，而且没有告诉任何人他去哪儿了。我只好跑去见那个从达拉斯来的人，跟他说：“他不见了。”这样的事情还发生了好几次，于是最后我说：“我再也不给你安排会面了。”他说：“好吧，那也许再好不过了。”接下来他就自己安排会面，而到时候又全忘了，我还是得做那个跑去告诉别人“他不见了”的人。我为他工作了四分之一个世纪也没能让他变得有条理，我想也不会有别人能办到了吧。

除了在星期六早上阅读报表，开例会以外，我没有太多的固定安排。在出差时我总是带着我的小录音机，录下我和同事谈话时产生的点子。我也总是带着我的那本黄色小本本，列着我们公司需要做的10到15件事情。这个列表让主管们很抓狂，不过它也许更多是我对公司作出的重要贡献之一。

大卫·格拉斯：

当山姆觉得应该去做某件事情时，他绝不会手软。他会一直跟你耗。他提出一个点子，我们大家讨论后觉得也许现在还不适合去做——也许永远都不适合。好吧，事情好像到此为止。但只要他确信这件事情是对的，他就会不断提起——一周又一周，一周又一周——直到最后每个人都投降了，说，好吧，与其跟他争论还不如直接去把这件事情做了呢。我觉得这可以称作“耗死你”的管理方式。

一直以来，我保证工作进度的一个方法就是，每天很早到办公室，即使不是星期六阅读报表时也是这样。早上四点半就已经在办公室对我来说不是什么稀奇事。所谓一日之计在于晨，我能在这段时间不受打扰地进行思考，制定计划，整理事情。我会写信，也会为我们公司的简报《沃尔玛世界》撰写文章。

A. L. 约翰逊，沃尔玛副总裁：

我觉得山姆最大的长处之一就是他的不可捉摸。他一直是个自主的人，思想完全独立。所以，他从不是个尸位素餐的管理者，也从不附和任何人或草率处理任何事情。

回顾当初，我还是日用品部经理的时候，那时我们还没有计算机的支持。所以大概有六年时间，每个星期五早上，我都会拿着各项数据的报表去山姆的办公室请他过目。当我念那些数字的时候，山姆会在他自己的本子上匆匆记下来，然后全部亲自核算一遍。我从不认为他是不信任我的判断。他只是认为，核实每件事情是他的职责。有时候他得出的数字会和我的有些许出入，或者对我的某些结论有异议，这都有助于我保持警醒。我的意思是，我一直都心知肚明，我不可能跑到他的办公室，把一堆数字往他面前一放，然后指望他就那么接受。

众所周知，山姆是一个很善于激励他人的人——比大家所认为的更甚——他也同样擅长检验激励的效果。你也许会把他称为站在你身后的管理者。

我总是被问到说，在我们向前发展的时候，我对于接下来会怎样有没有什么概念。我想我不知道。我只知道我们在发展，我们取得了成功。我们对此很满意，而且看起来我们可以继续这样走下去。我们已经找到了一个经营理念，当然，这是为顾客所喜闻乐见的。即使是在创业之初，我也总是说，一旦公司出现失控的苗头，一旦我们的数据没能达到预期，我们就应该停下来，守护好我们已经创下的基业。不过，当然，在这一点上，我们还从没遇到过这种情况。

费罗德·阿兰德：

事实上，我们的策略是正确的。在竞争出现之前，在那些小城镇上发展折扣销售事业确实很容易。

早期我们并没有多少竞争对手，因为在那些小社区里没人实行折扣销售。所以当我们折价出售商品时，在那些大城市之外的地区可算是一个前所未有的举动。当然，顾客们可不傻。他们在城市里总有亲戚朋友，自己也去过有折扣销售的地方，所以当他们看到自己的镇子上也有了折扣商店时，好嘛，正合心意！他们蜂拥而来，到我们的商店里大买特买。

我认为费罗德关于竞争的说法是对的——如果单就折扣销售而言。但这里有一个悖论，我觉得让很多人在很长一段时间里对我们有所疑惑。说起二十世纪70年代的东部地区，他们总是说沃尔玛从未遇到过任何竞争，而我们一旦遇到了，就会不知所措。他们忘了这一点，我们是从百货业起家的，而且我们的大本营正是在百货业的心脏地带，美国几乎所有成熟的区域性连锁百货店都是在这儿诞生的。当我们还在开富兰克林店的时候，我们就同所有你能想到的竞争对手交过手了——从斯特林到TG&Y，从库恩店到所有其他那些区域性连锁店。所以，也许我们在那些小城镇上进行折扣销售时没有遇到任何竞争，但我们对于竞争并不陌生。我们一直留心着吉布森店，以及其他有可能走上折扣销售之路的区域性连锁店，而要是他们那样做了，我们也知道该怎么办：通过尽可能降低成本，来使我们商品的价格保持在尽可能低的水平。

对我个人来说，在公司的成长阶段进行管理是最令人兴奋的事情了。真的，在零售业史上，还从未有过任何类似的事物呢。我们公司就好像零售业的一口喷油井，整个就那么喷薄而出，就像他们说的俄克拉荷马州和得克萨斯州的油田一样。我们招了许多人来帮忙，不过那时候我也亲自参与了我们事业的每一个发展阶段——销售规划、新店选址、店面建设、研究竞争对手、安排资金筹措、协调账目平衡——每一件事。我们所有人都大量加班，都对我们取得的成绩兴奋不已。我们甚至都没有时间停下来，意识到我们在20世纪70年代的增长速度有多么惊人。我们可以来看看下面这张表：

	分店数量（家）	销售额（美元）
1970年	32	31,000,000
1972年	51	78,000,000
1974年	78	168,000,000
1976年	125	300,000,000
1978年	195	678,000,000
1980年	276	1,200,000,000

在70年代早期，我们一些折扣销售的同行——大多数是区域性的，彼此没有竞争关系——组成了这个研究课题组。同他们进行比较之后，我意识到沃尔玛的表现是多么惊人。我记得他们都惊叹不已。他们都无法相信我们能够开设如此之多的分店。我们一年会开设50家分店，而课题组里大多数同行想尽办法一年也只能开个3家、4家、5家或者6家店。这一直让他们困惑不已。他们总是问我："你们是怎么办到的？简直是不可能的嘛。"

但我们就是做到了。我们已经处在了整个行业的最前端，在销售额增长的同时，我们的利润也不断增长——从1970年的120万美元到1980年的4100万美元。从理论上说，我们的确不可能做到这样。我们只是埋头苦干，人尽其用。不过也不要误解我的意思，我们在成长过程中也遇到过许多困难。

费罗德·阿兰德：

最大的问题是人力资源问题——寻找优秀的人才，并在很短的时间内将他们培养出来。因为我们的机构非常精简，店里绝无冗余人员，所以员工做起事情来必须又快又好。当我在赫斯特店工作时，一个人没有十年的工作经验，我们甚至根本不会考虑让他走上我们称为“实习经理”的岗位，在纽贝里店也是这样的。而在沃尔玛，山姆会起用几乎没有任何本行业从业经验的人，让他们到店里工作六个月，要是他觉得这些人表现出了任何经营店铺、管理员工的潜力，就会给他们一个机会。他会让他们当经理助理。他们会被派去各处协助开设新店，接着就有机会自己管理一家分店。在我看来，他们中的绝大多数连管理商店的边儿都还没摸着，但最终山姆向我证明了我是错的。他觉得一个人，即使缺乏经验技术，但只要具有真正的热情和愿望，愿意兢兢业业干好工作，就能弥补自己的不足。这点我的确是心服口服。事情十有八九真是这样子。这也是我们能够发展如此迅速的一个原因。

在公司的整个成长阶段，我们想方设法实施尽可能多的促销计划，并且尽力向各个分店提供支持，但在20世纪70年代早期，沃尔玛的经理很大程度上仍然需要独当一面，自己促销商品，自己解决运货的问题。

托马斯·杰斐逊，沃尔玛早期地区经理，曾受雇于斯特林商店，后任沃尔玛业务经理：

一年中总有几次，大多数商店都会举行大型的路演促销活动。在那些时候，我们在周末的路演促销中卖出的商品和在店里卖出的东西一样多。你知道的，我们用绳子在停车场里圈出一部分，请来一支乐队，卖出的货物多得甚至能装满一条船。我们店里的确有卖一种平底小船——我们把它们搁在锯木架上，在每条船里放上一种商品，然后挂上大大的招牌，写着“木船大甩卖”。现在人们也进行路演促销，但不像我们当初那样子了。效果也没那么好了。

在70年代初，就在我们公司快速成长的时候，费罗德·阿兰德、罗恩·迈耶、鲍勃·桑顿和我本人，依然绞尽脑汁想找到一个向那些偏远小镇上数目不断增加的分店配送货物的办法。这是过去让我大伤脑筋的问题之一。我总是一边在本顿维尔的仓库里走来走去，一边说：“这货要运到哪儿？”“这是谁进的货？”“这种货我们已经有很多了！”而同时，店里的员工可能正在为这种货还没运到而抓狂，我们对此却一无所知。我记得，当每个人都认为我们需要购买自己的货车时，我很是不安，但我们还是买了。我们买了两辆拖车和四辆载货挂车，当时仓库的伙计们认为我们需要四辆拖车和六辆载货挂车。我认为那有点太多了。于是每当我要去仓库的消息传到他们那儿时，要是有拖车或者载货挂车暂时闲置着，他们就会把它拖到仓库的另一边藏起来，不让我知道。

托马斯·杰斐逊：

我们发展得越快，就感觉在某些方面越是跟不上。我们的配送一直是个大问题。我们建设仓库的步伐总是跟不上开设分店的步伐。现在，我觉得公司保证了大概1.5个仓库的提前量，但在当时，我们往分店配送货物可是个老大难问题。于是我们租外边的仓库，贵得要命，而且情况还常常超出我们的掌控能力。有时某个那样的仓库旁边会停着500车货，需要花上不少时间来处理。我们没法及时搞定。接着第二天又来了60车货。我们得把这些要命的货车卸空，于是这些分店急需的货物有时可能会在这儿耽搁一周或是一周半的时间。

这是一个老大难问题，让我困扰不已，这也可能是在20世纪70年代，当我们持续发展时，我不断寻找像大卫·格拉斯（他当时仍在密苏里州从事药材折扣销售业务）以及丹·索德奎斯特（当时正在经营富兰克林店）这样的人才加入我们的原因。我知道他们两个都才华横溢，我也知道我们在各个方面都需要我们能够得到的所有帮助——特别是在那些我不那么在行的方面，比如配送及体系建设方面。就像我之前说过的那样，罗恩·迈耶致力于配送体系的建设，引进了诸如“整合订货”“交叉配送”以及转运等新概念。但我觉得，直到1976年大卫·格拉斯最终大发慈悲加入了我们，我们的配送系统才真正走上了轨道。在建设这一我们今天仍在使用的成熟、高效的配送系统上，他比任何人作出的贡献都要大。

二十世纪70年代中期，在大卫加入我们之前，除了罗恩和费罗德帮着我经营公司之外，杰克·休梅克也开始崭露头角。他在开设新店方面成绩斐然。杰克之前曾是一家叫作克罗格的购物中心的经理——这种购物中心结合了食杂店和百货店的概念，与我们现在的购物中心不一样。所以他曾是一个商人，但当我聘用他的时候，他并未因为拥有丰富的经验而因循守旧。他是我雇佣的第一批大学生之一，作为一名佐治亚理工学院的毕业生，他对于制度体系和组织结构——当时我们仍然非常急需建设这些东西——有着一种工程师的热爱。到那时为止，我身边其实已经集聚了各式各样的人才，用以处理我能想到的各方面的问题，像是调整公司结构以掌控当时我们已经开始的爆炸式增长势头。如果我没有找到这些人，并且不断招揽新的人才，也许我们已经在70年代的某个时候就分崩离析了，自然也不能在80年代取得不可思议的增长。早早着手进行所有这些系统的建设，着手建立我们新型配送中心的基础，着手建立分店数据处理系统，的确为我们后来的发展铺平了道路。

杰克·休梅克：

一天，山姆和费罗德给我打电话说：“我们了解到你在编写公司政策方针方面很有经验。”在明尼阿波利斯市的时候，我曾为克罗格和一条龙五金商店写过一些这种东西。于是他们说：“我们希望你到我们这儿来，为我们编写公司的规章制度。”我说：“好吧，那好，但那不是我真正想干的。我想干销售。”山姆就说：“好，不过我们还是希望你先把它们写了。你觉得写那些东西要花多长时间？”根据我的经验，满打满算大概要花上六个月到一年的时间。不过我说：“我会在90天内完成。”山姆回答说：“我给你60天时间。”山姆从不愿花时间等待任何事情。他没什么耐性。这也许正是我们两个人的共同点。我们都是行动派。不管怎么说，我们写好并印刷了这本章程——有360页呢——一共用了59天。

就像你接下来会看到的那样，杰克可能是我们公司有史以来的高层管理人员中最有争议的一个，但他的确热情地投入了公司的体系化建设，而且后来也成为了一位成功的商人。

托马斯·杰斐逊：

从迈耶时代到休梅克时代早期那段时期，我们真正看到公司体系建设起来了，计算机也进入了日常运营——各个店都普及了。

之前我们所有的分店都使用五类收银机，一种老式的手动机器，你知道的，效率很低。罗恩说服山姆为各家分店配置“胜家”电子收银机，这个主意很不错，因为没有电子设备你很难真正运营一家商店。唯一的问题是，事实证明，这种“胜家（Singer）”收银机的性能非常不稳定。在所有的分店经理中，艾尔·迈尔斯是唯一一个真正知道怎样操作这种收银机的人。所以迈耶的主意是好的，只是选错了东西。

至于计算机在各家分店的普及，则应该归功于休梅克。我们几乎都没有认真考虑过在分店配置计算机的想法。但休梅克研究了所有的相关资料，并且天知道他花了多少工夫来说服山姆。看起来好像我们每年都会设法弄来些新的机器设备来进行自我完善。我想，这正是后来沃尔玛内部通讯系统的开端。但我们中的绝大多数人都太忙于经营店铺了，甚至都没有想过这一点在当时有多么领先。

经过70年代的发展，我们已经确定无疑地成为了一家效益惊人的零售企业，并为接下来更惊人的增长打下了基础。令人惊异的是，我们的竞争对手既没能迅速赶上我们的步伐，也没有试图花更多力气来阻止我们。不管什么时候我们在某个镇子上开设一家沃尔玛店，顾客就会从别的店里一股脑儿涌到我们这儿来。那些商店不用花上太长时间就会发现，要是他们想要同沃尔玛分庭抗礼，除非它们自己成为沃尔玛这样的店。而他们中的绝大多数最终也转向了折扣销售。库恩公司的比格－凯转成了一家折扣连锁店，斯特林也开设了玛吉克折扣连锁店，达克沃尔也加入了折扣销售的行列。

现在，这些公司中的绝大多数已经具备了配送中心和完备的体系，而我们还得从零开始。所以理论上说我们真的毫无胜算。但事实是他们没有真正地实施折扣销售。他们固守着长期以来老旧的百货店经营模式。他们太习惯于45%的利润了，绝不会放手。对他们来说，要把原来卖8美元的上衣降到5美元，只赚取30%的利润，是很难的。我们借由我们的低成本、低损耗和低价格，打开了一片天地，终结了百货店经营理念占主流的时代。

第九章

建立合伙关系

你们在这里创造的是一种比共产主义、社会主义，甚至是资本主义都更好的东西。我想把它称为“开明的保护消费者利益主义”，在这里，大家一起工作，齐心协力，而顾客则是上帝。

——保罗·哈维，电台评论员

某次沃尔玛公司年终会议的嘉宾

尽管我们津津乐道于所有那些促使沃尔玛走向成功的要素——销售规划、商品配送、科技应用、市场战略、不动产购置——但事实上，这些都不是我们取得令人难以置信的成就的真正秘诀。我们公司之所以能发展得如此壮大，如此迅速，是因为我们，也就是主管们，能够同我们的员工打成一片。所谓的“员工”，就是那些在各个分店、配送中心以及卡车上工作的雇员，总的说来，他们所做的工作很繁重，而且是按小时计酬的。我们同员工们的关系是真正意义上的伙伴关系。这才是我们公司能够始终在竞争中胜出——甚至超越我们自身期望的唯一原因。

此时此地，我很想能够告诉你说，这种伙伴关系从一开始就是我总体规划的一部分；告诉你说，当我还是个年轻人时，就曾经梦想过建立一家举世无双的零售大公司，公司里的每个雇员都能享受一份红利，而且他们还有机会参与制定那些会影响公司盈利状况的决策。我还想能够告诉你说，从一开始我们付给员工的报酬就比其他所有公司都要高，而且我们对待员工都很平等。我很想能够这样跟你说，但不幸的是，这都不是真的。

创业初期，我挺小气的，付给员工的薪水并不多。经理们的报酬还行。从我们开始大规模增设分店开始，我们就一直同分店经理保持合作伙伴关系。之前我已经同你们谈到过那些家伙了，像威拉德·沃克、查理·鲍姆、查理·凯特，都是从一开始就享有自己辖下分店的一份分红。但对店员们我们真的没这么大方，只是按小时付给他们薪水，我想那点钱在当时也就够糊口的了。不过我想为自己说句公道话，在当时零售业的工资水平都是这样，尤其是在独立经营的杂货店里。

查理·鲍姆：

当我接管费耶特维尔的店时，大概是在1955年5月，当时山姆给店里的姑娘们开出的工资只有每小时50美分。发完第一次工资后，我仔细琢磨了下，觉得这点钱实在少得有点荒唐。所以第二个星期，我把她们的工资提高到75美分每小时，接着我就接到山姆打来的电话。他说："查理呀，我们不能把工资一下子涨四分之一呀。我们只能5分钱5分钱地涨嘛。"但我没有把工资数额减回去。我还是给姑娘们发75美分的时薪，因为这是她们应得的。在那段时间里我们店的业绩非常好，赚了非常多的钱。

我不记得自己曾有那么抠门，不过我想查理说的大概是那么回事吧。我们开出的工资不高。我不是故意要那么狠心的。我只是希望每个人都为了自己好好干活。在我从商的早年间，我太他娘的好胜了，太想要做出点成就了，以至于忽视了那个最基本的事实——实际上也是后来成为沃尔玛成功基石的准则。你知道的，在零售业中，不管你怎样削减工薪总额，它总是经费开支中最重要的部分之一，而经费开支则是你必须千方百计加以控制以保持利润率的决定性因素之一。这在当时是真理，现在依然还是。然而回顾当时，我太执着于获得6%乃至更高的利润率了，以致忽略了员工的一些基本需求，为此我感到非常过意不去。

还有一个我没有意识到的更大的事实，也是那种看似矛盾实则正确的——就像折扣零售商们奉行的“薄利多销”的原则一样。这个事实就是，你越同你的员工分享利润——不管是以薪水、奖金、红利的形式，还是以折扣发行股票的形式——公司获得的利润就越多。为什么呢？因为资方怎样对待员工，员工就会原样照搬以同样方式对待顾客。而要是员工待顾客很好，顾客就会一而再再而三地光顾商店，这才是这一行业真正的利润来源，而不是通过哗众取宠的推销，或是花费昂贵的广告，想方设法把新顾客拖进店里做一次性买卖。顾客感到满意，成为我们的忠实拥趸，反复光临我们的商店，这才是沃尔玛赚得惊人利润的关键所在。而那些顾客之所以成为我们的忠实拥趸，是因为我们的员工为他们提供的服务，比其他商店的店员要好。所以，在沃尔玛的全部规划之中，建立的最重要的一项联络关系，正是店员同顾客之间的良好互动。

我在很长一段时间内没有认识到这个问题。实际上，我整个经商生涯中最大的一个遗憾就是，在刚开始时，在1970年我们将公司上市时，只把经理级别的管理人员纳入了利润分享计划。不过当时，我身边也没人跟我说起这些，而我自己，我估计是太担心债务问题了，也太急于想往前冲了。今天，一些研究我们公司的批评家试图让所有人相信，我们之所以开始实行利润分享计划和其他的员工福利政策，只是为了规避工会组织。一个惯常的说法是，当我们在密苏里州克林顿开设第20号分店，以及在密苏里州梅西克开设第25号店时，零售店员协会分别组织了一次罢工，正是为了应付这些麻烦，我们才开始实行所有那些计划来躲避工会的干预。

这个说法只说对了一部分。在那两家店里我们的确遇到了劳资问题，我们也的确同工会进行了斗争——公开合法地——最后我们赢了。事实上，我们还从未在任何一场工会组织的选举中输过。不过分享利润及为员工谋取福利的想法，早在我们上市之前就有了，不是我提出来的，而是海伦。

海伦·沃尔顿：

当时我们在旅途中，正要开车去什么地方，我们谈起了山姆赚的高额薪水，还谈到了为了留住公司高级管理人员而提供的金钱和福利。他说那些店里的员工得不到一丁点儿这样的好处，于是我第一次意识到我们公司为那些普通员工做得有多么不够。我向他建议说，除非把那些店员也拉入伙，否则高级管理人员也留不太久的。我记得这件事情，是因为当时他对我的这个观点并不太以为然。后来，我能感觉到他正在考虑这个问题，所以当他最终决定接受这个建议时，的确是诚心实意的。

也许我们同零售店员协会以及其他一些工会——我们工地上的建筑工人协会呀、我们配送中心的卡车驾驶员协会呀——之间前前后后发生的冲突，确实有助于我们考虑加快往这一方面发展。工会好像不是很喜欢我们公司——也许是因为它们从没有过机会干预我们——它们试图让每个人相信，从头到尾，我们只要为任何一个员工做了任何一件好事，那都是它们的功劳。而事情的真相是，一旦我们开始试着将员工当作合作伙伴来对待，很快就发现这一举措对于推进我们的事业发展有着怎样巨大的潜力。而员工们也很快发现，当公司状况越来越好时，他们的收入又会怎样大幅度提高。

我一直坚定地相信我们沃尔玛公司不需要工会。从理论上说，我理解那些工会设法论证的观点，即员工们需要有人来代表他们之类的。不过从历史角度看，自从工会在这个国家发展起来以后，它们更多是在制造分歧。它们将资方放在围墙的这一边，将雇员放在围墙的另一边，而它们自己就待在中间，差不多成了个独立的单位，一个依赖劳资双方阵营对峙而存在的玩意儿。而分歧打破了劳资双方的直接对话，使整个企业难以做到服务顾客、增强竞争力、赢得市场份额。而我们在沃尔玛公司里建立的合作伙伴关系——包括利润分享、激励奖金、折价购买股票以及一系列真心诚意使员工参与到公司事业中来的举措，使得我们大家能够同心协力——对劳资双方来说，这比任何我所知道的有工会牵扯进来的情况都要好。我不是说我们给的待遇比别人都要好，尽管就我们这一行以及我们所在的地区来说，我们开出的工资还是很可以同任何一家公司比一比的。要想吸引和留住人才，我们必须这样。不过从长远看来，我们的员工也因为信任公司、推动它沿着正确的方向向前发展，而建立起了自己的价值——在金钱方面和其他方面。通过上下一心协同合作，我们把沃尔玛发展得好得不得了。

另一方面，我得这么说，任何一次我们真正有麻烦了，或是某个工会跃跃欲试地就要把手戳到我们脸上来了，那都是因为资方的不对，因为我们没有倾听员工的需要，或是因为我们待他们不好。

我觉得任何时候，只要一家公司的员工说他们需要工会，都是因为资方管理不善，没能处理好与员工的关系。一般来说，这种情况都与那些一线管理层的所作所为有着直接关系——管理者做了某些愚蠢行为，或是没有去做某些好的事情。我们在克林顿和梅西克遇到的就是这种情况。我们的经理不懂得倾听，对待员工没有做到应有的坦率无偏见。他们没能同员工良好沟通，不同他们共同进退，所以我们就有麻烦了。

为了对付这样的情况，我们采取了非常传统的方法。我们聘请了一位出色的劳工律师，约翰·塔特，自从他加入我们公司以后，这些年来赢得了许多场类似的官司。他的意见帮助我下了更大的决心，要改变沃尔玛公司劳资双方的关系——关心员工、善待员工、让他们参与到公司事业中来，这样你就不用把时间和金钱花在聘请劳工律师来对付工会上了。就在前面提到的那些罢工之后，约翰协助我们在密苏里州一个叫作Tan-Tar-A的度假村，召开了一次管理层研讨会议，之后不久，我们就启动了一个称为“我们关心”的计划，旨在让员工们知道，当他们遇到问题的时候，我们希望他们来找管理人员，给我们一个机会来解决问题。我们希望传达这样一个信息：“是的，我们公司没有工会，但我们觉得，正是因为这样我们才更加强大。因为你是我们的合伙人，我们的大门永远为你敞开，我们倾听你的意愿，只要我们齐心协力，就能解决我们的问题。”当然，工会也会变本加厉地鼓吹道：“嗨，我们能让你的时薪提高3美元。所以干吗不起来罢工呢？”

对于我们为什么会将我们的员工称为“合伙人”，有各式各样的讨论，每个人都争着把想出这个点子的功劳归在自己头上。我不知道。也许他们是对的。不过我记得这事其实挺简单的。是詹姆士·卡什·彭尼首先把他那些按时计酬的雇员称为“合伙人”的，而我觉得，其实在我的心底深处也一直有着这个念头。不过尝试将它在沃尔玛实施的想法，实际上是在一次去英国的旅行之中冒出来的。

海伦·沃尔顿：

我们去英国度假，去看温布尔登网球赛。一天，我们正在伦敦一条街上散步，而山姆，当然，停下来端详一家商店——不管我们去哪儿，他总会停下来看看商店——在地球上的任何地方都是这样。就在这趟旅行中，我们在意大利丢了不少东西，当时他正在查看一家大型折扣商店，小偷摸进了我们的车里。不管怎样，当时他在这家英国零售商店门口停下来，我记得他说："看他们的招牌。写得真好。我们也应该那么做。"

那是刘易斯公司，J.M.刘易斯合伙人公司。它的所有员工都是公司的合伙人，所有员工的名字都列在招牌上。不知怎么的，同我们的所有员工建立合伙关系这一想法真的让我激动不已。我们一回到家，就开始把我们店里的员工称为"合伙人"，而不再是原来的"雇员"。对某些人来说这听上去也许没什么大不了的，他们是对的。如果我们不采取其他的措施将这一称呼变为实际，它就像摆设一样，什么都不是。我们大概就是在那个时候作出了这个决定：致力于在公司里给予员工更平等的待遇，而这个决定毫无疑问是我们沃尔玛公司最明智的一项举措。

1971年，我们实施了第一项大的步骤，纠正了之前我犯下的一个大错误，开始一项面向全体员工的利润分享计划。出于许多方面的原因，我觉得这是最让我感到骄傲的一项举措。利润分享在很大程度上是保证沃尔玛不断向前发展的诱因。每位员工，只要最少在公司待够了一年，或是每年最少工作了1000小时，都有资格参与。我们利用一个建立在利润增长基础上的公式，将相当于每位够格员工工资的一定比率的钱划入他或者她的账户，当他们离开公司时就可以取走——既可以以现金方式，也可以折换成沃尔玛的股票。这个计划本身并没有什么特别的地方，但它的实施效果让我颇为骄傲。在过去十年中，公司平均将工资6%的数额作为利润分享额。打个比方，去年（1991年），沃尔玛的利润分享额是1.25亿美元。时至今日，利润分享计划的监督委托管理者——其中包括了一个员工委员会——都会年复一年地选择将沃尔玛股票作为这一计划的主要投资对象。因此，从总体上来看，这一计划总的额度增长达到了令人吃惊的程度，而从个人看来，也让许多员工的钱包鼓胀了不少。今天，就在我写下这句话的时候，利润分享额已经有大约18亿美元了——都是属于我们那些员工合伙人的公司权益。

鲍勃·克拉克，阿肯色州本顿维尔沃尔玛店卡车司机：

我在1972年开始为沃尔顿先生工作，当时他只有16辆拖车。头一个月，我去参加一个驾驶员安全会议，他总是跑去那儿看。那儿大概有15个人，我永远都不会忘记他说的话："只要你跟上我20年，我担保你从利润分享计划中得到10万美元。"我心想："这可是个好买卖呀，鲍勃·克拉克，你这辈子都不会见到这么多钱了。"那时候我老担心自己能挣到多少。好嘛，上次我去查我的账户，我的利润分享额已经有70.7万美元了，而且依我看它没什么理由不继续往上加。这些年来我买进卖出股票，用赚来的钱翻修了房子，买了一大堆东西。当别人问我为沃尔玛工作的感觉如何时，我告诉他们说，我曾经为另一家大公司开了13年车——一家大家耳熟能详的著名公司——离开时只拿到了700美元。然后我再告诉他们我从利润分享计划中得到的数额，问他们说：你觉得我对沃尔玛的感觉会是怎样呢？

乔治亚·桑德斯，俄克拉荷马州克雷尔莫尔镇沃尔玛第12号分店退休小时工：

我从1968年4月开始到沃尔玛工作，担任照相器材、电子产品和小家电部分的负责人。刚开始时我每小时赚1.65美元，最低工资标准了。1989年，当我退休的时候，每小时的薪金是8.25美元。走的时候，我从利润分享计划得到了20万美元，我们用这笔钱做了些很不错的投资。我们已经用这些钱旅行了很多次，还买了辆新车，手里的钱却比开始时还要多。这些年来，我买进卖出了一些沃尔玛股票，而且还经历了很多次股票分割。我用其中一些钱给我妈妈买了栋房子。对我来说，沃尔玛真是一个绝好的工作单位呀。

乔伊斯·马克玛里，阿肯色州斯普林代尔镇沃尔玛第54号分店地区培训员：

我的起居住行全仰仗沃尔玛公司。山姆总是给予员工很多，我也想尽可能地作出回报。我已经享受了15年的利润分享计划。我将自己账户中能取出的最大数额，全拿来购买公司内部折价发行的股票，也从公司外部买了一些。你简直没法相信我的利润分享额增长得有多快。今年我的利润分享额已经有47.5万美元了。我原本打算今年退休的，拿着我的钱。可我才40岁，所以我决定再在这里待些时间。我还没想好要拿这些钱做什么。当然，是用在退休后过活的。不过我想我们也能买一架钢琴，也许将来某天还能建造一座我们梦想中的房子。不过现在我会再把这些股票留上很长一段时间的。

琼·凯利，沃尔玛总部员工，负责监管货物理赔：

我在密苏里州梅西克镇一家农场长大，在20岁的时候到镇上的沃尔玛25号分店工作。当我调到本顿维尔时，运输部只有9个人，现在我们有61个人了。开始时，我哥哥想方设法说服我辞职。他说我在沃尔玛以外的任何地方，都能找到时薪更高的工作。好吧，在1981年我的利润分享额是8000美元，到1991年，我已经有22.8万美元的份额了。我告诉我哥哥说，只要他能找到任何一个这样的地方，我马上换工作。只要你对这家公司忠心耿耿，就能获得惊人的回报。我很高兴自己忠于公司。我的钱会用来送我的女儿阿希莉上大学。

以上是我的合伙人中的一些，我们一起走过了很长的路。大约在我们开始启动利润分享计划的同时，我们还实施了许多其他的金融合作计划。我们有一个雇员优先购股办法，通过这个办法，员工可以以工资扣款方式，以低于市价15%的价格购买公司的股票。今天，我们公司超过80%的员工持有沃尔玛股票，或是通过利润分享计划，或是个人持有。而就我个人估计，剩下那20%员工中的绝大多数人，要么是还不够资格参加利润分享计划，要么是同我们在一起的时间还不够长，还没理解沃尔玛股票意味着什么。这些年来，为了确保每位员工以合伙人身份参与公司事务，我们还设置了各种各样的奖金机制和红利分配方法。

最成功的奖金机制之一，就是我们的货物损耗奖励计划，就我所知，这是除了利润分享之外最能体现合伙关系的计划了。你可能知道，货物损耗，也就是原因不明的存货损失——换句话说就是偷盗——是零售业盈利的最大敌人之一。所以在1980年，我们作出了决定，控制这一问题的最好办法，就是将公司从减少这一损耗中获得的收益与员工分享。如果一家店将货物损耗控制在公司制定的标准之内，店里的每位员工都能得到一笔奖金，可能多达200美元。这多少是有几分竞争的意思，不过我可以告诉你，我们的损耗率大概只有同行业平均水平的一半。不仅如此，它还帮助增进了我们员工对彼此以及对自身的好感。绝大多数人厌恶盗窃行为，即使是那些一旦有机会就会小偷小摸的人也是如此。大部分员工应该并不希望同那些有盗窃癖的人一起工作。所以通过这样的计划，你能够因为诚实而被直接给予奖励，这就能真正激励人们，不再对任何想要顺手牵羊的顾客视而不见，或者是更糟的情况，对任何同事的偷盗行径置若罔闻。每个在店里工作的人，都成为一个想方设法减少货物损耗的合伙人，当他们做到了，他们——以及他们所属的、已经持有股票的公司——都能从中分享到好处。

所有这些听上去都非常简单。而且它们所依据的原理也都是最基本的。但除非是管理人员理解了员工在这些计划实施过程中的重要性，并真心实意地加以施行，否则这些计划都不能成功。空话说得再好听，都不能建立起真正的伙伴关系——即使加上利润分享也不行。有不少公司也设立各种各样的利润分享计划，却连员工一丝一毫的合作都没能赢得，因为他们并不真正相信员工的重要性，也不去设法引导他们。现如今，像我们这种行业之中的管理人员面临的真正挑战，是怎样成为我们称为“公仆”的领导者。要是他们做到了，这个团队——管理者和员工——就能无往不利。

多年以来，许多人就一直预言说，一旦面临城市环境的挑战，沃尔玛就会举步维艰。他们说，在那些充斥着流氓罪犯、充斥着穷苦下层民众的街区里，我们的方法行不通。沃尔玛方式不适用于那些小偷窃贼、那些一生潦倒的人。但是我想告诉你几年前我去达拉斯附近一家分店视察时的见闻：那是设在得克萨斯州欧文镇的第880号分店。这家店的店员和主要顾客都非常年轻，人种混杂。而我们安排在那家店的经理与员工相处得很不好。我觉得他大概是这么想的："好嘛，这些穷白人、黑鬼和墨西哥佬，年纪又小，又穷，他们时时刻刻都会去偷，我可管不了。"所以他不是一位"公仆"式领导者，绝对不是的。

这是我所见过的最差劲的一家沃尔玛分店。也是所有沃尔玛分店中货物损耗率最高的——大概有6%，我们简直闻所未闻。这家店每年的损失超过50万美元，我们想不如把它关掉算了。不过我们有位叫作艾德·纳吉的地区经理，是个真正特立独行的人。这个家伙总是会得罪什么人或是打破这样那样的规矩。他总是在惹麻烦，而且很喜欢尝试新事物。但我必须得承认，他多少提醒了我自己也曾经年轻过。我们把他派去了那家店，他同分店经理谈了一次话，然后开始培训各部门的负责人。他为那些员工设立了一些实际可行的目标，同时开始同他们进行一些激励式的交谈，向他们讲解我们公司是怎样不同于其他的公司，要是他们错过了这个村就再没这个店了。

接着他发现该店员工偷盗成风，而且任由顾客顺手牵羊，因为没人管。没人检查退货的偿还款，没人检查分期付款，甚至没人检查收银机。要是你想偷东西，你知道自己肯定不会被逮到。于是他们开始监管所有上述款项，开始谈论要做个诚实的人，开始谈论怎样提高销售额。一年半之后，这家店发生了翻天覆地的变化，货物损耗率降到了2%，商店开始扭亏为盈。当我到那儿视察时，我觉得这是四十年来我视察过的近二千家商店中，最让我感到骄傲的商店之一。由于一位行动为先、头脑清醒的领导者介入干预，加以诱导，就将整个糟糕透顶的局面扭转了过来，真是令人难以置信的成果。

现在我想谈的是，局面为什么得以扭转呢？好吧，首先，纳吉——作为地区经理——将各部门负责人带离那家店，带离那个失控的环境，让他们接触一些来自他辖区内成功商店的管理人员。那些人每个周末都召开会议，讨论各自部门的情况，纳吉便让880号分店的人也参加。接着，他让他们设定自己的目标。也许就在这些880号的分店人员，同那些来自模范分店的管理人员们共进午餐时，已经开始多多少少地构想和思考，怎样改变自己部门一团糟糕的局面了。纳吉和其他那些店的管理人员，同880号分店的人谈论各种数据指标，并向他们演示，他们的工作和决策是怎样与这些数字联系在一起的，这样他们就会关心自己的销售额是否有所提升，而不再是摆摆样子走走过场。他们还开始学习一些商品销售方面的知识。

而最重要的一点，是他们开始进行监管，设法杜绝偷盗行为。他们开始检查每个从商店后门运出的空箱子。哈，有一天，他们发现了一个大箱子——用来装婴儿推车的——里面装了价值400美元的磁带，他们就在门边将小偷人赃俱获。于是第二天早上，他们开了个会，经理表扬了发现这个箱子并逮到小偷的女店员，她成了英雄。每个人都对她报以热烈的掌声。在非常短的时间内，店里的风气就整个扭转过来了。我早在经营杂货店的时候就领悟到了这一点——首先你得赋予人们责任，然后你要信任他们，最后你还得督查他们。

的确，我们的方式在城市里会遇到更多困难。在同那些想要从事我们这一行的高学历人士或是那些品行端正诚实正直的人打交道时，我们遇到了更多的麻烦。同来自休斯顿或是达拉斯或是圣路易斯的人相比，来自爱荷华州和密西西比州小镇的人们会更乐意接受我们所支付的薪酬。而且，没错，可能与来自大城市的人相比，这些来自小镇的人也更容易接受我们的想法。不过我得告诉你：一位聪明的、善于激励他人的好经理，不管同什么地方的人打交道，都能将人称“沃尔玛魔法”的方式手段运用得得心应手。这也许会花费你更多的时间。你也许得筛选更多的人，也许得在聘用人的时候更熟练、更有技巧些。但我真的相信，不管什么地方的人，最终都会对我们使用的激励手段作出回应——只要他们被正确对待，能够有机会进行适当的培训。只要你善待他人，公平公正、严格要求，他们最后都会把你看成自己人的。

而且我还想告诉你另外一点：沃尔玛之所以能取得这样巨大的成功，并不仅仅因为我们是从城市之外的乡村起家的，不仅因为乡村的人们天性友善，所以能成为优秀的零售店员。的确，我们有许多来自乡村的优秀员工，但他们也必须融入我们的企业氛围，像所有其他人一样学习零售业知识，而且我们花了大量的时间，训练他们中的一些人克服天生的羞怯，训练他们大声说话和为顾客服务。所以，我觉得一些外边的人可能有点过分强调城市雇工所谓的低素质，而忽视了一些管理人员未能正确引导员工的事实。这要是搁在多年以前，要是我们的发展没那么好，那些好嚼舌头的人也许又会说，你们永远没法在美国小城镇里建立起一个零售帝国，因为你们没办法吸引足够熟练的劳工。

我们非常乐意同所有员工分享公司的绝大部分经营数据，这从一开始就是沃尔玛合伙关系的另一个重要组成部分。这是员工能够尽己所能做好本职工作的唯一途径——了解他们事业的进展状况。如果说我在想到利润分享这个点子时还有些迟钝的话，那在想出将业务公开、赋予员工几乎全部的参与权这个点子上，我们可是这个行业里的头一个——而且至今仍然走在几乎所有同行的前面。我一向不吝于告诉分店的员工各项业务数据。而在决定与员工建立合伙关系之后，我们正式将信息的共享往前大大推进了一步。

分享信息，分担责任，是任何一种合伙关系的核心所在。它能让人产生责任感和参与感，而随着我们公司不断壮大，我们确实得承认，不得不同世界上其他人分享许多我们的业务数据，其实是我们坚持这一理念的后果。与我们相关的每件事情都会传出去。在各个分店，我们会公布该店的利润、进货、销售和减价情况。所有这些信息基本上都是定期发布的，而且我们可不是只向经理和经理助理公布，店里的每个员工、每个小时工、每个兼职工，都能分享这些信息。显然，这些信息中的一部分就泄露到了公司外面。但我相信，同员工们分享这些信息的好处，远远大过信息泄露给外人可能造成的不良后果。至少到目前为止，它还没给我们带来过多少损害。而且，实际上，我最近读到说，我们一直以来采取的这种做法，已经成为当今商界最新的发展趋势之一——共享，而不是囤积信息。

每当我视察某家分店，某位部门负责人满心自豪地走到我身边来，向我汇报她的各项业务数据，并且告诉我她的业绩现在名列公司第五，但她打算在下一年争取拿到第一，在我看来，再没有什么比这更能让我感觉欣慰的了。我喜欢同我们这个大集体里所有的销售人员会面。每当他们向我展示某个堆满了炭笔或是婴儿润肤油或是午餐盒的货柜，告诉我说，他们之所以选择这些商品是因为其高利润率，并夸耀说自己已经卖出了多少这种商品时，我简直无法抑制自己的骄傲之情。这是我的真心话，我真的为此感到无比骄傲。因为，只要我们这些管理者真正致力于将销售的热情——买卖商品赚取利润的热情——灌输到我们每一位员工合伙人的心中，我们就所向披靡了。

伯尼·马克斯，家得宝公司[1]董事长及共同创始人：

因为他们对待员工的方式，我们对山姆和沃尔玛公司有种天然的亲近感。他是一个非常能激励他人的人。不过物质方面的激励也确实起了很大作用。我们效仿山姆的做法，制定了自己的员工入股方法，效果非常不错。

我们参观了他的企业——拥有差不多40万员工——而当你走进他的店，店员们都面带微笑。他证明了人是可以被激励的。道理说起来不难，但他是第一个真正做到的人。

可要是你问他经营状况如何，他从不觉得满意。他总是说："伯尼，情况真的不妙。我们收银机前面排的队太长了。我们的人对顾客提供的帮助还不够。我不知道该怎样让他们更进一步。"而要是你向某些其他零售企业——你知道他们的公司正处在破产边缘，你向他们的总裁问起同样的问题时，他们却会自吹自擂，告诉你他们的生意有多兴隆。真够装模作样的。山姆不是这样。他总是实事求是、自知甚明。

毫无疑问，山姆·沃尔顿是有史以来最杰出的商人之一。没得说。

这些年来，为了激励员工们积极主动把工作做到最好，我们在沃尔玛公司里采取了许多不同的措施和方法，但要是离开了下面这简单的一条，所有那些措施都根本没用，那就是——感激。我们所有人都喜欢听好话。所以在公司里，我们努力学着寻找一切可以加以表扬的事物，哪怕那件事

① 家得宝公司（The Home Depot），成立于1978年，全球最大的家具建材零售商，美国第二大的零售商。

情尚未完成，只要它进展不错，我们也会表扬。当员工们出色地完成了某件事情时，我们希望让他们知道这一点，我们希望让他们知道，他们对于公司来说是多么重要。

你不能表扬做得不到位的事情。你不能言不由衷。对那些做得不到位的事情你得追根溯源。要是某人没把工作做好，你除了诚实地向他们指出之外没有别的选择。我们所有人都能从改正错误中得益——只要我们是以积极的方式来改正错误。不过要想让某人保持行事正确，再没有什么比让他知道你是多么感激他所做的一切更管用的了。只要你办到了这简单的一条，人类的天性就能自动完成接下来的事情。

安迪·西蒙斯，阿肯色州罗杰斯镇沃尔玛1号分店经理：

当我刚开始在得克萨斯州西部的沃尔玛店工作时，要是我们知道董事长会来我们店里参观，心情就像你将要见到某个伟大的运动员或是电影明星，或是国家领导人时的心情一模一样。可一旦他走进商店，那种敬畏之情就会被一种莫名的亲近而取代。他很善于消除人们对他产生的那种“哇，他是个传奇耶”的感觉。有多少国家领导人会总是用“你觉得怎样？”“你是怎么想的？”这样的话来作为谈话的开端呢？

参观结束后，店里的每个人都确定无疑地知道了，他是真心实意地感激我们对公司所作的贡献，不管那贡献有多么微不足道。每个员工好像都明白了自己的重要性。这就好像是你的老朋友来探访你，看看你是否安好。他从未让我们失望。

谈到真正的伙伴关系，还有一个方面值得提及。那些远远地躲开自己员工，当员工们遇到问题时不愿倾听的管理人员，永远都不能成为员工真正的伙伴。倾听并解决员工遇到的问题，经常是管理工作中让人筋疲力尽的部分，有时甚至会让人感到泄气；但那些整天站在货架旁的员工，那些一车车搬运货物的员工，他们同样也会筋疲力尽，也会感到泄气，有时候他们对遇到的问题就是想不开，甚至会钻牛角尖，这时就需要有一个他们觉得能够解决问题的人来听他们倾诉。所以，尽管沃尔玛现在已经发展到如此大的规模，我们仍然设法在公司内坚持下情上达的政策。

大卫·格拉斯：

只要你在沃尔玛待过一段时间，你就会注意到下面这种情况毫不稀奇。某个费城或是密西西比州的人，在一时冲动之下，开着他的小卡车就跑到本顿维尔来了，坐在前厅耐心地等待同董事长见面。说真的，现如今你知道有几个身家500亿的公司董事长会对前来求见的员工来者不拒的？就我所知，许多大公司的员工连见都没见过他们的董事长，更别提交谈了。

这可不是说他们都爱听我讲的话。我并不总是能解决他们的问题，而且我也不可能仅仅因为他们将遇到的情况告诉我，引起我的注意，就总是站在他们那边。不过要是员工的确是对的，处理他们的经理或是导致他们遇到问题的人就是非常重要的，否则的话，下情上达的政策就没有任何意义，员工们很快就会发现那不过是我们随口说说的空话，我们并没真的当回事。要是我打算飞到全国各地，告诉这些人他们是我的合伙人，那么我至少应该保证，在他们因为某件事情心烦意乱的时候，能听他们说说。

迪安·桑德斯，沃尔玛公司业务执行副总裁：

> 我总是觉得对山姆来说，分店的人们——管理人员也好，普通员工也好——就是上帝。他爱他们。而且毫无疑问，他们也觉得同他沟通起来毫无阻碍。他会去视察商店，当他回来以后就会打电话给我，说：“给这个小伙子一家店去管管看，他已经准备好了。”而我就会对那个人的经验水平什么的表示一些担心，他就会说：“不管怎么说，给他一家店。让我们看看他干得怎么样。”当然，另一方面他也绝不允许管理人员虐待店里的员工。一旦他发现有类似的情况发生，就会马上叫我们进行处理。

所以，你要知道，当我们说沃尔玛是一家合伙企业时，我们真的是这么觉得的。合伙关系牵涉到金钱——这对任何商业关系而言都是要紧的——但它也牵涉到了人类的基本需要，比如尊重。沃尔玛是一个非比寻常的例子，在这里，40万人齐心协力，组成一个团队，每个人都真正觉得自己是公司的合伙人，而且多半来讲，能够将自我满足的个人需要放在团队需要的后面。

第十章

退居幕后

“这儿这儿，马吉！”山姆在卡车驾驶室里高声叫嚷，“到我这儿来！”卡车顶上，山姆的朋友罗伊斯·贝尔，一位来自得克萨斯州杰克逊维尔镇的百货店店主，忍不住轻笑起来。“你听听，山姆就爱嚷嚷。”他说，“这倒是没什么不好，不过他会一整天都像这样子大呼小叫。”

——《南点》杂志（SOUTHPOINT *Magazine*），1990年2月刊

时间到了1974年，我得承认我们对所取得的成就非常非常满意。不管以谁的标准衡量，我们都已经建立起了一个颇具规模的地区性折扣连锁店，在8个州里开设了将近100家沃尔玛店。我们的销售额将近1.7亿美元，利润达到600多万美元。我们的股票进行了两次拆股，并且在纽约证券交易所进行交易。此时，每个人都享受到了利润分享，整个公司正在大踏步前进。华尔街开始认同我们的策略，而且不管是不是有谁仍然对我本人持有保留意见，他们对于罗恩·迈耶以及其他高级主管们的评价似乎还蛮高的。我56岁了，无债一身轻。我的净资产远远超出了我刚开始从事零售业时的想象。我的孩子们已经大学毕业，开始了他们自己的生活。我真的看不出自己还能期待从生活中得到更多。

要是到现在为止，我给你留下的印象就是这些年来，我的好胜心全用在沃尔玛的事业上了，我得说那可不是完全准确的。自始至终，我都没有放弃自己其他的爱好，主要是猎鹌鹑和打网球——而且我在从事这两桩活动时都非常争强好胜。许多商人好像更喜欢打高尔夫球，但是我总觉得对我来说它有点太“乡村俱乐部”，太费时了，而且又不像网球那样具有激烈的对抗性，你知道的，就是那样你来我往，真刀真枪地干上一场。

海伦·沃尔顿：

我们刚认识的时候，山姆是玩高尔夫球的，但他一犯错就会非常非常沮丧。有一次，那还是他在军队服役的时候，他和几名军官一起去打高尔夫球，我想那天他们的上校也去了。山姆把球打进了森林里，这把他气得要命，把球杆往一棵树上砸去，砸断了。所以那天他回到家，扔下球杆，说：“我受够高尔夫球了。”从那以后，他主要是打网球。

不管什么时候我跳上飞机，都随身带着我的球拍，我有许多球友，当我到了他们所在的镇子，就会去和他们打网球。不知怎么的，我喜欢在正午时分打网球——太阳最毒辣的时候——而且我觉得我打起球来非常咄咄逼人。自从我们搬到本顿维尔之后，我一直定期打网球，直到两年之前我的老腿再也跑不动了为止。

乔治·比林斯利，山姆的网球搭档：

大概有十年时间，山姆和我一直在正午时分打网球——通常是在他家中的球场。我想他之所以喜欢在午餐时间打网球，是因为他从没想过要把任何员工从工作中拖去玩儿。在球场上，他是最有竞争力的选手。他会研究对手的比赛，并且知己知彼。要是你给他来个正手击球，那就正中他下怀了。他会还以一记斜线球，然后得分。

他喜欢这项运动。他从不让你轻易得分，也从不认输。但他很公平。对他来说，网球的规则、商业的规则以及人生的规则都是一回事，他遵守这些规则。虽然他那样争强好胜，却是个极好的对手——不管输赢都很有风度。要是他输了，会说："我只是今天没赢啦，不过你打得真是太好了。"

洛蕾塔·博斯·帕克，人们开玩笑地把她叫作"网球事务部副总裁"：

沃尔顿先生出门旅行的时候，要是想打网球了，一下飞机就会用无线电通知我们的飞行部门，让他们马上给我打电话。我会在11点的时候接到电话，给他找个搭档，这样他就能在中午12点打网球了。

所以，在所有有组织的竞技运动项目当中，我选择了网球作为发泄方式。而在沃尔玛公司外面，我真正的热情所在一直是猎鸟。我不得不说，它或许是我借以自我放纵的途径。我实在太爱这项活动了，以至于从早年间开始，就把它当成了自己经商手段的一部分。

我少年时并没猎过几次鹌鹑，直到我遇到了海伦的父亲，一个酷爱这项活动的人。不管什么时候，只要我到克莱尔莫尔那边去，都喜欢同罗伯森先生或是海伦的兄弟弗兰克和尼克一起出去打猎。她父亲和我的枪法比别人好上不少，每次我们俩都会好好较量一番。

正像我之前提到过的那样，本顿维尔之所以吸引我，是因为在那里，在狩猎季节到来的时候，我可以在四个州里猎鹌鹑。所以在狩猎季节，我差不多每天下午三四点钟的时候就离开公司，到外面打上几个小时的猎。

我有辆老轿车，专门用来打猎，我会把狗牵进车里，然后出发找一个农场或是牧场，在里面打猎。我很早就知道，要想能够再次被邀请去某个农场打猎，最好的办法就是事先到主人那里去征求许可，送给他一盒店里的巧克力樱桃，或者，要是他自己选的话，给他一些你的猎物。我已经到这儿所有的山丘和谷地打过猎了。

当我前去请求打猎许可时，总是自我介绍说，我是本顿维尔广场上山姆·沃尔顿杂货店的山姆·沃尔顿，我发现这对我的生意真的很有帮助。当那些农场的人到镇上来买东西时，他们自然而然乐意同在他们土地上打过猎、给他们带去过糖果的人做买卖。时至今日我还会碰到一些人，告诉我说，他们的父亲还记得我当年到他们土地上打猎的事情。随着我们公司开始不断扩大，我飞来飞去的时候也更多了，于是我就把狗儿们也带上飞机，这样我就能在视察商店的间隙里去打猎。

我同那些狗儿们在路上度过了许多难忘的时光。通常我会让它们睡在汽车行李舱里，不过要是我带的是艾尔罗伊就不一样了，它与其说是猎鸟犬，不如说是我的宠物，我会让它同我一起睡在我的房间里——恐怕对于那些度假旅馆的人来说，是闻所未闻的事情。有次它同一只臭鼬打了一架，想到下一个租这辆车的人会以为车里曾发生过什么，我就臊得不行。我抓住它的后腿，半拖半拽地把它弄到湖边，想让湖水把那股味道冲走，但我们发现，想洗掉臭鼬的味道可不是件容易的事儿。

罗伊可能是有史以来最名不副实的猎鸟犬了。它甚至根本称不上猎犬。比如它会冲着兔子狂叫。不过店里的员工和顾客都喜欢逗它玩儿，一次我们把它的名字和头像放在我们自产的狗食上，结果十分畅销。关于罗伊还有件不同寻常的事情——它是一条非常出色的“猎网球犬”。它会同我一起去网球场，趴在那儿，不管什么时候球飞出了球场，越过了围栏，不管到哪儿，它都会撒腿狂追，把球捡回来给我。

在打猎活动中，我真正喜欢的是与狗儿们的合作以及对它们的训练。你得同它们建立起伙伴关系。你得激励它们，当然，它们也得干好自己的活儿。

我为自己能够训练自己的狗而感到骄傲，我从没有过训犬师，不像我的一些乡绅朋友那样。我喜欢挑选普通的小赛特猎犬或指示犬，然后训练它们——把它们拉来拉去，纠正它们的行为，冲它们嚷嚷，对它们保持耐性。它们得学会怎样找寻鸟儿，然后得学会怎样约束自己，等待主人到来。有些狗我怎么也训练不好，不过罗伯森先生总有办法拯救我。他最喜欢干的事情就是把某条我束手无策的狗狗领走，训练好，然后还给我。

除了训犬之外，我还喜欢在各种天气里到户外去。当我置身野外的时候，一点儿也不去想沃尔玛、不去想山姆会员店，只想着下一群猎物会在哪里出现。我一些最亲密的朋友也都是喜欢猎鹌鹑的人。这也许是我的个人偏见，不过我真的觉得猎鹌鹑的人一般都是不错的运动爱好者，能同时考虑到保护自然和享受野趣，而这一点无疑也是我所重视的。

除了在当地，几年之前巴德和我也到得克萨斯州猎过鹌鹑。我俩各自在得克萨斯州南部长满低矮灌木丛的乡村地区租了个农场，就在格兰德河谷北边不远的地方。我租的那个农场保持着原来的风貌，非常简朴；巴德的那个就高档多了，还带了个游泳池呢。

《南点》杂志：

山姆·沃尔顿的狩猎农场是一小群土里土气的拖车式房屋，坐落在广袤的得克萨斯州南部中心地带某处。这不是那种富有的南方绅士举办的猎鹌鹑活动，有穿白上衣的仆人、雕花的比利时猎枪，还有毛色匹配的骡子，套在银质挽具里，拉着桃花心木的餐车。山姆把那种猎鹌鹑活动称为“南佐治亚猎鹌鹑会”，他也有参加过，但感觉不是自己的菜。如果这么说你还没有理解山姆的狩猎农场是怎样一个地方，那么简而言之，这里的一切都是“纯天然”的。在这里，主人会递给你毛巾，指给你一间拖车里的卧室，并且说明：“要是听到天花板上有响动，不要担心，只不过是老鼠而已。”

巴德·沃尔顿：

一次，山姆和我应邀参加了一次那种南佐治亚大庄园猎鹌鹑活动，真是不知道该怎么形容。他们告诉我们说会在机场跑道处接我们。于是我们飞到那儿，机场里全是那些公司的喷气式飞机，一字排开。好嘛，一个开着奔驰的家伙过来接我们。当山姆打开我们飞机的后舱门时，他的五条狗一涌而出，你肯定想象不出当时那家伙脸上的表情。他们没想到会有人自己带狗来。于是他们不得不用那辆奔驰车把狗儿们一起运走。

所以你可以看到，我并不是所有时候都在工作的。我和世界上其他人一样喜欢玩乐。而且我必须得承认，在大概1974年的时候，我受到了以下这一想法的极大诱惑：把更多的时间花在自己身上——退居幕后，让罗恩·迈耶和其他的人来掌管公司事务，而我自己就逍遥自在地享受生活去。大概也就是在那个时候，海伦和我经常去海外旅行，尽管我肯定在旅行中，我的绝大多数时间还是花在了巡查商店和处理公务上。

所以，从我在1945年开始从事零售业以来，第一次，我开始从商业事务中抽身出来。我开始渐渐减少参与日常决策，而更多依仗罗恩·迈耶和费罗德·阿兰德——我们的两位执行副总裁。我仍然还是公司的董事长和执行总裁。费罗德当时是45岁，掌管销售那一块；罗恩·迈耶当时还只有40岁，掌管财务和配送那一块。为了应付公司爆炸式的增长，我们还不断将新的人才引入总部。罗恩就引进了一大批人来处理数据资料、财务以及配送方面的事务。

接下来发生的事情，是整个沃尔玛历史中我至今提起来也很不舒服的一段。不过由于众说纷纭，所以我想要在这里说明一下整个事件的来龙去脉。

现在再回顾那段时间，我认识到我把公司分割成了两半，树立了两个彼此对立、激烈竞争的派系。一边是老派，包括许多分店经理，站在费罗德一边；另一派是新派，其中不少人的工作都是拜罗恩所赐。很快，公司里每个人都开始站队，要么支持罗恩，要么追随费罗德，两边水火不容。而我当时所做的——看起来完全不符合我的个性——只是让问题变得复杂了十倍。

当我们开始扩展分店时，费罗德的确在公司组织协调方面作出了很大贡献，但由于我们当时需要所有那些技术和复杂的运营体系，我又确实感到罗恩的存在对公司的未来是绝对必要的。罗恩不仅很有能力，而且也很有抱负。他毫不隐讳他的目标就是掌管一家公司，如果是沃尔玛公司就最好了，对此我深表敬佩。某天他对我说，要是他不能掌管我们的公司，他会辞职，去管理另一家公司。我琢磨了好些天，实在是担心失去他。于是我对自己说："好吧，我也老大年纪了，也许我们可以合作一下。就让他来当董事长和执行总裁吧，我退到二线，刚好可以享受下自己的生活，当然，我还是要继续视察分店的。"

就这样，我成了执行委员会主席，罗恩当上了公司董事长兼CEO，费罗德当上了总经理。我搬出了董事长办公室，坐到了他们戏称为"主管座次”的尾端。我让罗恩进驻了董事长办公室，而我搬进了他原来的办公室。我下定决心不干涉他，让他管理公司，我告诉自己说，我都管住自己别插手，看看他能干得怎样。就这样，我真的开始一整天一整天地把全部公司事务交给别人来管理了，我觉得照这样发展下去一切都会很好的。

好吧，在1974年，我56岁的时候，我真的是准备好要退休了，就像阿肯色州的太阳每天早上会比俄克拉荷马州的先升起一样千真万确。然而虽然在一段时间里我的确退居二线，把更多的时间花在公司之外，但我相信对罗恩·迈耶来说，我好像从来就没有放手过。事实上，退休是我所有尝试过的事情中做得最失败的一桩了。我试着不去干涉罗恩，但问题是实际上我依然在继续之前所做的事情。我想要看到自己的想法继续在公司得到贯彻，但我又希望罗恩能够成功地管理公司，建立体系。不幸的是，我就是没法放手到那种程度。这一形势让罗恩感到了非常大的压力，我想，也许对任何一个想要管理自己公司的40岁的人来说，都会感觉到非常大的压力。

与此同时，公司内部分裂成了彼此对立的两大派系。许多新来的更年轻些的人站到了罗恩一边，而那些资历老一些的分店管理人员则支持费罗德。当我开始意识到这一对立有多严重时，非常不安，于是更加变本加厉地对每个人指手画脚。

艾尔·迈尔斯，沃尔玛执行副总裁，已退休：

罗恩和费罗德之间闹出了这档子事。我本人倒是没有牵涉进去多少，因为当时我不在总部。但即使是总部之外的地方，公司内两大派系的对立也很明显。你知道，那种压力，逼得你说，好吧，我站在这一边，或者我站在那一边。我们开始在我们的团队中看到从未有过的松散现象，我们没人想要看到的事情开始越来越经常地出现。经营商店、关心员工这样的大事被抛到了一边。绝大多数我们的地区经理在每周六的晨会上聚在一起讲电话。你明白的，当时我们的感觉就像盲人骑瞎马，夜半临深池。我没有夸大其词。事情真的就是这样的。而且，我记得当时山姆开始花更多时间待在办公室里，显得非常焦虑。

我一直希望事情会得到解决。而且我得说，在这整个时期内，沃尔玛公司的表现很不错，这绝不是一个管理不善经营不当的问题。我们所遇到的，其实是一名半退休的创始人——又不情愿放手、还有一帮老资历的分店经理，同一位雄心勃勃、有着自己主见的年轻人之间的摩擦。

费罗德·阿兰德：

我在沃尔玛工作期间，那段时间是我经历过的唯一一段让我感觉消极的时期，但就公司本身而言，又是一段非常令人瞩目的发展时期。山姆总是觉得要让自己的人互相竞争，因为他觉得这样才能选拔出最优秀的人才。大多数情况下的确是这样。但那次的情况不同。当他退居二线的时候，导致了一个对所有人来说都很严峻的局面。罗恩的人支持罗恩，我的人支持我。山姆只是说，到必要的时候他会作出决定的。但事情后来发展得远远超出了他的预料。所以当他意识到事态已经有多么严重时，他动手了。

一直以来，对于这一我自己一手导致的糟糕状况，我承担了绝大部分的责难。但我也的确认为，罗恩对于有些事情的处理没有做到他应该做到的那样。我对他手下人的办事技巧很是担忧，而且我决定，这整个派系斗争已经严重危害到了我们一线分店的经营管理，而那是我们最与众不同的力量所在。此外，我觉得我对于一些你们可能会称之为个性的处事风格非常不爽——虽然在绝大多数公司环境里那些东西并没有什么稀奇，但的确背离了我们在沃尔玛里一贯的行事方式。

我对所有这一切很烦恼。我很少因为公司遇到了什么危急情况而失眠，但这次我真的失眠了。我不想让罗恩失望，不想失去他。但公司确实正在朝着一个错误的方向偏离。所以最后，在1976年6月，一个星期六，我退下董事长位置30个月之后，我给他打电话，只是简单地说："好吧，罗恩，我以为我已经做好放手的准备了，但看来其实还没有。我掺合得太多了，以至于给你造成了很大的阻碍。"我告诉他我打算回来重新担任董事长和CEO，他去担任别的职务——副董事长和财务主管，我记得是。

罗恩没有接受我的提议，我当然知道是为什么。他想要管理公司，当他不能的时候便决定离开我们。当时没人相信，尽管我对于罗恩担任董事长时期发生的一些事情很不高兴——非常非常不高兴，我仍竭力说服他留下，同我们一起见证公司的发展，即使他不能再担任董事长和CEO了。我说："罗恩，我们会想你的，我们会需要你的，而且我觉得你要是不在这儿了，我们会蒙受许多损失的。"我不惜一切代价留他，但他觉得是时候离开了。

尽管罗恩非常失望，非常不高兴，但他仍然对我说："山姆，我知道你们会觉得一切都变得很糟糕了，而且很多别的人也会这么想，不过你在这一行业已经建立起了那么强大的组织体系，有那么多忠心耿耿的分店员工和经理，还有那么多忠实的顾客，公司的经营哲学又那么健全，所以我觉得你们会一直走下去的。"我很感谢他对我们表示出来的信心。我知道他是认真的，我永远不会忘记这些话。

在公司的口头传说中，这一事件被称为“周六夜大屠杀”。接下来发生的事情被称为“大出走”。属于罗恩那派的一整批高级经理人员——我们的财务主管、数据部门经理、配送中心负责人——统统在罗恩之后辞职离开。你可以想象华尔街对此有何感想。许多人马上就此大作文章。他们觉得——就像他们多年以来一直认为的那样——我们根本就没能力管理我们的公司。

他们认为罗恩·迈耶和他手下那帮人才是我们取得如此成就的原因，而他们恰恰忽略了我们的立足之本，我们的基本原则：保持低成本，教导我们的员工关心我们的顾客，还有，坦率地说，拼命干活，疯狂促销。

在这场混乱的整个期间，杰克·休梅克，我们公司最聪明、最活跃的年轻人才之一，对公司作出了重大贡献，我觉得，他也许就是我们所需要的可以将公司拉回正轨的那种人。但是当我任命他为分管经营、人事和商品的执行副总裁——而没有考虑一些更年长、资格更老的人时，更多的主管提上了辞呈。那的的确确是一次“大出走”，当这次离职风潮结束时，我估计我们走掉了三分之一的高级管理人员。很长时间以来第一次，事态看起来非常严峻。我得承认，在当时，我对于我们是不是还能保持以前的发展势头很不确定。

就像之前我们在纽波特失去第一份租约时我说过的那样，大多数挫折都可以变成机会。事实证明，这次挫折也给我们带来了整个公司历史上最大的机遇之一。自从大卫·格拉斯同我在阿肯色州哈里斯镇那场糟糕透顶的沃尔玛分店开张仪式上遇见之后，我一直不断地设法说服他为我们工作。他在斯普林菲尔德的折扣连锁药店里可是个重要人物，我确信他是我所见过的最好的零售人才之一。有段时间，我成天追在罗恩·迈耶后面让他聘请大卫，但罗恩不愿意。所以当罗恩离开之后，大卫是我第一个想要见的人，最终，我说服他加入了我们公司。我并不是说任命大卫和杰克·休梅克担任执行副总裁——大卫分管财务和配送，杰克分管经营和商品——公司两大派系斗争导致的一些残留问题就不存在了。不过，伙计，我们公司既有零售人才，也有那种“火药桶”，他们同处在一个屋顶下，就像任何公司都会遇到的那样。

这两个家伙个性完全不同，但都机智过人。而且面对我们所面临的那种境况，每个人都必须齐心协力。再一次地，沃尔玛证明了人们的担心是多余的，我们的经营状况甚至超过了之前的表现。大卫几乎马上就把我们公司建设得更为强大。罗恩·迈耶也许可以被称作我们初始的配送体系的设计师，但大卫·格拉斯，坦率地说，在配送方面所做的工作比罗恩更为出色，而这正是之前我担心会变得薄弱的大环节之一。在调整和改进我们的会计体系方面，大卫也干得更为出色。他，还有杰克，是许多高科技的倡导者，这些高科技在今天仍然维持着我们的运营和增长。而且事实证明，他不仅是个出色的财务主管，在识人用人方面也有很好的眼光。这支新的管理队伍与以前的相比更加有才干，更能胜任手头的工作。

一直以来，沃尔玛的特点就是，在最需要的时候能够拥有合适的人干合适的工作。我们有惠特克，毫不犹豫地脱离了抱残守缺的守旧派，帮助我们开始起步；有费罗德·阿兰德，一位有条不紊、不辞辛劳的德国人，帮助我们建立起了公司的组织体系；有罗恩·迈耶，一位电脑专家，帮助我们的系统运转起来；有杰克·休梅克，一位聪明大胆，具有商店经理素养的管理者，帮助我们摆脱了陈规旧习，引进了我们所需要的新观念；还有大卫·格拉斯，受命于危难之际，以他的沉着冷静，最终将我们这个因规模变得如此巨大而难以掌控的公司重新纳入了正轨。

从公司创立的第一天起，我们就一直在找寻这样的人才——具备我和巴德都不曾具备的优点，并且能够随着公司的发展胜任自己的工作。而有时候，我们还会需要比我们团队中已有的成员更为出色的人才。大卫·格拉斯就是在这种情形下加入我们的。不过有时候事情也不总是这样顺利。我花了几乎二十年时间来说服丹·索德奎斯特离开富兰克林公司。有一次我甚至向他许以总裁的位置，但他还是没来。不过后来，在我们真正需要他的时候，他最终还是加入了我们，在大卫领头的团队中担任常务总经理，干得很出色。

在任何一个公司，总有这样的时刻，有些人需要离开，即使他们曾经作出过巨大的贡献。我时常被指责说煽动手下人彼此对抗，但就这一点，我不是这么看的。我总是找寻能够融会贯通的人才，让他们在公司中担任不同的职位，这样做常常会伤害到某些人的自尊。但我觉得，每个人都需要尽可能多地接触公司的各个方面，我认为最好的管理者是那些在所有的基层部门摸爬滚打过，对公司的整体概念具有出色构想的人。我讨厌看到公司内部的竞争演变成个人恩怨，讨厌看到我们的人不再齐心协力地工作，不再互相支持。从公司哲学的角度，我们总是说，收起你的个人野心，帮助公司里任何你能帮助的人，拧成一股绳，努力工作。

第十一章

创造一种文化

山姆在公司中建立的那种“沃尔顿文化”是一切成功的关键。那是一种无可比拟的文化。他是本世纪最伟大的实业家。

——哈里·坎宁安，前S.S.克莱斯基公司总裁

凯玛特创始人

没有多少公司每个星期六的早上7点半都会把好几百个主管呀经理呀员工呀召集起来讨论业务，而以董事长带头喊口号作为会议开始的公司就更少见了。那是我最喜欢的叫醒大家的方式之一，在星期六一大清早呼喊阿肯色大学校队“刺背野猪”队的冲锋呐喊。你也许得亲临其境才能感受到那种气氛，那听起来大概是这样：

喔喔喔喔喔喔喔喔，猪头们，起来！

喔喔喔喔喔喔喔喔，猪头们，起来！

喔喔喔喔喔喔喔喔，猪头们，起来！

冲啊！！！

而且如果是我在领头喊口号，你可以想象那声音有多大。而在我巡视分店时，又会带头喊另一种口号，我们自己的“沃尔玛口号”。前不久布什总统夫妇到本顿维尔来的时候，我们的员工就冲他们喊了这一口号表示欢迎，从总统夫妇的表情能够看出，他们还不是很习惯这种热情。要是你从没听过这个口号，让我教你学学：

给我一个W！

给我一个A！

给我一个L！

给我一小撇！

（这个地方大家都要扭扭身子。）

给我一个M！

给我一个A！

给我一个R！

给我一个T！

连起来是什么？

沃尔玛！（Wal-Mart）

连起来是什么？

沃尔玛！

谁最大？

顾客！

我知道绝大多数公司没有口号，即使有的话，绝大多数董事长可能也不会领头喊。不过另一方面，大多数公司也没有像“鼹鼠”迈克·约翰逊这样有趣的家伙，他在担任安保主管时，在一个周六的早上组织了一场无限制吐柿子籽儿大赛，指定罗伯特·洛兹——我们公司的总顾问为比赛的靶子，让大家好好乐了一番。绝大多数公司也没有名为“歌唱的卡车司机”的福音乐团，或是由管理人员组成的名为“吉米·沃尔克和会计师们”的合唱队。

我觉得，正因为我们工作非常辛苦，所以没必要时时刻刻板着张脸，摆出一副严肃得要死、好像正在思考什么重大问题的样子。在沃尔玛，要是你心里惦记着什么重要的业务问题，大可以在周五早上称为“销售规划会”的例会、或是周六的晨会上提出来大家讨论，这样我们就能集思广益，一起来解决它。不过我们在开会讨论的时候，也都喜欢营造轻松愉快的气氛。这就是所谓的“吹着口哨干活”的哲学，因为秉承这种哲学，我们不仅在工作时心情愉快，而且工作也更有成效。我们的公司充满活力与激情。我们紧紧吸引了员工的注意力，使他们一直对工作保持着兴趣，原因很简单，就是因为他们从来不知道接下来又有什么惊喜。我们打破了人与人之间的隔阂，使彼此的交流更为融洽。我们让每个人都感觉自己是一个大家庭里的一分子，没有谁高人一等，没有谁因为带头喊了次口号就自我膨胀得不得了，也没有谁是嘲弄的对象——即便是吐柿子籽儿比赛中的靶子。

我们并没打算假装自己是企业文化这一理念的首创者，我们知道有很多人已经走在了我们前面。在IBM公司早期，汤姆·沃森搞的那些口号呀团队活动呀，和我们现在所做的并没有多大区别。而且，就像我一直说的那样，只要有任何好的点子，我们自然是会借鉴的。我和海伦在1975年去韩国和日本旅行的时候，就学到了不少点子。他们在他们国家做的很多事情，很容易就能套用到我们这儿的经营事业中来。从文化角度看，我们好像存在很多差异——像是坐在地板上吃鳗鱼和蜗牛之类的事情——但人类就是人类，能激励这个团体的东西一般说来也能够激励另一个团体。

海伦·沃尔顿：

山姆带我去参观了那家网球厂，在首尔东边的某个地方。我猜这家公司大概向沃尔玛出售网球吧，他们非常殷勤地款待了我们。那是我一生中见过的最脏的地方，却给山姆留下了非常深刻的印象。在那儿他第一次看到了一群工人喊公司口号。他也喜欢大家一起做早操的主意。他简直等不及要回家把这些点子带到沃尔玛分店和周六晨会上去。

1984年的时候，公司以外的人开始认识到我们沃尔玛的人有多么与众不同。就是那一年，我打赌输给了大卫·格拉斯，按照赌约，我得穿上草裙在华尔街上跳舞。我原打算悄悄溜过去跳上一段了事，我估摸大卫会在一边录下像来，回去周六晨会上放给大家看，证明我履行了赌约。但当我们到那儿时，却发现大卫雇来了一卡车真正的草裙舞演员和四弦琴演奏者——他还通知了报纸和电视。我们在征求警方许可时遇到了各种麻烦，而且舞蹈演员工会也不让那些草裙舞演员在没有空调的情况下跳舞，因为当时非常冷。最后我们还不得不去征求美林证券公司老板的许可，请他允许我们在他们公司的台阶上跳舞。总之，最后，我穿起草裙和夏威夷衬衣，胸前戴着花环，跳了一段草裙舞，我自认为跳得还挺不错的。我猜这一画面绝对是不容错过的——这个来自阿肯色州的疯疯癫癫的董事长穿着这么一套傻兮兮的衣服——它传遍了各处。它也是我们公司的宣传噱头中少数几个真正让我感觉非常尴尬的事件之一。不过在沃尔玛，要是你打了像我那样的赌——诸如我们不可能创下超过8%的税前利润——你肯定会输的。和跟狗熊摔跤相比的话，跳草裙舞根本不算什么——曾经担任得克萨斯州帕勒斯坦一家仓库主管的鲍勃·施耐德与同事打赌，说他们不可能打破生产纪录，输了以后就被迫要去跟狗熊摔跤去。

大多数人可能会觉得我们公司有一个疯疯癫癫的董事长，喜欢搞些非常粗鄙的作秀。但他们不知道的是，这类事情伴随了整个沃尔玛的发展。它是我们企业文化的一部分，融入了我们所做的每一件事情之中。不管是周六晨会还是股东年会，不管是分店开业还是平常的日子，我们总是想方设法让生活变得更有趣，更不可预测，让沃尔玛成为一个快乐的工作场所。我们经常做些不同寻常的事情，以吸引我们员工的注意力，引导他们想出自己的新奇点子。我们希望看到他们在店里大胆创新，想出既能愉悦顾客又能愉悦同事的点子。如果你致力于建设沃尔玛公司内的合作关系，坚信沃尔玛的核心价值观，那这种企业文化就会鼓励你想出各种各样的点子打破常规。

我知道我们的古怪行径——我们公司的口号啦，歌曲啦，我的草裙舞啦——有时候显得非常土气或是做作。不过我们一点儿也不在乎。没错，一位副总裁穿着粉红色的紧身衣、戴着长长的金色假发、骑着白马围着本顿维尔镇子广场绕圈跑是有点儿奇怪啦，那是查理·赛尔夫在1987年干过的事情，他在一次周六晨会上跟人打赌说公司12月份的销售额不会超过13亿美元，结果输了。还有已经退休的前主管罗恩·拉夫里斯也干过这种古怪的事情，他每年都会跑来参加年终会议，递交他的年度拉夫里斯经济指标报告书，这份报告书以路边发现的可以吃的死鸡数量为基础，还附有图表啦曲线图啦，所有报告书该有的东西都有（这份报告指出，经济越不景气，你在路边发现的可以吃的死鸡数量就越少）。

也许用一只活生生的猪作为礼物来给你的总裁一个“惊喜”显得有些做作，但这正是一家山姆会员店的全体员工对大卫·格拉斯做过的事情，当时他们正在开会，要启动一次以橄榄球为主题的销售竞赛。他们对大卫说，他们本来是打算送给他一张猪皮的，后来觉得，为什么不干脆送头猪得了。谈到这类事情，又有多少资产500亿的公司会让他们的总裁穿上工作裤，戴上草帽，骑着头驴在停车场上溜达呢？我们就让大卫在哈里森分店这么做了，谁要他跟《财富》杂志讲了那个哈里森分店在1964年开业时又是驴子又是西瓜的故事呢。当我们的竞争对手拿到那个星期的《折扣店新闻》，看到头版印着我们的总裁骑着头公驴，谁知道他们会作何感想呀。

这一文化的一部分，是从我们在小镇起家之时自然而然发展来的。那个时候，我们的确是想方设法地在我们店里制造一种狂欢的气氛。当时我们置身偏远小镇，在那些地方，除了去沃尔玛店购物以外，经常是再也找不到别的什么娱乐活动了。就像我之前跟你说过的那样，我们举办大型的街边售卖，请来乐队和小型马戏团在停车场表演，为那些售卖活动助兴。我们还搞随机赠奖，把奖品的名字写在纸碟子上，从商店屋顶上撒下来。有时也用气球。我们还搞过“深夜疯狂大竞购”，一般是在通常的打烊时间之后开始，有时可能持续到午夜，每隔几分钟就能做成几笔交易。

我们还搞过购物车抽奖——每辆购物车都有个号码，要是你的号码被叫到，你那辆购物车里的所有东西都能打折。还有，在商店开业时，我们站在服务台前，把一盒盒糖果送给从最远地方到来的顾客。只要是有趣的事情，我们都尝试过。不过偶尔我们也会搞砸。

有一年，在乔治·华盛顿的诞辰，菲尔·格林（还记得世界上最大的汰渍洗衣粉促销会吗）张贴了一份广告，说他那家菲耶特维尔店将以22美分出售一台电视机——华盛顿的诞辰是2月22日嘛。你唯一要做的是，你得先找到这台电视机才能买它。菲尔把它藏在了店里的某个地方，谁先找到，谁就先得。当那天早上菲尔到商店时，发现店子前面人山人海，挤得连门都看不见了。我估计整个菲耶特维尔镇的人都在那儿了，而且不少人已经等了个通宵。我们的人只得从后门进商店。当他们终于把前门打开时，你简直不能相信那幅乱哄哄的情形：五六百个人为了找那台售价22美分的电视机，把整个店子闹得鸡飞狗跳。那天菲尔卖出了好多东西，但整个店子完全被翻了个底朝天，甚至连他都承认，这种“捉迷藏”式的促销实在是个糟糕的主意。

随着公司的不断发展，我们已经不再用那些马戏团式的方法了，不过我们始终鼓励各个分店发挥娱乐精神。我们希望员工和管理者能够齐心协力、团结一致，哪怕他们并不直接参与销售或推销商品。下面还有一些我说的那种古怪行径。

我们的内布拉斯加州费尔伯里分店有一支“购物车专业操演队”，专门参加当地的游行活动。所有的队员都穿着沃尔玛的工作服，推着购物车转动，飞旋，绕圈，转向，不断变换队形。

我们在佐治亚州锡达敦的分店举办了一次“吻猪大赛”，为慈善活动募捐。他们摆出很多罐子，每个罐子上面贴了一个管理人员的名字，谁的罐子里筹集到的善款最多，谁就得去亲吻一头猪。

我们在路易斯安那州新伊比利亚的分店组建了一支啦啦队，称为“损耗终结者”。他们的口号主要是关于——还用说吗——减少货物损耗的。“遇到损耗怎么办？消灭它！消灭它！”在一次年会上，这支啦啦队还以下面这一口号出尽了风头：“加州的橘子，得州的仙人球，看你们凯玛特还牛不牛！”

我们佐治亚州菲茨杰拉德分店的彩车在欧文郡“甘薯游行”中获得了第一名，彩车上七名员工装扮成南佐治亚州土产的水果和蔬菜，当经过裁判席时，这些土生土长的“水果和蔬菜”喊起了原汁原味的沃尔玛口号。

我们密苏里州奥索卡分店的主管们，为了给慈善事业募捐，穿上粉红芭蕾舞裙，乘在平板卡车的后面，在星期五晚上跑到镇子广场上巡游，那可正是年轻人外出游玩的高峰时段呢。

你可以看到，我们从美国小城镇的许多传统中得益不少，特别是那些伴有乐队、啦啦队、操演队、彩车的游行活动。我们中的大多数人都是伴随着这些活动长大的，而且我们发现，当我们长大了，不得不成天工作的时候，那些活动就显得更好玩了。我们喜欢各种各样的比赛，我们不断举行各种比赛，什么都能拿来比一比，从作诗到唱歌到谁家孩子长得最好看。我们还喜欢各种主题日，到时候店里的每个人都会穿起戏装。一天，我们俄克拉荷马州阿德莫尔的分店在店子前面堆起干草堆，里面藏了硬币，总计36美元——然后让孩子们钻进去找。有不少分店会举行女式时装表演，却用店里的中年猥琐大叔来当模特，你肯定不会相信吧！还有一些我们的迎宾员——在顾客进门时负责进行接待的员工——也都有各自的方式来取悦顾客。比如阿迪·霍普，我们阿肯色州亨茨维尔分店的迎宾员，就会在每个节假日穿起不同的戏装——甚至连当地的传统节日飞鹰节也不例外。

此外，我们还举办月亮小甜饼世界竞吃大赛呢。

我已经告诉过你月亮小甜饼大促销的故事了。有一年我把月亮小甜饼挑选出来进行大促销，总共卖出价值600万美元的这玩意儿。不过月亮甜饼竞吃比赛要追溯到1985年，当时，约翰·拉夫，亚拉巴马州奥尼昂塔分店的一位经理助理，不小心比计划多订了四五倍的月亮小甜饼，然后发现自己陷入了月亮小甜饼的汪洋大海之中。抓耳挠腮之下，他想出了这个月亮甜饼竞吃比赛的主意，好在这一大堆甜饼发霉之前把它们都消灭掉。谁会想到这个比赛居然大受欢迎呢？现在，这已经成为一项年度盛事，每年秋天——10月的第二个星期六——在奥尼昂塔分店的停车场上举行。它吸引了来自许多州县的观众，还上了报纸，上了电视，全世界都知道了。

顺便说一句，截至我写这段话的时候，月亮甜饼竞吃的世界纪录是10分钟内吃掉16个双层馅饼。这是由一个叫作莫特·赫斯特的家伙在1990年创下的，他自我宣称是“大胃哥斯拉”。

土气？你还能找到比这更土气的事儿吗？可当人们聚集起来干这种傻里傻气的事情时，对于士气的鼓舞是不可估量的。对我们所有人来说，知道我们可以过得这么愉快，知道那些个自命不凡的家伙无处容身，或者起码只能自己去一边凉快吧，是一件多么令人开心的事情呀。

就拿我们的周六晨会做例子吧。要是没有点儿娱乐活动和对不确定性的期待，我们怎么可能让那几百个人——我们本顿维尔总部的绝大多数主管和部分员工——每个星期六早上一大清早就爬起来，满脸笑容地赶到这儿来呢？要是他们知道会上的全部内容就是什么人唠唠叨叨地说些比较数据，接着是一个严肃的报告，讲我们经营中出现的问题，我们还可能让会开得活跃吗？绝不可能的。不管我觉得开那样的会是多么有必要，大家都会有抵触情绪，即使我坚持要召开，也根本不会有什么作用。而现在这样的周六晨会，却正体现了沃尔玛文化的核心。

别误解了我的意思，我们一大清早起床赶到那儿去可不只是为了找乐子。周六晨会与业务密切相关。开它的目的就是为了让每个人都了解公司里其他人的工作情况。只要可以，我们会在各个分店的员工中寻找表现出色的人，把他们带到本顿维尔来，在会上表扬他们。每个人都喜欢被表扬，我们也尽可能地寻找每一个机会这样做。但我不想只在会上听到好的方面。我想听听我们做得不到位的地方，以及原因何在。我想看到问题被拿到台面上来，然后大家提出建议来想办法解决它。要是我们真的发现什么地方做错了，而解决的办法显而易见，我们就能马上部署更改，然后在周末进行实施，而这时候零售业的其他人都在休息呢。

周六晨会是我们讨论、商议经营哲学和策略的地方，是我们所有信息的最终聚集之地，也是我们交流从各处得来的点子的地方。有时候，我会在会上读些经济管理类杂志上登的适合我们的文章，这自然不是会议最令人激动的部分啦。有两位我们的主管，韦斯利·赖特和科隆·沃什伯恩，只要是跟经营管理有关的东西，好像都会去读一读，而且常常把一些有用的文章或是书拿给我看。在会上，我们也谈论我们的竞争对手，特定某个对手，不过也会讨论总体竞争局势。比如，我们会花十分钟讨论，沃尔玛要怎样在同那些优秀的专营零售商竞争时立于不败之地。我们也经常是在周六晨会上下定决心，要去试行那些看起来不可能完成的计划。对于这种计划，我们可不是所有人高声叫停，恰恰相反，我们会设法找出实现它的办法。我就是在一次周六晨会上就这种计划打了个赌，最后只得去华尔街上跳草裙舞的。虽然这事让我尴尬得不得了，不过相信我，我们能实现超过8%的税前利润，而零售业中的其他大多数人平均只能做到我们的一半，为这个闹个脸红是很值得的嘛。

艾尔·迈尔斯：

周六晨会最棒的地方就在于它的完全不可预测。有时候你会觉得自己在那儿被剥去了伪装，坦露无遗。我是指有些人也许没把工作做好，他们不会被当众责骂，却会受到温和的批评，也可能是某种形式的忠告。我永远不会忘记，有一次董事长当着所有人的面对我说，我在讲话之前有时应该先停下来想一想。我知道他说这番话的原因。当时我发表了一番非常刻薄的评论，严厉地指责了公司的另一个部门。场合不对。我在那次会上当着大家的面得到了忠告，从此很注意这一方面了。

还有一次，董事长决定让我在三周后的晨会上站在那儿唱《红河谷》。他知道我连一个调也唱不准，却每周都把这事拿出来提醒我，直到最后，我不得不拉了一帮人来跟我一块唱，这样大家就不会听到我一个人在那里荒腔走调了。我一直觉得，他就是想迫使我在大家面前做我不是很擅长的事情，让我明白做人要低调。总之，我觉得这些会都开得很有趣，我想董事长肯定是作了非常周详的考虑的。他知道要让气氛什么时候严肃，什么时候活跃。有时候会议很民主，有时候又非常独裁。不过他召开会议总是基于这三个目的：交流信息，解决问题，团结队伍。信不信由你，我们中的绝大多数人打死也不会缺席周六晨会的。

为了让会开得成功，就得让它带点演出的意味。我们从不让大家猜到会上会发生什么。这一次我们也许会做做操，下一次我们也许会唱歌，或者喊喊冲锋口号。我们不打算把会议从头到尾都安排好了，我们希望一切顺其自然。这真的是很不拘常规，我想，就算有人想要照搬我们也做不到。我们会请许多嘉宾，而大家从来都猜不到来的会是谁。也许这次我们会请一位伙伴公司的主管，他可能是一个大家从没听说过的人，来自某家小企业，却有着不错的想法；他也可能是像通用电气公司CEO杰克·韦尔奇那样的大人物。他还有可能是喜剧演员乔纳森·温特斯，他靠推销我们的一种商品Hefty塑封袋出名，已经来过公司很多次了。他把每个人都逗得哈哈大笑。一次我们在会上举行了一场拳击友谊赛，由我对战舒格·雷·伦纳德[①]。我们邀请过许多体育明星做嘉宾。像西德尼·蒙克利夫，NBA

① 美国拳击巨星，现代拳击史上第一位跨五个级别夺冠的超级拳王。

巨星、前阿肯色大学“刺背野猪”队队长，也是我最喜欢的球员之一。还有法兰·塔肯顿，前美式橄榄球四分卫，他作过很多激动人心的发言，也在我们的周六晨会上讲过话。就在前不久，来自俄克拉荷马州的乡村歌手加思·布鲁克斯也到访了我们公司。

丹·索德奎斯特：

我们周六晨会的现实价值之一就在于它的自动自发性。我们从没有过议事日程。当然啦，董事长总是带着他那个黄色小本本，上面草草地写着他想拿出来讨论的事情，其他的人有些也这样做。不过山姆总会做的一件事情是，在会议开始的时候把某个人叫起来，说：“好啦，今天你来主持整个会。”于是那天的会就会带上那个人的风格。就是这样，大家总是对周六晨会充满期待。也许会发生什么不寻常的事情，也许会有人作出了不起的举动。

我们刚开始召开周六晨会时，只有四五个分店经理参加，大家聚集在某个地方讨论业务。从那个时候起，它的发展就是件很困难的事情了。有许多人反对它，包括我自己的妻子，就像我曾经跟你说过的那样，她觉得在周六早上把大家从家人身边叫走是不公平的事。要是我给大家机会进行民主投票，周六晨会肯定已经被毙了很多次了。不过就像我之前说过的，我觉得星期六也要工作，是选择零售业作为职业所必须付出的牺牲之一。光要求员工待在店里干活，而经理们却放假跑去打高尔夫球，我可看不得。

很少有公司以外的人能参加我们的周六晨会。所以最能让人们深入了解我们企业文化的场合，就是我们的股东年会了，在那儿他们能够真正有机会看到“沃尔玛魔力”起作用。我告诉过你了，我们是怎么在一开始就想让我们的股东年会给那些证券分析家留下与众不同的印象，我们带他们漂流，带他们露营。不过后来它的规模发展到那么大，可能是世界最大的公司年会了——有1万多名股东和嘉宾参加——所以我们就在费耶特维尔的巴恩希尔体育场，也就是阿肯色州立大学的篮球场，召开年会。不久以后我们就能在新建的巴德·沃尔顿体育场举行年会了，这个体育场正在修建中，我知道我的兄弟肯定会为此十分骄傲的。

在某些方面，我们的股东年会就是我们周六晨会的大型版本。我们会请来艺人，像是大受欢迎的乡村歌手芮芭·迈克伊泰，我们还会请来嘉宾作演讲。在其他方面，它同许多公司的年会没什么区别——只是更吵。我们会向股东作报告，主要是说我们在过去一年里面取得的成就，以及来年的目标和计划。但我觉得，真正让我们的年会显得与众不同的地方，是我们让员工参与的程度，毕竟，他们也是我们最重要的股东的一部分。

我们总是让尽可能多的分店经理和员工参加年会，让他们看看整个公司的规模，了解全貌。开始的时候，我们是让每家分店和每个配送中心推选一名员工做代表参加。但因为公司现在的规模变得那么大，我得遗憾地说我们不得不进行交错安排。各个配送中心和山姆会员店每年依然派人，但沃尔玛分店就只能隔年选派代表参加了。

实际上，在整个会议中，正式的部分已经退居次要，有几次我们玩得太开心了，甚至都忘了进行正式议程。周五早上一大清早，大概7点钟左右，我们就召集员工进行“热身”，也就是会前集会。我们喊口号，唱歌，用各种方式起哄，向退休的人致敬。我们表扬那些其所在部门销售额占他们商店销售额比率最高的部门主管，表扬那些其所在部门在整个公司范围内销售额最高的部门主管。我们会召来那些拥有最佳驾驶纪录、赢得安全奖的卡车司机，给他们发奖。我们向那些布置商品最具创意以及赢得单项商品促销比赛的员工致以最热烈的掌声，并且给他们颁奖。我们召开股东年会的意旨，与其说是向股东们致意，更多的是让他们认识那些以自己的辛勤工作、年复一年使他们的投资获得惊人回报的员工们。

会后，我和海伦会邀请所有参加会议的员工——大概有2500人——到我们家举行大型野餐会，餐饮服务全由沃尔玛公司食堂提供。这对海伦来说是个不小的压力，没有几个主妇能忍受这么多人在自家房子和院子里穿梭往来。不过我觉得这是我们做过的最棒的事情之一，到最后我和海伦都从中得到了很多乐趣。这使得我们有机会同许多员工聊天，要是在别的类似场合我们根本没机会同他们接触。他们多半是各自商店的领头人物，被推选来参加年会。虽然午餐会上人又多又挤，我还是有机会问问他们："你们伊利诺伊州利奇菲尔德分店干得怎样呀？"或是"你们密苏里州布兰森分店的经理如何啊？"在非常短的时间里，我就能从他们回答问题时的热情程度，对某家分店的状况有个差不离的了解。要是听到些我不太认同的事情，也许就会在随后的一两个星期里到那家店里去看看。

整个活动结束以后，被邀请与会的员工会得到一盘大会的录影带，我们希望他们把这个录影带，还有他们在大会上的所见所闻，同那些没能前来的同事分享。此外，当然了，我们也会在我们公司的会刊《沃尔玛世界》上刊登大会的详细报道，这样每个人都有机会了解我们的所作所为。我们希望这种会议能让我们大家的心贴得更紧，能够让大家感觉我们是一个大家庭，为共同的利益而努力奋斗。

我们希望员工们知道，我们，作为管理者和大股东，是多么感谢他们为沃尔玛取得今日的成就所做的一切。

我们所创造的这一强大的企业文化，有着它自己的独特个性，以利润分享及伙伴关系为基础，给我们带来了极大的竞争优势。不过像这样的一种文化也会出现自己的问题。最主要的问题就是变得因循守旧，拒绝变化。当人们选择了一种办事方式，并且真心实意地觉得那就是最好的方式，他们就会慢慢形成一种固定思维，觉得事情应该一直用那种方式去做。所以我给自己制定了一个任务，确保变化是沃尔玛文化中必不可少的一部分。在公司发展的任何时候，我都会强制实行变革——有时只是为了改变而改变。事实上，我觉得沃尔玛固有文化中最大的长处就是它除旧更新、随机应变的能力。

在面对业务上的挑战时，我们应变得很不错，但有时在同公司文化相关的事情上，我们做得就没那么好了。比如说，在早年间，所有我们那些老百货店的经理对于雇佣大学毕业生都有着极大的偏见，他们觉得大学生不会刻苦工作。我们最早雇佣的那些大学生里有三位——比尔·菲尔兹、迪安·桑德斯和科隆·沃什伯恩——现在仍然同我们在一起，而且实际上是我们中间最出色的人才。不过当初他们可是花了不少时间来适应，说到这个他们可能会给你讲些相当可怕的故事呢。

比尔·菲尔兹，沃尔玛执行副总裁，分管广告与销售：

我进公司刚5天，就被派去参与俄克拉荷马州艾达贝尔分店的开业筹备。他们给了我们13天时间来筹备，这至今仍是一项纪录。第一周他们让我工作了大概125个小时，也许更多。第二个星期更糟。然后山姆——因为我是在本顿维尔长大的，所以他认识我——走到我身边问我说：“是谁雇了你的呀？”我告诉他是费罗德·阿兰德。然后他说：“哦，那你有没有想过将来要做一个买卖人呀？”他说话的那种方式真是让我恼得不得了，只想辞职。接着丹·惠特克也走过来，看我的那个样子就好像我身上发出什么怪味道一样，他说：“该死的，到底是谁把你雇来的呀？”在那个时候，拥有大学文凭在公司里好像并不是什么优势。我们必须向那些老家伙证明自己。

显然，要是我们想发展，就必须引进受过大学教育的人才。但在开始的时候，公司文化对于他们却是排斥的。现在，我们有了更高层次的需求——在科技、金融、市场营销、法律等等方面——所以对于专业人才的需求也在不断增长。所有这些，都要求我们在思维方式方面作出一些根本性的改变，我们得好好想想，引进怎样的人才，才是对未来发展最有利的，好好想想对已有的人才可以做些什么。正是出于这个原因，我和海伦在史密斯堡设立了阿肯色大学沃尔顿研究院。我们的管理人员能够去那里进修，这样的教育机会也许是他们之前不曾有的。此外，作为自己的责任，我们公司也将尽一切力量鼓励和帮助我们的员工获得大学学位。我们需要他们获得可能获得的最好培训。这既为他们的职业生涯带来了新的机会，也对整个公司有好处。

我们公司过去的传统是，要是你想成为一家沃尔玛分店的经理，基本上就得随时听候调遣。你接到电话，通知你去负责500英里外的一家新店开张事宜，你不能提问题，你要做的就是收拾行李动身出发，过段时间以后你再来考虑卖房子搬家的事情。可能在当时那个时候这么做是有必要的，虽然也许没必要做得那么不近人情。不过到了现在，再那么做是真的不合适了，原因如下：第一，随着公司规模不断扩大，我们需要找到更多的途径来与分店所在的社区保持联系，而其中最好的办法之一就是雇用当地人，提拔当地人做主管，让他们在住家社区发展事业——只要他们愿意；其次，原来那种办法其实让我们公司里一些聪明优秀的女性陷入了被动，因为在那个时候她们没法像许多男性主管那样自由地搬来搬去。现在我才意识到我们使许多女性错失了事业发展的机会（我得承认是海伦和我们的女儿爱丽丝帮助我意识到了这一点的）。

在早年间，零售业界对于女性的看法就同大学生差不多，甚至更加不如。除了觉得女性不能自由调迁以外，他们还认为女性只适合做店员，别的什么都干不了，因为经理经常需要做很多体力活——卸货啦，用两轮车把货物从仓库里搬出来啦，必要的时候还得拖地板、擦橱窗。如今，整个行业已经意识到，女性也能成为杰出的零售商。所以我们沃尔玛同其他人一样，也尽可能地吸引和引进女性人才。

沃尔玛文化引起某些人关注的另一方面，大概就是生活方式了，但这又是一个自从我们开始有所成就以来就一直困扰我的问题。没错，我们公司里许多人赚得盆满钵满，主管级别的人里已经有很多很多个百万富翁了。当这些人得意洋洋地炫耀时，我真是受不了。也许这不关我的事，不过我还是尽一切可能劝阻我们的人不要在房子、车子和生活方式上太奢侈、太铺张。就像我之前说过的那样，我只是觉得本顿维尔这儿的生活方式，不应该同其他那些中产阶级社区有什么太大的不同。可是时不时的，我就得拼了老命扯住那些靠着手里的沃尔玛股票赚了钱的家伙。老是有人跳出来干点什么来炫富。我会在周六晨会上毫不避讳地点名大骂。有很多次，那些屡教不改的人我们就请他们走路了。

就像我之前说过的那样，我从孩童时代起就了解了每一元钱的价值。我不觉得豪宅香车是沃尔玛文化应该体现出来的样子。兜里有钱是很棒的事情，我也很高兴看到我们有些人年纪轻轻就可以退休享受悠闲生活。我对这个没什么意见。但要是一个人太沉溺于优裕的生活了，我也许就得做点什么了，很简单，因为他背离了他应该时刻关注的事情——服务顾客。

第十二章

一切围绕顾客

山姆·沃尔顿比其他任何人都更好地懂得，有顾客才有生意。他的信条就是，一切的努力都围绕着“顾客”这个中心。在为沃尔玛的顾客提供完美服务的过程中（要他自己说的话，他会说：“也没那么十全十美的啦），他同时也以一种非同寻常的方式服务于沃尔玛的员工、股东、商店所在社区以及其他与沃尔玛利益相关的人——这一方式在美国企业中几乎无人匹敌。

——罗伯托·戈伊祖塔，可口可乐公司董事长及CEO

在我从事零售业的整个生涯中，我一直遵循着一个指导原则。它很简单，我在这本书里已经反复提到过很多很多次了，我相信你都听得烦死了。不过不管怎样，我打算再次强调一次：在零售业中获得成功的秘诀就是满足顾客的需要。而实际上，要是你从一个顾客的角度出发，你会有很多要求的：商品种类丰富、质优价廉、良好的售后、友好懂行的购物服务、便利的时间、免费停车场、愉快的购物环境。当你来到一家店，它超出了你的期望，你就会喜爱它，要是一家店让你感到不便或是不愉快，或者无视你的存在，你就会讨厌它。

我是作为一个居住在小型城镇的购物者学到这个道理的，我几乎在小城镇里度过了整个一生。你们当中那些像我一样在小镇住了大半辈子的人，以及那些在小镇度过童年的人，很容易就能想起在20世纪前半叶，小镇的生活与现在是怎样的不同。纽波特是一个相当繁荣的小镇了，零售行业的竞争算是相当激烈，不过说到早年间的事情，它仍然是个很好的例子。它是一个出产棉花的镇子，这意味着许多在镇上购物的人实际上是住在镇子外面的农场里的。绝大多数男人成天在地里干活，而大部分妇女则在家中忙活。那时候很少有妇女外出工作，除了在战争时期。而当她们把家里打点得井井有条时，就开始琢磨外出工作的事儿了。

镇上有几家小百货店，包括我之前提到过的一家彭尼店以及我开过一段时间的那家山鹰小百货店。镇上还有一些不错的杂货店——我的，还有约翰·丹纳姆的斯特林店。镇上还有药店、五金店、汽车轮胎店——像是燧石轮胎店和西部汽车店以及小型的日用品小卖部。在许多小镇上，你甚至都找不到几家一站式购物店。你可能得在一家店里买鲜肉，在一家店里买新鲜蔬菜，然后站在另一家店的柜台前面，等着买的鸡现场宰杀包好。

那时候的人们并不习惯于我们今天这样应有尽有的商品种类和周到的服务。在大萧条时期，很少有人有钱去频繁购物，而在二战期间，每样东西——肉、黄油、轮胎、鞋子、汽油、糖——都实行配给供应。不过到我开始创业的时候，通货紧缩的情况已经差不多扭转过来了，经济开始复苏。与我们过去习惯的大萧条时代相比，一个欣欣向荣的时代到来了。

在像纽波特这样的农产品集散地，星期六总是购物的大日子。在那天，人们会全家出动，开车到镇上，花上好几个小时——也可能是一整天——逛遍所有的商店，找寻自己需要的东西。出于某些原因他们会被吸引到某家特定的店里，那可能是因为店主的个性、商品的时新、价格的优惠——或是一台冰激凌机。我们就是在那种竞争激烈的环境中发展起来的。

当我们在1950年来到本顿维尔这个非常小的镇上时，我们发现这里几乎一点儿竞争的氛围都没有。是有几家零售店散布在镇子广场的周围，但每家店都有自己的经营范围，大家相安无事。要是顾客在一家店里找不到自己需要的东西，他只要开车去罗杰斯镇或者斯普林代尔，或者可能会去费耶特维尔。当我们开始在这里运用我们在纽波特学的那些东西时，我得说我们立马就改变了镇上人的思维方式，而且大体上说来，活跃了小镇的空气。

爱丽丝·沃尔顿：

周六的本顿维尔镇广场真的会变得有些不同。爸爸总是会把一些商品摆出去，摆到人行道上，甚至是街上，那儿总是有很多人。圣诞老人会在那儿走过，镇上的彩车游行也是在那儿进行的。对还是个孩子的我来说，好像每个周末都会有马戏表演或是嘉年华活动。我喜欢周六。我把我的爆米花机搬到人行道上，生意好得不得了。每个人都想来点儿爆米花，自然，不少买我的爆米花的人又会进到我们的店里去转转。那真是美好的时光呀。

要是你还记得的话，费耶特维尔是继本顿维尔之后我们开设第二家店的地方。也正是在那里，我们遭遇了我们第一个折扣销售方面的对手——吉布森店。从那时候起，我们就知道在未来的岁月里，零售业会发生翻天覆地的改变，而我们想要参与进去。我们很早就知道，在将来，杂货店在人们生活中所扮演的角色将不再像过去那样重要，而我们已经在其中花了很多时间精力。不过有一个重要的事实你得认识到，那就是这一切都不是凭空发生的。在20世纪五六十年代，美国的每样事物都在发生剧变。

所有那些在农场和小镇成长起来的孩子，在从二战战场或朝鲜战场回来后，都涌向了工作机会更多的城市。但他们并不是真的在城里扎根了，他们会在郊区落脚，然后乘坐交通工具去城里上班。当时似乎每家每户都最少拥有一辆汽车——许多家庭还拥有两辆——而国家开始修建州际高速公路网，所有这些加起来，改变了许多美国人过去习惯的商业传统。

大城市中心的人口和商业开始向郊区转移，那些市中心的百货商店不得不跟着顾客走，在郊区的购物中心开设分店。由于像麦当劳和汉堡王这样新型快餐连锁店的兴起，传统的餐厅和咖啡店受到了冲击，城里那些老式的杂货店，像伍尔沃斯和迈克雷，被凯玛特以及一些其他的大折扣店打得一败涂地。石油公司到处开设加油站，简直一个街角一个，很快，所谓的“便利店”——7-11之类的——也开始充斥大街小巷。也就是在这个时候，我和巴德在拉斯金高地——堪萨斯城外那个大型新兴社区——的购物中心开设了那家富兰克林店。

在绝大部分我们开店的地方——阿肯色州西北部、密苏里州、俄克拉荷马州以及堪萨斯州的小镇——你是看不到多少购物中心和快餐店的霓虹灯的，那在城市里可是随处可见。麦当劳不会跑到小镇上开店，凯玛特也是。你能看到小镇的商业区开始多多少少地衰落下去。我们的许多核心顾客搬走了，那些留下来的也变得精明起来。要是他们想买什么大件商品——比方说一架骑乘式割草机——他们会毫不犹豫地开车50英里到别家店去买，只要他们觉得自己能节省100美元。不只是这样，随着电视和战后新型汽车的出现，赶时髦成了人们生活中的一件大事。每个人都想追赶潮流，要是他们知道克罗格或是别的什么人，在塔尔萨或别的什么鬼地方开了家新的大型商店，他们马上就会开车去购物。当他们看到店里的商品价钱更低，品种更丰富，就会一再光顾，直到某个人在他们自己镇子上开了家超市为止。

正是这种小镇顾客的强烈需求使得沃尔玛的诞生成为可能，使得我们的店飞速兴旺，并最终将我们的理念散布到差不多整个国家。多年以来，我们完完全全地遵循着这样一条原则：那些住在乡村和小镇上的顾客，和他们那些离开农场搬到大城市去的亲戚朋友一样，也想要买到上好的商品。当我们在这些小镇上开店，保证每日低价、购物三包、便利的购物时间，而作为我们对手的那些老式杂货店，仍然收取45%的商品利润、商品品种有限、购物时间有限，他们立马就被我们打败了。

说起这个，沃尔玛第18号分店就是个很好的例子。这家店在1969年在阿肯色州的纽波特开张，标志着我们在全面撤出那个镇子19年之后又回来了。在那个时候，我还依然清楚地记得当年我们在镇上遇到的事情，但心里并没有任何报复的念头。对我们来说，在那里开店是发展过程中顺理成章的事情，但我得承认，回到那里的感觉真的好极了。我知道我们的店在那里一定能够成功。而事实就是这样，我们的纽波特分店业绩非常好，没多久，我曾经经营过的那家富兰克林店，正街上的那家，就关门大吉了。你可不能说是我们把那个店主——那个房东的儿子——挤对破产了。是他的顾客弃他而去。顾客们用行动表明了自己的选择。

在沃尔玛发展过程中，有相当多的小店倒闭了。有些人试图把这事搞大，搞成诸如“拯救小镇商业”之类的事情，就好像那些小商店是鲸鱼呀美洲鹤呀那些应该保护的濒危动物一样。

在所有我听说过的关于沃尔玛的说法之中，再没有什么比“沃尔玛是美国小镇之敌”这个论调更让我难以理解的了。事实是，沃尔玛向小镇居民提供低价商品，为他们省下来数十亿美元，一点儿不掺水；我们的商店还创造了成百上千个就业机会，这些加起来，真的是让相当多的小镇避免了衰亡的命运。

我一点儿也不难理解为什么一些跟我们竞争时陷入困境的商人会对我们很是不爽。但我不能理解的是，为什么人们会认为我们应该为小镇的衰败负责。我猜想，也许是因为这些批评者里面，有很多人小时候住在小镇上，然后在多年以前离开搬去了大城市。现在他们回到家乡，当他们看到镇子的老广场已经同他们在1954年离开时完全不一样了，他们难过极了。他们似乎觉得家乡的时间就应该停滞不前，永远是那个旧时的地方，由那些旧时的人以旧时的方式做着买卖。不知道为什么，这些人觉得镇上的居民不应该搬去他们自己现在居住的城郊地区，小镇居民不应该跑到高速公路交汇的地方，建起有着许多免费停车场的购物中心。这真的不应该是这些人怀念故乡的方式。而那些在大城市长大的人，对于过去四五十年来自己城市的变化也有着同样的感触。许多他们记忆中小时候喜爱的商店啦，电影院啦、饭店啦，要么已经关门歇业，要么就是迁到了郊区。

作为一个早年间的小镇商人，我可以跟你说，再没有人比我更喜欢小镇零售业的黄金时代了。这也正是我们选择把我们小小的沃尔玛纪念馆设在本顿维尔广场上的原因之一。它就位于原来沃尔顿廉价商店的旧址，我们想通过它保留一些旧时廉价商店的感觉。

不过，我也可以跟你说，要是我们沾沾自喜于我们早期的成功，说“哎呀，我们是镇上最好的商人了”，因循守旧，不思进取，也会有别人出现，把我们的顾客全拉走，那么现在就没有沃尔玛了。我不知道那个别人会是谁，也许会是吉布森或者TG&Y。不过我想更可能是凯玛特和塔吉特的结合物，就像麦当劳那样，一旦占领了整个大城市市场以后就开始把触手伸向小镇。

这些年来发生的一切绝对是零售业中一场必要和必然的变革，就像马车必然会被汽车取代，马鞭制造者必然会消失一样。小型商店注定会消失，至少数量相对于过去来说会大大减少，因为一切都是由顾客决定的，他们有着自由选择去哪儿购物的权力。

丹·索德奎斯特：

对于整个关于小镇商店的辩论，我们从来都不是很赞同的。那些小镇商人的遭遇同50年代超市首次出现时候发生的事情没什么两样。零售的核心在于服务顾客。要是你是一个没有竞争对手的商人，你可以标高价、晚开门、早打烊，周三周六下午歇业。你可以一成不变，而生意可能还很不错。可要是竞争对手一旦出现，你就别指望你的顾客会顾及老交情还来照顾你的生意。要想在同沃尔玛或是任何其他大型零售商的竞争中取得成功，其实有很多途径。但不管什么途径，有一条原则是基本的：你必须关注顾客的需要，然后满足他们。

我不想对小镇商人进行过多批评，但事实是，在我们，或者别的人，进驻小镇带来一些新鲜东西之前，那些人中有不少在关心顾客这一点上是做得不够好的。而且对于我们的到来，他们也没有作出很好的反应。你知道，有一些文章，甚至有一本小书都写到了要怎样同我们竞争。而且我也有一些我自己的建议。

除非小商人本身已经经营得相当出色了，否则一旦与折扣商人短兵相接，他们可能就不得不重新考虑自己的销售规划、广告策略和促销计划。他们应该避免与我们正面交锋，而在他们擅长的方面超越我们。企图就某一件商品的价格同沃尔玛竞争是不明智的，比如牙膏什么的。不管从哪个方面说，那都不会是顾客在一家小店里指望得到的东西。我觉得，独立经营的小店最好的经营手段，就是亲自在店面里迎接每一位顾客，这也是我做了这么多年店主所引以为豪的一点。你要让他们知道你有多感激他们，你要亲自操作收银机。人与人的当面接触对于独立小商人来说非常重要，因为不管沃尔玛怎么努力仿效这一点——我们真的非常努力地尝试了——都不能真正做得到。

我觉得就杂货店而言，他们必须完全重新定位自己，就像丹·索德奎斯特在担任富兰克斯公司总裁时做的那样。他看到同沃尔玛及凯玛特竞争完全没有将来，于是着手将麾下许多杂货店改成了工艺品商店。他们提供的工艺品商品种类比任何一家沃尔玛店都要丰富许多，还开办手工艺品课程，像是陶艺呀插花呀，这些我们甚至连想都没想过。这种做法很管用。他们在小镇零售业中占据了自己的一席之地，许多店经营得非常成功。你也可以用布料做同样的事情，提供质量更好的织物，开设一些缝纫课程。或者女装也行。不要在乎镇上已经开了多少家沃尔玛店了，总有一些地方是我们顾及不到的——不是我们没尝试。就像其他人一样，为了生存，我们必须不断求新求变。现在来说说五金店的例子，我不否认在这个方面我们也给一些人带来了很大压力，但要是他们定位准确，就不至于在遭遇沃尔玛时陷入如此困境。如果他们经营失败，我是最不会同情的了，因为，坦率地说，一位精明能干的五金店主能把我们打得落花流水，只要他想好自己要怎么做，并且决心同沃尔玛对抗到底。只要他备货适当，确保店员精通商品信息和使用方法，不怕麻烦地满足顾客的需求，他就能从我们这儿抢走相当多的生意。我们五金商品的种类远不能跟一家五金店相比。他们有水管、电气设备、特制工具。而且我们的店员不是个个都像五金店店员那样，能说清楚要怎样修理一个漏水的水龙头或是怎样接电灯电线。来我们店里买油漆的顾客也不会想等上半天，他们得挑好自己想要的油漆，然后带上它继续四处转转，寻找其他想买的东西。体育用品也是一样，顾客不可能指望从我们这里得到与专门店毫无二致的服务。

丹·索德奎斯特：

我有同沃尔玛竞争的亲身经历，所以我知道山姆上面说的办法很奏效。你得发掘自己独一无二的地方，找到自己的定位，然后将它做到极致。而且我得告诉你，不是所有的小镇商人都恨我们。他们中的一些已经学会了借助我们的力量经营自己的生意，颇为成功。

我们在科罗拉多州惠特里奇镇的沃尔玛店开张后不久，一位女士跑来跟我说："哦，我只是想对你们的到来表示由衷的感谢，这真是再好不过的事情了。"我向她表示了感谢，并且问她在镇上是做什么的，她说："唔，我在镇上开了家油漆店，就在这个购物中心。"

她接下去说，我们店开张那天成了她的油漆店开张以来生意最好的一天。"你们把所有人都吸引到购物中心来了。最棒的事情是在星期六，一个人走进我的店里来找某种油漆，说他知道我们有。他说，他之前去过沃尔玛找，而油漆部的经理告诉他说我们有货，并且把他送过来。我觉得那真是太棒了。"

我们的人把顾客送到油漆店，因为那是正确的做法。因为他关心顾客。这些天来让我觉得很难过的是——还有点小小的生气——一些小店在我们到来之前就着手歇业。他们听说我们要来了，于是在我们甚至还没到之前就主动关门了。为这个我们背了大大的恶名，但是在我看来，一个只因为听说要面对竞争了就主动关门大吉的人，肯定是一个自知没有好好经营的人，一个可能一开始就不应该从事零售业的人。

虽然有那么多报刊杂志说沃尔玛与小镇的利益有冲突，但我确信我们在几乎每一个开店的社区都是大受欢迎的。这一方面是因为我们对当地经济所作的贡献，但另一方面，也是因为我们不厌其烦地在我们分店的管理层和店员中灌输一种社区参与感，使得他们成为良好的社区公民。我们知道，我们一些分店经理在这方面比其他人做得更好，而为了使每个人都致力于融入社区，我们还需要持之以恒地努力。我们已经有了社区奖学金项目，配合以慈善捐助计划，但我们仍然每天都在努力改进回报我们所在社区的方法。要是有朝一日我们忘了自己是立足本地的商人，就很可能会破坏我们与我们的顾客之间独一无二的情谊。

当我们选定的新店地址遭到当地居民的反对，我们就会竭尽全力同反对的人协商，看看能不能适当地让他们满意。我们偶尔会更改拟定的地址或是作些让步，只要合情合理。不过现在，要是某个社区出于某些原因反对我们在那儿开店的话，我们基本上是会更改地址的，我们不想在这个问题上纠缠从而引来麻烦。我跟我们的人说，遇到这种纠纷，走开就是了，因为还有那么多别的好镇子想要我们去开店呢。对每一个不想我们去的人，我只会说，还有另外200个镇子眼巴巴地求着我们去开店呢。沃尔玛只会去欢迎它的地方。我总是说，在这个问题上，检验我们有多正确的最简单办法，就是到任何一个我们已经开店多年的镇子上做个民意调查，问问他们想不想要我们待在那儿。上帝呀，要是我们说要走，他们简直要疯了。事实上，因为无法赢利，我们时不时地得关闭某个地方的某家分店，而当地居民反对我们关张的声音简直震耳欲聋。这也是你要取得成功所需要付出的另一种代价吧。

顺便说一句，在我们坚持顾客至上这一宗旨时，对着我们发出反对声音的可不是只有小镇商人。从表面上看，服务顾客这个观点听起来很简单，也很合乎常理，很显而易见。但从最开始，我们贯彻这一宗旨的方式就非常彻底，以至于使得我们频繁遭遇来自人们称之为“体系”方面的干预。在早年间，百货公司会向供货商施压，阻止他们把东西卖给像我们这样的折扣商，因为他们对我们的所作所为——以比他们低很多的价格向顾客出售商品——非常恼恨。在一些州，百货公司一度用所谓的“公平贸易法”来阻挠折扣商进入当地。我们的供货商总是抱怨我们把进价压到最低。而一些制造商代理人——同时代理数个不同制造商，赚取佣金的独立代销商——也对我们的一些做法很是不满。我们对于付给中间人佣金的做法没什么意见，只要他的工作确实提高了整个商品交易过程的效率。

但从我亲自开着那辆小破拖车跑到田纳西州进衬裤和衬衣，不让巴特勒兄弟公司从中赚取加价的时候起，我们对这个问题的看法一直非常简单：我们就是顾客的代理商。所以我们必须尽可能地成为最有效率的商品供货者。有时候这个可以通过直接从制造商那儿进货来很好地做到，而有时候直接进货是行不通的，这时候我们就需要通过中间商来同小制造商打交道，使整个供货过程更加有效率。我们坚信，我们拥有作这个决定的权力——是直接进货还是通过代理商——它取决于用哪种方式能够最好地服务我们的顾客。

要是美国商业想要繁荣，想要具有竞争力，我们就必须接受这一观点：商业环境是不断变化的，要想生存下去就必须适应不断变化的条件。商业是一种竞争性的活动，只有顾客满意了，你的饭碗才有保障。没人该对别人的生计负责。

要想理解沃尔玛对于中间商的看法，以及我们同我们供货商的关系，你得回溯到我们进入这一行业的最早时期。在折扣销售业的早期，大多数折扣商完全是通过中间商、经纪人或是批发商进货，这帮人跑进来，对那些老派商人说：“给我15%的抽成，我们保证让你的货架满满的。”换句话说，出售的每件商品的价格都包括了要付给批发商的15%佣金。这就是为什么那些投机商蜂拥进这个行业的原因，他们甚至都不用像正经商人那样考虑周详，批发商塞给他们什么，他们就收下什么，然后加上15%的加价，还能以低于百货商店的价格卖出去。

但就像我曾经提到过的那样，我们找不到任何人愿意开上六七十英里的车到我们开店的这些小镇来送货。我们完全被那些批发商和经纪人无视了。这不仅是我们着手建立自己的配送系统的原因，也是我们渐渐习惯于在价格方面压倒一切人的原因。有段时期，我们店里有质量上好的货物，但进货的成本却是最低——就是因为我们当时完全没有借助任何批发商的帮助，因为我们渐渐习惯于自己去做每一件事，我们始终不乐意为了一时的省事付钱给任何中间商。

克劳德·哈里斯：

态度坚决和招人反感是不同的。每个采购员都必须态度坚决，这是工作。我总是跟采购员们说："你不是在为沃尔玛谈判，你是在为顾客谈判。而顾客理应获得你能得到的最优惠价格。永远不要对某个供货商感到抱歉。他知道自己的东西能卖什么价，而我们要拿到最低价。"

这是我们曾经的做法，也是沃尔玛现在依然采用的做法。我们总是对供货商说："别把回扣算进去，我们不那样做。我们也不用你打广告或是配送。我们的卡车会直接到你的仓库装货。好了，现在你们的底价是多少？"要是他们说是1美元，我就会说："好吧，我会考虑的，不过我会到你的竞争对手那儿转转，要是他给的价钱是90美分，那这笔生意就归他了。所以，你确定1

美元就是你们的底价了？”要是他们不松口的话，我们也要尽可能地咬死那个价钱不松口。你得公平、坦率、诚实，但你也得迫使自己使劲讨价还价，因为你是在为数以百万计期望得到最优惠价格的顾客讨价还价。要是你最后谈下的进价是1.25美元，那你就是为某人的低效率买单了。

我们过去常常在讨价还价的时候同供货商大吵起来。遇到这种情况你得像他们一样态度坚决。你一步也不能退让，因为他们是在为自己的利益考虑，而你的工作是为顾客的利益考虑。我曾经威胁宝洁公司说再也不进他们的货了，而他们的回答是："哼，没有我们的产品你们肯定不行的。"于是我说："你们等着瞧吧，我会把你们的东西放在边远的柜台，把高露洁放在最显眼的地方，标价更低，你们就等着瞧吧。"他们气得不得了，就去找山姆，而山姆说："不管克劳德说了什么，就是那样了。"好吧，现在我们同宝洁公司有着非常良好的关系，甚至成为人人津津乐道的典范。不过我得告诉你，之所以能有这样的关系，原因之一就是他们学会了尊重我们。他们知道了不可能像吓唬别人那样吓唬我们；他们知道了，当我们说我们是在代表顾客的利益时，我们可是非常认真的。

在那时候，我们当然是非常非常需要宝洁的产品的，而没有我们，他们的生意也不会受到什么影响。现在，我们是他们最大的进货商。不过这是到1987年才实现的，从那时候起，我们开始将供货商与零售商之间那种根本的对抗性关系，转变成为一种两家大企业力图服务于同一顾客的双赢的伙伴关系，我们觉得这可能会是未来的潮流吧。信不信由你，虽然那时候我们已经发展得规模很大了，还从来没有一位宝洁公司的高层管理人员前来沃尔玛造访过，我是觉得挺难置信的。我们只是派我们的采购员同他们的销售员讨价还价，然后成交。

后来有一天，我在本顿维尔的密友以及长期的网球搭档乔治·比林斯利打电话给我，邀请我同他一起到斯普林河上划船。他说他带了一位老朋友一起，叫作卢·普里切特，正是当时宝洁公司的副总裁，说是想要见见我，谈谈与我们两家公司有关的事情。于是我去了，结果这成为了我同乔治一同进行过的出游中最富有成效的一次。

卢·普里切特：

在泛舟过程中，我们一致认为整个供货商同零售商之间的关系很是值得探讨。双方都把目光集中在产品的终端用户，也就是顾客身上，但双方又都各行其是。没有信息共享，没有共同计划，没有系统的协调，我们就是像两个各走各路的巨人，对这种过时关系导致的额外成本视而不见。我们的交流，事实上不过是通过从门缝里偷偷塞小纸条的方式进行的。

所以，我们从各自公司分别召集了10名最高层管理人员，到本顿维尔进行了两天的自我反省和深思。接着，在三个月内，我们成立了一支宝洁–沃尔玛合作队伍，以期建立一种全新的供货商–零售商关系。我们开始以一种伙伴关系来进行交易，最重要的成果之一就是我们开始通过计算机来共享信息。宝洁公司得以监测沃尔玛的销售和库存数据，然后利用这些信息制定自己的生产和发货计划，效率大大提高。我们通过利用信息技术共同管理业务，而不只是审查业务，这也开辟了一片新天地。

随着宝洁-沃尔玛伙伴关系的建立，许多其他的公司也开始将供货商看成重要的伙伴了。这种伙伴关系也成为了我们同许多别的供货商之间关系的典范。就我们现在的境况而言，我们不仅要考虑商品的质量和价格，而且因为我们公司如此巨大的规模，唯一能继续发展下去的办法就是同我们的供货商一起坐下来，计算成本和利润空间，一起计划每件事情。通过这样做，我们能让制造商很方便地了解到我们六个月或是一年，甚至是两年之内的产品需求。然后，只要他们对我们坦诚相待，尽量降低生产成本，同时继续生产顾客需要的产品，我们就能同他们一直合作下去。我们得以双赢，而且最重要的是，顾客也获得了好处。整个商品生产与交易过程效率的提高使得制造商得以降低生产成本，从而能使我们定价更低。

不过有一件事情是我们怎么也不会去做的，那就是让我们同其他大公司之间复杂的策略性问题，或是类似围绕小镇商人及中间商的争论，阻碍我们站在顾客的角度思考问题。站在顾客的角度思考问题，可能正是我们贯彻顾客至上原则时最重要的基本方式。

大卫·格拉斯：

最近我在一家分店里碰到一位经理和一位助理经理正在巡视某个部门，他们一边走一边同该部门的主管谈话，他们问：“要是你是顾客，你要怎样拿到那件商品呢？”她把空间布置得很挤，而把那件商品摆在了一般顾客够不着的地方。他们又接着问下去：“要是你是顾客，你会在买这件商品的时候想到要买哪些别的东西呢？你又要怎么才能找到那些东西呢？”

我喜欢这种做法。在很多时候我们把做生意弄得过于复杂了。你可以用电脑作出销售报告、周转率速度报告，任何你想做的报告，甚至是柜台陈设。但只要你简单地站在一个顾客的角度想一想，你就能很好地进行商品陈列和搭配，比通过任何其他方式做到的都要好。这并不总是件容易的事情。要站在顾客的角度考虑，你必须考虑细节问题。有人曾经说过，“零售业中细节取胜”，这话百分之一百正确。不过从另一个方面说，这又是很简单的事情。顾客就是上帝，你需要的做的就是让他们高兴。

我非常同意大卫的话。自从沃尔玛创立以来，我们所做的每一件事情都围绕着这一理念：顾客就是上帝。这一理念引起的争议让我很是惊讶，但都不是很难应付，因为我们从未怀疑过我们的经营哲学——顾客至上。

第十三章

直面竞争，不停改变

山姆打电话告诉我说他打算开办一个批发购物会员店。这并没让我感到吃惊。他在这方面可是赫赫有名的：观察别人在做什么，从中吸取精华所在，再加以发挥，使之更趋完美。

——索尔·普赖斯，1955年创立费德玛商场，

1976年创立普尔斯马特会员店

我不知道，要是我们保持低姿态，从未引发竞争的话，沃尔玛会怎样。我猜我们可能一直会是一个完全地方性的经销商。然后，最终，我想我们可能不得不被迫将公司卖给某些谋求快速扩张的全国性连锁店。也许在一段时间里市面上会有100或者150家沃尔玛店，但后来它们全都会挂上凯玛特或是塔吉特的招牌，而我则会成为一个成天猎鸟的猎人。

我们永远都不会知道了，因为我们已经选择了另一条路。我们觉得，与其回避竞争对手，或是坐等它们欺上门来，不如与它们来个正面交锋。这是我们所作出的最明智的战略决策之一。事实上，就算我们的故事没有证明关于自由市场制度的其他任何东西，它至少消除了人们对于这一看法的疑惑。激烈的竞争对于商业是有益的——不仅对顾客来说是这样，对于不得不互相竞争的公司也是这样的。我们的竞争对手磨砺了我们，使我们更好更强，没有它们，我们做不到这一点。要是没有凯玛特，我们肯定不会像今天这么棒，而且我想他们也会承认，正是我们促使他们成为了更好的零售商。西尔斯之所以远远落后于我们，原因之一就是他们从来都不肯承认沃尔玛和凯玛特是他们真正的竞争对手。他们不把我们两家放在眼里，于是我们一阵风似的超过了他们。

巴德·沃尔顿：

毫无疑问，正是竞争成就了沃尔玛，从最开始就是这样。在整个美国，没有一个人比山姆逛过更多的零售店——各种各样的零售店，不仅仅是折扣商店。他在全世界都这么做。他逛过澳大利亚和南美的店，逛过欧洲、亚洲和南非的商店。只要提到这一行，他的脑子里就充满了好奇。而且他最喜欢做的事情可能就是跑去一家竞争对手的店里，看看能够学到点什么。

刚开始的时候，我们只是与其他地区性的折扣商交手，像是吉布森店和斯特林开设的玛吉特折扣超市。我们并没有直接同凯玛特进行竞争。为了让你能全面地看待这个事情，我想把凯玛特和沃尔玛进入市场十年内的情况作个比较。我们有50多家沃尔玛分店和11家百货店，每年的销售额大概是800万美元，而凯玛特有500家店，每年的销售额超过30亿美元。但自从凯玛特在1962年开设第一家店以来，我就一直对它很感兴趣。我经常去他们的店里转，因为那就是我的研究室，当时他们比我们经营得更出色。我花了非常非常多的个人时间在他们的店里转悠，同他们的人交谈，试着找出他们做事的方法。

在很长一段时间里，我一直心痒痒地想要试试同他们对抗的运气如何。1972年，我们终于看到在阿肯色州的温泉城有一个绝好的机会——这个城市比我们惯常进入的城镇要大得多，但离我们的大本营很近，遍布着我们的熟客。我们看到凯玛特在那儿一家独大，真的是完全占据了市场。他们没有遇到什么竞争，定价和利润都非常高，以至于他们几乎从不打折。我们把菲尔·格林派去那里开设第52号分店，也许你还记得吧，就是在那儿，他用世界上最大的汰渍展销会，以及各种其他大胆得要命的促销活动引发了一阵狂潮。他把商品的定价降到极致，从凯玛特那儿拉来了一大帮顾客。

巧得很，就是在那个时候，哈利·坎宁安决定从凯玛特CEO的位置上退下来，正是他在担任S. S. 克莱斯基公司董事长的时候创建了凯玛特。这对于我们简直就像破晓之光。在这十年之中，哈利实际上正是那个使得折扣销售业合法化的人，也正是他使得凯玛特成为了我们这一行的典范——尽管说起来我的好朋友约翰·吉塞也是一个领先于时代的先驱人物，他帮着创立了塔吉特和温彻。

哈利·坎宁安：

从山姆最初进入人们视野开始，他就在吸取几乎所有凯玛特原创的设想，这显而易见。我一直非常佩服他落实——并进一步发挥——这些设想的方式。很久之后，当我退休了，但仍然是凯玛特董事会成员的时候，我试着提醒公司管理层，他对于我们是个多么大的威胁。但直到最近，他们才开始把这当回事。

我觉得我们真就像是一只小蚂蚁，叮了大象一口，而大象没有马上作出反应。也许哈利是对的。也许他们直到很久以后才开始把我们当回事。不过我一直相信我们对他们发起的正面冲锋让他们很是恼火，就像我们在温泉镇做的那样。就在几年之后，大概是1976年、1977年的样子，我们明确地得到了这样一个讯息：凯玛特（当时拥有1000家店）觉得沃尔玛（当时只有150家店）有点儿不知道天高地厚了。他们突然向我们发动了直接攻势，矛头直指我们的后院——在我们业绩最好的四个镇子（密苏里州的杰斐逊城和波普勒布拉夫、阿肯色州的费耶特维尔和罗杰斯镇）开设了分店。当时，他们正以这样的方式在全国大肆扩张，所有的地区性折扣商都忧心忡忡。1976年，我们折扣商会在凤凰城召开了一次会议，会上很多人都在谈论如何避免与凯玛特正面竞争的方法。我有点儿生气，就告诉大家说，我们应该站起来同他们战斗。我明明白白地说了，我们就打算那么做。

赫伯·费希尔，詹姆斯威公司创始人、董事长及CEO：

凯玛特开了那么多家店，被看作是折扣销售业的成吉思汗。山姆一直态度非常鲜明：同他们正面交锋。竞争会让我们成为更好的企业。

他对每个人都是这么说的。就我个人而言，他是一个那么好、那么谦逊、那么安静的绅士。他常常会向别人讨教，总是随身带着一个笔记本或是录音机。他会学习你知道的每件事，不过作为回报，他也会毫不保留地同你分享他掌握的信息。

当然啦，现在他的公司是詹姆斯威的竞争对手之一。但他绝不会为此感到抱歉的。他觉得竞争会使我们成为更好的企业。他是对的。

1976年年底又发生了一些事情，的的确确帮助我们作好了竞争的准备。我们这帮子地区性折扣商建立了一个研究小组——当时我们各有各的地盘，没有竞争——在本顿维尔召开了第一次会议。像詹姆斯威公司的赫伯·费希尔、埃姆斯公司（AMES）的赫伯·吉尔曼、费罗德迈耶公司的戴尔·沃曼这些人都来到这里，参观我们的店，说出他们对我们经营的看法。哎呀，伙计，他们说出来的那些意见真是让我们大大地震惊了。

尼克·怀特，沃尔玛执行副总裁：

当时比尔·菲尔德负责罗杰斯镇的分店，迪安·桑德斯掌管着西罗亚温泉镇的分店，而我掌管着斯普林代尔的分店——都离本顿维尔很近——所以我们都随行了。那些家伙——所有那些公司的老板——简直把我们的店说得一无是处，不停地跟我们说各个地方做得有多不好。标识牌一无是处啦，这件商品的定价太高了啦，这件商品甚至都没标价啦，这种商品存货太多了而那种商品存货又不够啦。我的意思是，他们真的是很挑剔。

实际上，那正是我们事业的一个转折点。我们听取了他们的每一个意见，根据这些批评意见作出了很大的调整。这帮助我们作好了应对任何竞争的准备，尤其是凯玛特——他们对我们发动的攻势也许是沃尔玛有史以来遭遇过的最好的一桩外部事件。我们把我们的人召集起来，制定了一个大计划——促销计划、人员配置计划和广告营销计划——准备以此展开反击。因为我们在温泉镇对凯玛特采取的行动已经被证明效果不错，我们都对能在竞争中获胜充满了信心。

托马斯·杰斐逊：

凯玛特真正对我们采取行动大概是在1977年，我特别记得小石城发生的事情。他们在小石城北边向我们发动攻势，我们在那儿的7号分店在当时是我们业绩最好的店之一。他们来势汹汹，而我们奋起反击。我们告诉那里的经理说：“不管怎样，都不要让他们以比我们低的价格卖出东西去，任何东西都不可以。”我记得某个星期六的晚上，7号分店的经理给我打电话说：“你知道吗，我们现在已经把佳洁士牙膏的价钱降到了每支6美分了。”于是我说：“好吧，就保持那个价位，看看他们怎么做。”他们不再降价了，我们两家都刚好保持着6美分的价位。最后，他们退让了。我一直觉得这件事让他们了解了一些事情——我们不会轻易屈服的——因为在任何其他地方他们都再也没有用那么大幅度的降价来对付过我们了。

我们以那么快的速度变得日益出色，简直让人难以相信。在那些小城镇，我们完全同凯玛特打成了平手。在杰夫城和波普勒布拉夫，几乎是从一开始他们就没能成功地从我们这儿抢走顾客。一旦凯玛特到我们所在的地方开设分店，我们就更加努力地工作，让我们的顾客满意，而我们的顾客也从未背离我们。这给了我们非常大的自信。

但要记住，在那时，我们的销售额大概只有凯玛特的5%。而且我们刚刚经历了罗恩·迈耶离职引发的管理人员外流潮。所以我们花了好多工夫说服华尔街继续站在我们这边。有许多人认为我们不能承受真正的竞争。一位分析家，米切尔·哈钦斯有限公司（Mitchell Hutchins Inc.）的玛戈·亚历山大，在她对沃尔玛所作的报告中表达了对离职潮的很大担忧。她不知道这是不是会打击其他高管人员，使他们不愿进入董事会。她说他们也许会同“这位绝不会对经营‘他的’公司的其他人感到满意的老板”，换句话说，也就是我，不可避免地发生冲突。她还提出疑问说，已经退休过一次的我，是不是能像以前那样全力以赴地经营这家企业。以下是她在1977年1月撰写的关于我们公司的报告中的部分内容。

> 沃尔玛成功的关键要素之一，是因为在其所在的狭小的乡村市场缺乏竞争……显然在这种条件下经营比处于竞争环境中要容易得多。定价不需要太灵活，主推商品是否选择得当没那么关键，很简单，这是因为顾客没有别的选择……尽管沃尔玛自称其分店实际上能与凯玛特进行竞争，但该公司将尽可能回避凯玛特。虽然我们预测克莱斯基不会对沃尔玛现有的经营区域采取任何大规模的入侵行动，但可以预见，它能够采取措施遏制沃尔玛的地理扩张……假如克莱斯基公司采取了某些遏制性策略的话，沃尔玛将在接下来几年内陷入严重的困境。
>
> 我们非常希望能够推荐购买该公司的股票……然而不幸的是，该公司的未来看起来是不确定的，我们认为沃尔玛是那种不成熟的公司之一，随时都可能垮台。

像这样的报告对我们没有多大帮助，但事实上她对于当时形势的分析并不完全像今天看来那么错得离谱。她说的那些完全是可能成为现实的。只是她漏掉了一些关键点。她最大的错误就是对罗恩·迈耶离职后我们公司管理队伍的不信任。就像我之前说过的那样，有了大卫·格拉斯和杰克·休梅克进入董事会担任领导职务，我们公司就有了足够的人才，任何零售商都不可能指望得到更多了。近年来，我一直很是自豪于这样一个事实：我们发展最快的时期——也是零售史上最了不起的增长时期——却是在每个人都觉得我们已经成了煮熟的鸭子，就要被凯玛特那帮底特律佬一口吞掉了的时候。

玛戈·亚历山大以及其他人没有看到的另一点是，在竞争一线发生了一件对我们来说非常幸运的事：凯玛特自己遇到问题了。快到1976年年底的时候，他们收购了破产的格兰特连锁店遗留下来的200多家店面，把全副精力都放在使那些店重新投入运营中去了。除此之外，当时他们好像持有一种避免任何变革的管理思想，而这种思想在这一行里从来就行不通。我确信在他们的工作日程里，担心沃尔玛的优先级已经降下来了。有时候我回想起来，真是对我们当时面对的不是哈利·坎宁安——或是凯玛特现在的管理队伍——感到万幸啊。

不管凯玛特会怎样，到20世纪70年代末，我们在本顿维尔建立起来的这支新的管理队伍，已经使我们能够很好地应对接下来十年间的增长了。大概就是在那个时候，折扣销售业中许多野心勃勃的投机商开始陷入挣扎求生的境地。70年代中期国家经济衰退，而认真经营的商人之间的激烈竞争开始将那些投机者赶出这一行业。像凯玛特、塔吉特、沃尔玛以及一些地方性零售商，我们这些人的经营越有效率，我们之间的竞争就越激烈，我们就越能够降低商品的定价。

这一行里的总利润率——实际上也就是商品的加价空间——已经从60年代早期的35%跌倒了现在的22%。这些都表明，那些去折扣店买东西的顾客购买的商品价值增加了，兜里的钱省了。所以那些没有有效运营的家伙，那些负债累累又奢侈度日、不关心员工的家伙，那些在进货时没有努力争取最大利益、并把这些利益传递给顾客的家伙，就都遇到麻烦了。1976年到77年，当我们看到凯玛特瞄着我们紧追不放的时候，就决定收购一些勉强维持的折扣商店来提升一下我们的扩展速度。

因为沃尔玛一直是立足本地进行经营的，所以这个时期我们的办公室里充斥着各种关于经营策略的争论，坦白说，我的立场经常变来变去的，每个参与讨论的人都快被我弄疯了。对于我们第一次真正的收购行动，我并没有想太多。那是在1977年，我的兄弟巴德和大卫·格拉斯谈妥了一笔交易，收购伊利诺伊州一家叫作“更超值”的小型折扣连锁店。他们每家店的年平均销售额是300万到500万美元，这似乎是在某些新地区建立滩头堡的好办法。我们关闭了其中5家店，然后把剩下的16家店改成了沃尔玛店，这对于我们的企业体系并没有造成多大的影响。

我确定这件事情完全没有拖慢我们的脚步，因为两年之后，也就是1979年，我们已经有230家店了，而且销售额第一次达到了10亿美元。在我们曾经经历的所有重要事件中，这可能是最让我印象深刻的了。我得承认，对于沃尔玛能成为一家销售额上10亿的企业，我是非常惊讶的。不过我看不出有什么理由就此驻足不前，大概就在这个时候，另一个收购机会出现在了我们面前。

这一次的收购引发了更为激烈的争论，但它帮助我们实现了一次地域上的突破，这对于我们的扩展非常重要。在东部地区，许多人不是很了解沃尔玛，直到今天仍然认为我们是一家“南方”折扣销售商。也许这是因为我们的大本营是在阿肯色州，绝大多数人都认为它属于南方，尽管我们的位置实际上更偏向中西部地区。也有可能是因为我们的“南方乡巴佬”形象吧。不过事实上，在1981年之前，在密西西比河以东地区，几乎没有什么我们的店。我们的业务主要是在阿肯色州、路易斯安那州、密西西比州和得克萨斯州，而田纳西州、亚拉巴马州、佐治亚州和卡罗来纳州则完全是一片空白。在整个南方地区，我们根本算不上有什么竞争力。

另一方面，在南方，库恩公司的比格－凯连锁店已经发展得规模相当大了。库恩公司的大本营在田纳西州的纳什维尔，开始的时候是一家单一的杂货店，那是1920年之前的事了。杰克·库恩和他的兄弟格斯把公司转变成了折扣销售店，进行了两次收购，使它发展成为一个拥有112家店的连锁企业，他们的业务集中在田纳西州，但在肯塔基州、亚拉巴马州、佐治亚州和南卡罗来纳州也有生意——我们觉得我们在所有这些州也能经营得很出色。我们的规模比他们稍大一些，但我们两家都一眼不眨地紧盯着对方。这有几分像是当初的老杂货店时代，一家连锁店，比如说TG&Y，是不能侵入另一家连锁店，比如说海斯泰德的经营区域的。我们知道不管怎样我们也得打入南方地区，于是我们跨过密西西比河，在田纳西州的杰克逊开了一家店。我猜这可能把他们惹急了。他们便在阿肯色州的西海伦娜和布莱斯维尔开设分店作为报复。实际上，我们正在向着库恩公司步步逼近，而且我们的确经营得比他们出色。说真的，他们当时已经开始显出了颓势。他们举债修建了一座花哨的总部大楼，而且已经有相当多的亏损了。

我花了相当多的时间来下决心采取行动。我想在凯玛特或是别的人反应过来占据那块地盘之前抢先进入那个地区。这似乎是我们应该采取的一个非常大的竞争性举动。但我们之前还从没吞掉过这种规模的企业，我们不知道试着消化它会是怎样。我们反反复复地考虑。来回思量了大概两年时间。最后，一天早上，执行委员会坐下来投票表决，结果支持和反对的人各占一半。这倒是无妨，因为这个结果刚好给了我一个机会，来承担作出最终决定的责任。这件事情实际上一直都很不明朗，还伴随着大量的争议。最后，我投了赞成票。我们不知道要怎样着手把库恩公司那一摊子纳入我们的企业体系，不过我们安排保罗·卡特负责这件事情，于是有好一阵子他都来回穿梭于纳什维尔和本顿维尔之间。

保罗·卡特，沃尔玛执行副总裁及财务主管：

那是为数不多的几次中的一次，我们看到董事长行使他的特权并说："我们就这么办吧。"这次收购对于沃尔玛来说是一项新的命题。刚开始的时候我们觉得可以在纳什维尔进行运营，把那儿作为一个单独的分部。接着我们改变了主意，决定关闭那儿所有的办公室，把一切事务带到本顿维尔这儿来。那是我们在地理上曾经到达的最远距离，现在回顾起来，我想把运营放在这儿进行的决定，对于从当时到现在我们经营沃尔玛的方式有很大的影响，这使得所有的区域经理都以本顿维尔为基地。

我出发去那儿处理比格－凯的事务时体重是190磅，回来时只有165磅了。这次收购行动对于所有我们这些参与其中的人来说都是一场战斗，对于整个公司来说则是一次大的扩展。不过我肯定在某些时候，这对于任何企业来说都是有益无害的。杰克·休梅克把这件事看成是在向外扩展的形势下学习和实现更好交流的一次机会。虽然挺不容易的，但这次收购行动的的确确对我们公司很有好处。就像一只毛毛虫蜕变成蝶，我们经过这次收购之后，已经真正作好了展翅飞翔的准备了。

我们关闭了库恩公司的部分亏损商店，而且第一次，我们试着借助外面的公司，也就是第三方配送商来给商店供货，这在以前可是完全没做过的事情。不过一旦我们弄明白了怎样应对，这次收购行动就给我们带来了一个绝好的发展局面。我们从那时候开始实现了爆发式增长，几乎每年都要开设100家新店，有些年甚至超过150家。我觉得收购库恩公司的行动给了我们新的信心，让我们觉得可以攻克一切。

我不知道我们公司执行部门的人是怎样看我的，不过我知道，我那种让每个人应付那么多接踵而来的问题的方式，让他们觉得很烦。不过我自认为比他们中的绝大多数人要更会把握机遇。在类似决定收购库恩公司这样的事情上，我会试着用数据玩一种“要是……又会怎样”的游戏。不过总的来说，是我的直觉促使我作出最后的决定。要是感觉是对的，我就会支持，要是感觉不对，我就放弃。当然了，有时候这也会让我犯错。

比方说在1980年代早期，我周游世界，考察全球零售业的竞争形势。我去了德国、法国、意大利、南非、英国、澳大利亚和南美，看到了许多让我很感兴趣的想法。在巴西，一家巨型家乐福超市给我留下了深刻的印象，促使我开始了一次将所谓的“大卖场”概念——也就是同时出售食品和日用杂货的巨型商店——在国内推广的行动。我跑到欧洲进行了核实，回来以后非常卖力地推行这个概念。我同每个人争辩说，除了美国以外，全世界都成功实行了这一概念，我们应该抢先利用它来取得竞争中的优势地位。我非常确定这将会是下一个烽烟战场。

最后，我们在达拉斯与沃斯堡之间的地区开设了两家大卖场，一家在托皮卡，一家在堪萨斯城。到那个时候，我们已经在这一行里赢得了足够的重视，所以凯玛特紧随我们之后提出了他们自己的大型卖场概念，称之为“美国农贸市场”。我们的大卖场倒说不上是场灾难，但经营状况的确让人大失所望。它们都只是勉强盈利，这让我们明白了，我们接下来的举措应该是把食品和日用百货结合起来，但将店面的规模缩小——我们把这一构想称为“超级市场”。但不管怎么说，对于大卖场在这个国家的发展潜力，我的看法是错的。

我们还进行了其他一些类似的尝试，只不过没这么大张旗鼓地进行宣传，它们的结果也同样不尽如人意。我们提出过“折扣药店”的构想，一度开设了25家店，但最后我们发现它不能产生足够的盈利，便决定关闭。我们还试营过一家家装维修中心，叫作“省利多（Save More）”，就在罗杰斯镇沃尔玛店原来所在的那栋房子里，也没有成功。就像大卫·格拉斯说的那样，一旦我发现自己错了，就会采取行动，去进行其他的尝试。

不过要是我的某项尝试奏效了，那就不得了了。就拿山姆会员店来说吧。我们在1983年开设它的时候完全是个尝试，现在九年过去了，它已经成为一个销售额上100亿美元的店了，拥有217家分店，增长潜力无穷。山姆会员店是大型的仓储式购物中心，针对的顾客是小企业业主和其他整批购物的顾客。顾客只需交纳一笔会费，就可以在山姆会员店购物。那里以批发价出售名牌商品，经常是些高档货——什么都有，从轮胎到照相机，从手表到办公设备，从鸡尾肠到软饮料。如果你之前从没去过，你会发现在里面购物很有乐趣，而且在那儿工作的员工也非常卖力。就像早年间沃尔玛店里的那样，他们时刻准备着为顾客提供服务。

我很遗憾，会员店这个构想不是我们发明的，就像折扣销售的理念一样。不过，只要把你放在我们所处的位置，哪怕只是一会儿，你就会明白我们为什么得从那些理念的创造者们那里把它们偷来。那是在1980年代初，我们从事折扣销售这一行已经差不多20年了。只有那些精明能干的经销商还留在这一行里，因为在这期间，商品的定价和利润空间都一直在不断下降。然后突然之间，我们注意到冒出了一批全新的折扣批发商，以低于我们的价格出售商品。这些批发商的运营经费非常低，他们的利润压缩到了5%～7%，远远低于折扣业22%的利润水平。既然是“每日低价”使得我们走到了今天这么远，我们就必须对这种新的做法进行发掘。特别是当我们了解到索尔·普赖斯——折扣销售的创始者之一——也在实施这一构想。他在1976年创建了普尔斯马特会员店。

于是在1983年的一天，我到圣地亚哥去见索尔。之前我曾同我的儿子罗伯一同拜访过他。不过这次，海伦和我是到西海岸去参加一次大型贸易商的会议，于是我们顺道同索尔及他的夫人，也叫海伦，在勒波克饭店共进晚餐。我坦白，当时我没有告诉他我准备照搬他的构想，不过我已经打算那么做了。

回来后，我跑到俄克拉荷马城，在那里我们以大概每平方英尺90美分，也可能只有75美分的价钱租了一栋老房子。我们对它进行了重新装修，抽调了一批颇有个性，或多或少在沃尔玛没有得到赏识的人凑成了一个班子，来进行经营。只有两三个采购员。我们匆匆忙忙地进行了规划设计，然后就着手将整个项目上马。我们在1983年开设了第一家会员店。当时的感觉又混乱又兴奋，就和沃尔玛创立初期时候一模一样。而且从一开始，我们就特意不厌其烦地将山姆会员店的风格同沃尔玛店的风格区分开来。当时我抽调的人里面有一个就是罗布·沃斯。他在沃尔玛公司实际上并没被当成一个优秀的管理人才而受到看重，因为他总是不同流俗，绝不随大流，而且有点儿爱鼓动事端。

罗布·沃斯，山姆会员店第一任百货部经理：

我提前就跟山姆说，公司里有不少人自高自大得很，这些人需要明白我们将要自己走自己的路。于是在一次周六晨会上，他站起来跟大家说——这是他的原话——“山姆会员店的运营将按照他们自己的方式进行。要是有任何采购员对这个有异议，觉得身为专门采购某一类商品的人就应该为整个公司进行采购，我建议你到我的办公室来见我，我们来个一对一的谈话，我会更详细地跟你解释解释。”从那一天起，我们就没遇到过任何问题了。

我们很快就接着在堪萨斯城和达拉斯各开了一家山姆会员店，然后又在休斯顿开了两家。这挺像沃尔玛店的发展。我们把这五家店开了起来，并且情况良好，我就知道我们能接着走下去。我们的确那么做了。我挺不愿意这么说，不过我猜你们很可能会管这叫作我的“第二童年”——至少是个“第二挑战”吧。我有了一个机会再次从头创建一个公司。我尽可能地事必躬亲，不过大卫·格拉斯也从一开始就参与了山姆会员店的大量筹备工作。

罗恩·拉夫里斯，沃尔玛资深副总经理，已退休：

我从沃尔玛调过来帮忙筹建山姆会员店。因为我们是仿照普尔斯马特会员店，所以有时候我们只是照葫芦画瓢，并不真正明白所以然。我们把一个诞生在西海岸的构想引入到中西部地区，而且并不知道它能不能被接受。我记得有一个做法照搬过来以后效果就不是很好。普尔斯马特会员店在店子前面放了一大堆葡萄酒。我们买了同样多的酒放在我们位于中西部地区的店子前面，结果事实无情地告诉我们，中西部的人们并不是葡萄酒爱好者。

汤姆·科夫林，山姆会员店资深副总经理：

这项事业充满了乐趣。真是这样。它非常简单。非常直截了当。我们不打广告，我们的全部业务都建立在推销我们的概念基础之上。我们向小企业业主推销这个概念：只要每年花上25美元，他们就可以拥有一个实时仓库，并享有同那些大公司完全一样的价格优惠。就像沃尔玛商店遇到的情况一样，我们的顾客渐渐了解并且喜爱上了我们的企业文化。他们知道在这些仓储店里没有那些虚头八脑的装饰。他们知道我们的管理人员可能就是那个开着铲车为他们取下货物的人。他们开始对山姆会员店充满了期待，并且喜欢上了它。

有时候，会员店之间的竞争会相当激烈。一次，我在圣地亚哥马里诺大街上一家很大的普尔斯马特会员店转悠，随身带着我的小录音机——就像平常那样——记录我对价格和销售的想法。这时，一个家伙，人高马大的，走过来跟我说："我很抱歉，不过我得拿走你的录音机，抹去你录下的内容。我们有规定，不能在店里使用录音机。"好吧，我们自己的店里也有同样的规定，我知道我被逮住了。于是我说："我尊重你们的规定。不过这里面还有我从别的店里收集的资料，我不想失去它们，所以你看能不能让我给罗伯特·普赖斯写个条子？"——罗伯特是索尔的儿子。我写道："罗伯特，你的人表现得很好。我正想在这盘录音带里记录一些你们商品的情况和一些我对你们店的印象，结果被他捉住了。喏，这就是那盘录音带。要是你想听的话，自然是有这个权利的，不过我还在上面记录了一些别的资料，我非常希望能拿回来。"于是大概四天之后，我收到了罗伯特送来的一封友好的短信，还有那盘录音带，里面的内容完好无损。他的反应可比我应得的好上很多。

山姆会员店的启动也反映出我管理风格的另一个方面，我不仅对我们的对手是这样，对我们自己的人也是这样。我喜欢让大家一直去猜。我不想让我们的竞争对手太舒服，觉得他们能够预见我们将要采取的举措。同时我也不希望我们自己的管理人员有这种感觉。我一直强烈地感觉，不断的变化是必要的，以免人们太过安逸从而不思进取。

到了1984年，许多人要是处在我这个位置的话，可能会对当时的情况感到心满意足了。我们有640家沃尔玛商店，每年的销售额超过45亿美元，利润将近2亿美元，同时我们还在以野火燎原的速度增长，山姆会员店也在不断发展。但我感觉我们得有所改变了。于是我给杰克·休梅克打电话，当时他是我们的总裁和常务总经理，我问他是不是介意同大卫·格拉斯互换职务，当时大卫是我们的财务主管。我猜在绝大多数公司里面，你是不会每天都能从董事长那儿听到这样的请求的。我非常仔细地估量过他们两个人的才能，不过我有我自己的理由，想看看这一职务调换会有什么结果。杰克非常聪明，有闯劲，对自己非常自信，以至于有时候对下属有些严苛，所以我想看看在大卫那样较温和的作风下大家会怎样处事。

杰克说，他已经知道自己不想在沃尔玛待到老，于是经过一番商讨之后，我们谈妥了这次职务调换。大卫担任总裁，而杰克则在公司再待上三年，担任财务主管。他干得很出色。现在，他从事国际咨询的工作，同时仍然是沃尔玛董事会里宝贵的一员。而大卫，当然已经成为了一位了不起的总裁，大概五年之前，我把CEO的头衔交给了他。也就在那个时候，杰克退休了。

虽然竞争使得每个人都得到了锻炼——事实如此——但我也不能假装在我们公司的历史里就没有气氛紧张的时期。这是一个高度竞争化的行业，而我们公司更是一个竞争激烈的地方。自然也吸引了很多满怀雄心的人加入进来，有时就不可避免会有自高自大的人。从我还是个玩橄榄球的小不点开始，我就相信几乎所有的竞争都是好的。我希望我们的人能够互相竞争，就像我一直说的那样，但我很不喜欢看到竞争变成人身攻击，那样的话我们的人就不会再互相支持了。

竞争实际上正是我如此热爱零售业的原因。沃尔玛的故事只是零售业竞争史上的又一个篇章——注意！是很重要的一章——不过它也只是这一行业发展过程中的一个部分。总是会有新的竞争对手冒出来。也许这会儿就有人正在制定计划想要超越我们呢。为了保证不被那些竞争对手超越，我们必须不断变革，并且要回顾过去，展望未来。这也是几年前我们买下迈克林公司（McLane）的原因之一。它是一家面向小卖部的大型分销商，应该可以成为我们打入这一市场的良好基础。我们感觉这一市场的顾客已经准备好接受我们经营的方式了。

如今，我看到许多海外的新竞争对手带着一些非常周详的计划进入美国市场了。一些来自荷兰、德国和法国的竞争对手值得留神。而且很快我们就会遭遇日本零售业概念的冲击。我不知道，沃尔玛只是停留在本国的话，还能不能真正保持领先地位。我想我们在不远的将来必须成为一家更加国际化的企业。我们已经在公司里成立了国际部，还同一家叫作西弗拉的墨西哥公司合资筹建欧来拉会员店（Club Aurrera），也是一家仓储式购物会员店。我们已经开了两家，并计划很快开设更多。不久以后，将来自其他文化背景下的人们快速而平滑地引入进来，将成为沃尔玛面临的一个真正挑战——但我们的人肯定能搞定。

最近几年来，在本国阵线上，折扣销售业内的竞争水平已经有了极大的提高。我们的竞争对手服务顾客更加周到，结款更为迅速。他们的商店也变得更整洁，商品陈列更得宜。他们加大了我们的工作难度。但至今为止，还没有任何一个竞争对手能够以我们这样的效率经销如此数量的商品。他们也不能把结构成本降到我们这么低，也不能让他们的员工向他们的顾客提供所有那些我们已经习以为常的额外服务：向顾客打招呼啦，微笑面对顾客啦，帮助顾客啦，感谢顾客啦。而且他们也不能像我们那样极有效率地运输货物和管理库存。

哪怕有一个人能够在任何一个方面比我们做得更出色，我们就真的会感到担忧了。不过到现在，还没人能够做到。

第十四章

扩大范围

沃尔玛公司在配送和运输方面做得如此成功，因为高层管理者将公司的这个部分看成一项竞争优势，而不是某种不得已为之的东西，或是不可避免的弊端。他们在这些方面投入了大量资金。有许多公司不愿意在配送上花费哪怕一毛钱，除非是迫不得已。而我们则毫不吝惜，因为我们不断证明它能降低我们的成本。要了解沃尔玛，这是一个非常重要的战略要点。

——乔·哈丁，执行副总裁，主管后勤及人事在零售和配送科技方面，沃尔玛公司赢得了世界性声誉，我因此受到了那么多的赞扬，让我们这儿有些家伙觉得挺逗乐。这倒不是因为我们不领先，我们确实领先。那些家伙之所以觉得逗乐，是因为自从我在1966年进了IBM办的那个学校之后，每次有人想要为这为那买些什么新系统时，我都要实实在在地和他们争辩一番，就像我告诉过你的那样。我希望他们在跑来找我之前，先好好想想自己打算怎样证明那笔花费是值得的。

然而毫无疑问，我们能将公司扩展到全国范围的主要原因之一，正是因为像大卫·格拉斯以及更早的杰克·休梅克和罗恩·迈耶这样的家伙“强迫”我在科技方面投入了那么多钱。没错，我争辩了，抗拒了，但最终还是签了那些支票。于是我们得以在通讯和配送两个方面走在了整个行业的前端。在20世纪70年代末期，凯玛特公司的管理层对于任何方面的变革都持强烈抵制态度——也包括抵制在各个系统方面的投资。而同时，我们的人就是坚信，计算机对于促进增长和降低结构成本来说是绝对必要的。现在，当然了，事实证明他们的看法完全正确，他们看起来就像是一个个先知。事实上，我甚至可以说，我们经由我们的配送系统实现的效能和规模经济，正是我们最大的竞争优势之一。

为此，一些人多年以来出了不少力，但大卫·格拉斯对于我们取得今天在配送方面的声誉作出了最大贡献。大卫提出了一个建立自动化配送中心的设想——由计算机将我们的分店和供应商连接起来——并且于1978年初在阿肯色州的瑟西着手建立一个这样的系统。

大卫·格拉斯：

瑟西配送中心的建立大概比我们实际所需要晚了两年，所以我们压力很大，想要尽快将它建成投入使用。当时沃尔玛遇到一个很大的问题，我们的扩展只能在本顿维尔配送中心方圆350英里的区域进行。所以，有些对我们持怀疑态度的人据此推断，我们永远就是这么个局限在本地区的中型地区性零售商了。我奋力争取瑟西配送中心的建立，想使它成为解决问题的途径。那的确是一个雄心勃勃的计划：我们的第一家远程机械化配送中心。不幸的是，我们太需要它了，结果不得不急急忙忙就投入使用，而随之发生的一些事情将它变成了一场灾难——我的灾难。情况的糟糕程度简直和山姆筹备的哈里斯分店开张有得一拼，甚至更糟。

配送中心的屋顶还没盖好我们就开始往那儿运货，没有一样东西能按照预期的那样运转——甚至连厕所也是。是个人都被拉去开铲车，像我们的数据处理主管格伦·哈伯呀，还有保罗·卡特之类的——直到哈伯撞翻了一个货架，把李施德林漱口水撒得满地都是为止。工作条件非常差，接下来你听说的事情就是工会正在磨刀霍霍。

那真是一场噩梦，以至于山姆都开始怀疑起整个机械化配送的设想。他真的拿不准这个办法能不能奏效。幸运的是，大概就在那个时候，他把丹·索德奎斯特从富兰克林公司挖过来了。丹来了以后，为我们正在尝试的这件事情提供了极大支持。他一直对机械化配送持信任态度，并且在1980年最终从我手中接管了配送工作。他在这上面继续做了很多工作，帮着引进了许多新方法，包括一个我们急需的新的库存管理系统。

幸运的是，我们扭转了瑟西配送中心的局面，使它开始发挥作用，当我们盘下库恩公司的所有商店之后，正是它拯救了我们。当时我们必须想出怎样为那些前库恩店配送货物的办法，我们同一家第三方配送商签了个协议，却最终变成了一场噩梦。于是我们在瑟西增设了一个库房，为那些前库恩店提供服务，问题迎刃而解。瑟西配送中心——今天我们表现最佳的配送中心之一——真的是我们整个配送体系的关键一环。一旦我们证明了它的确有用，就能够在任何地方复制这一模式，我们正是这么做的。

公平地说，我觉得我们今天的配送系统，不仅让我们这一行里所有人都艳羡不已，对于许多别的行业也是这样。现在我们拥有20个这样的配送中心，策略性地分布在全国各个销售大区——其中绝大多数距离它们所服务的分店只有一天路程，或是大概350英里。合起来的话，它们的面积大约有1800万平方英尺。我们的分店储备了超过8万种商品，其中几乎85%的存货是通过我们的仓库直接补充，相比之下，我们的竞争对手大概只有50%到65%。因此，我们的分店从通过计算机下单到收到补货的时间间隔平均只有两天，而我们许多的竞争对手——没法通过自己的运输网络运送这么多的货物——大概要花上五天或者更多时间。

除开时间上的节省和机动灵活性，光是成本节约这一项，就足以证明在这上面投资是值得的。我们将货物运至分店的成本只有不到3%，而我们的竞争对手运送同样的货物到分店，花费的成本可能介于4.5%到5%之间。这里的算式很简单：要是我们和我们的竞争对手以同样的价格出售同样的商品，那我们就能比他们多挣2.5%的利润。

乔·哈丁：

当你拥有并管理自己的配送及后勤渠道时，你就比那些依赖于第三方供应商的公司具有更大的竞争优势。它不知不觉就缩短了你从订货到交货所需的时间，而且你还能不断寻找办法来改善经营，设法让它变得更有效率。你绝对不用操心诸如“哎呀，那些人把我们的货运到哪儿了呀”这类的问题。在我们这里，对于需要货物什么时候运到，我们通常都一清二楚，这样我们就能作好时间安排，让货物在恰当的时间运抵分店。这样就保证了我们的货物周转率达到最大化，这点非常非常重要。要是顾客需要的时候你没有那样商品，你是没法创出销售额来的。

我们不仅将更多的商品存放在我们自己的配送中心，还依赖我们自己的卡车运输队，程度远远超过我们的竞争对手。我们的车队是全国最大的车队之一，也许是最大的。去年，大卫要求我们分管运输的副总经理李·斯科特试着在一天里面定位车队里的每一辆卡车和拖车，只是为了证明一下我们能够办到。当然李的确办到了，数到最后，李说我们拥有超过2000

辆的长途运输卡车和超过11000辆的拖车。凯玛特公司和塔吉特公司都将从配送中心运输货物的业务包给了第三方运输商，我们不像他们，我们一直觉得需要自己的车队。

为了拥有我们希望的那种灵活机动性——能力和反应速度都超过了我们能要求外人为我们做到的程度——我们需要我们自己的司机。他们是我们团队的一分子，致力于为我们的顾客服务，就像分店的员工一样。而且，伙计，我们就是有这样的司机。当你开车走在高速公路上，经过一辆沃尔玛的货车，我可以拿出所有的钱跟你打赌，那个坐在方向盘后面的家伙是个真正的行家里手。他不只是在驾驶一辆卡车，他正致力于为那些分店服务，而且他知道，自己是沃尔玛公司以及我们所坚持的一切在公路上的代表。我可以这么说，我们拥有全美国最最优秀的卡车司机，而他们的忠诚和热忱深深地影响着我们的公司。

李·斯科特：

我们的司机确实非常忠于自己的职责，也就是为分店服务。他们不断地向公司反馈信息，像是，看上去还挺好的商品被扔在商店后门外呀，商店里员工的态度和精神面貌呀之类的问题。很长一段时间以来，山姆会定期地在凌晨4点出现在驾驶员休息室，带着一大堆炸面包圈，然后坐在那里同司机们聊上好几个小时。

他会询问他们说：“你在分店里看到了什么？”“你最近有没有去过那家分店？”“那里的人干得怎么样？”“情况是不是越来越好了？”这很有意义。同公司里其他的人相比，司机每周会接触更多的分店。而且我觉得山姆喜欢同他们谈话的原因，是因为他们不像许多经理那样，他们才不在乎你是谁，他们会告诉你真实的想法。

当然，使得整个配送系统运转得如此出色的唯一原因，在于所有参与其中的人们的奉献。技术和硬件只是工具。就像分店员工一样，配送系统中的人们坚信，他们的首要工作就是服务顾客。只不过对他们来说，顾客是他们为之供货的沃尔玛分店或山姆会员店。

有这种理念作为基础，我们发展出一种独一无二的能力，能够量身定做地满足我们分店的需要。举个例子，直到最近，我们还能够自夸说，我们每天向97%的分店配送货物。后来，我们发现这对于所有的分店来说并不一定是最好的，尤其是对那些规模较小的分店。所以现在我们实行一种量体裁衣式的配送方案，各个分店可以从四种不同的配送方式中任选一种。每六个月一次，每个分店选取一种最适合的方式。此外我们还有一种称为“快速交付”的方案，专门为那些距离配送中心有一定距离的分店设计。通过这一方案，一家分店能够在周一晚上下订单，在周二晚上收到货物。在这一行里，再没有别人，不管它们的货物配送距离有多近，能够做到这样快速的配送了。

当所有这些配送工作在某个我们的配送中心里进行时，那可真是一番值得一看的景象。你真得自己亲自去看看才能体会到，有时候我自己也很难想象。不过在这儿我会试着向你描绘一下。首先，你可以想象一栋面积大约为110万平方英尺的建筑物，大概相当于23个橄榄球场那么大，有时占地多达150英亩。从地面到屋顶堆满了你能想象到的每一种商品，从牙膏到电视机，从卫生纸到玩具，从自行车到烧烤架。每件东西都有条形码，每箱货物从入库到出库的位置和移动都在一台计算机的跟踪之下。大概有600到800名员工在这里工作，每天24小时一刻不停地忙活。建筑物的一端是一个卸货码头，有可供30辆卡车同时卸货的装卸门——通常是全部都在工作中。另一端是出货码头，有时有着可供135辆卡车同时装货的装卸门。这些货物在仓库中，通过最长达8.5英里的激光制导传送带运进运出，也就是由激光扫描货箱上的条形码，然后引导货物运往某辆卡车——这辆卡车当晚将为某家下了订单的分店送货。在某些繁忙的日子里，这些传送带每天也许会运送大概20万箱货物。当系统全速运转时，你只能看见货箱沿着传送带飞速运送的模糊影子，还有四处闪耀的红色激光，指引着这个箱子运往那辆卡车，或是那个箱子运往这辆卡车。在外面的停车场，成群结队的沃尔玛货车整天轰隆隆地开进开出。每次到这些配送中心去，同那里的员工和司机们交谈、喝咖啡，我都非常兴奋。令我吃惊不已的是，他们总有那么多改进这一系统的点子。说了这么多，要是你得到印象是，我对于我们在配送方面做到的一切感到骄傲，那就对了。

不过，要想对我们的配送系统有个整体印象的话，你还得认识到，每天都有另外19个几乎同样的配送中心里都发生着同样的事情。为了持续我们的发展势头，除了上面说到的，我们还得不断计划越来越多的这种大型机械化配送中心的建造及人员配置。对于乔·哈丁和他的团队来说，这可不是桩轻松的任务。我们已经有大概30个这样的配送中心，计划在今后几年里投入使用。它们已经在设计中了。

自从大卫·格拉斯于1976年加入我们之后，就一直敦促我在这个系统上投钱、投钱、再投钱，而且谢天谢地，他总是能说服我。于此同时，他和杰克·休梅克还极力主张大量投资以建立越来越多、越来越好的计算机系统，这样我们就能对整个公司的销售状况、商品库存进行跟踪——尤其是各个分店的情况。当杰克在1978年担任我们的总裁及常务总经理时，他花了九牛二虎之力促使我在条形码及存库标识存储系统上投资。杰克还大力投入到我们卫星系统的建立中去，事实证明它成为了我们另一个极大的竞争优势。

杰克·休梅克：

格伦·哈伯是我们的数据处理主管，他和我都梦想要建立一个交互式的通讯系统，这样我们就能在所有分店、配送中心和公司总部之间实现来回交流。格伦提出了利用卫星的想法，我说："我们先别告诉任何人，先试试看。"于是我们就着手干起来，直到准备好可以拿上台面，然后我们告诉了山姆。他只是听着，他也不一定是阻拦我们，但也没有鼓励我们。山姆从来就对系统什么的没兴趣。

在1980年代早期，实际上还不存在针对某家零售商的这项技术。但我们与M/A-COM公司[①]取得了联系，并同他们签订了一份合同，最终花费2400万美元来建立这个系统。系统于1983年投入使用，最初两年里山姆恨不得吃了我们。它不是立即见效的，但我们终归让它起效了。当然了，现在是家公司都有这么个系统了。

事实证明，卫星系统是绝对必要的，因为一旦我们在各个分店里有了那些扫描设备，就能将所有的数据通过电话线路传到本顿维尔总部。那些线路容量有限，当我们开设的分店越来越多时，就遇到了信息堵塞的问题。你知道的，我喜欢尽可能快地拿到那些数据。我们越快获取信息，就能越快作出反应。这个系统已经成为我们的重要工具，而我们的技术人员也做了大量的工作，设法让我们最大限度地利用这个系统。

不过在我对系统什么的态度上，杰克说的一点没错，我确实不怎么对

① M/A-COM是射频微波器件的知名生产商，主要为无线通信、汽车、测试测量、雷达、电子对抗及航空航天等提供产品和服务。

它们感兴趣。几年前，我们在公司总部大楼的旁边修建了这座巨大的建筑物——大概有13.5万平方英尺——就是用来放置计算机的，而且当时每个人都跟我说，我们还得增设多少地方才够用。我的意思是，就在两三年前它还几乎是空的呢。好吧，现在倒是已经满满当当地放上了计算机设备。当我回头想的时候，也难怪。我们花了差不多7亿美元用来建立现有的计算机和卫星系统。人家告诉我说这是世界上最大的民用数据库了——甚至比美国电话电报公司的还要大。

我对这些都无所谓。我喜欢这个系统的地方在于，我们能够通过它得到即时信息——所有那些数字。举个例子，我们储存了65个星期以来沃尔玛分店或山姆会员店里每样存货的信息。也就是说，我可以随便拿起什么东西，比如说我办公室里用的这个小型电视—录像一体机，然后告诉你在过去16个月里我们购进、卖出这种东西的具体数目。不仅有总数，还有任何一个区域、任何一个销售分区、任何一家分店里的具体数目。任何一个制造商对他们商品在我们店里销售情况的了解都不会比我们更多。我觉得我们一直都清楚，信息能够带给你某种力量，而我们通过我们的计算机能够做到的程度，的确赋予了我们拥有强大竞争优势的能力。

我可以走进那间卫星设备室，我们的技术人员坐在那儿，在计算机屏幕前，通过电话同任何一家可能遇到了系统问题的分店进行通话，而只要站在他们身后看上一两分钟，我就能知道不少当天的详细情况。从屏幕上，我能看到当天我们收回了多少失窃的银行信用卡，我能看到我们的“七秒钟刷信用卡”系统是不是像预期的那样工作，我还能监测当天成交的数额。如果我们有什么要紧的事务或是紧急情况，需要同分店或是配送中心交流——某些重要事情需要进行面对面的会谈——我，或是任何一个沃尔玛的主管，都可以走到电视会议室，通过卫星转播进行电视会议。还有，就像我之前曾告诉过你的那样，每个星期六早上大概3点钟的时候，我都到公司里来，查阅那些电脑打印出来的资料，准确把握本周的情况。

所以你看，在保持发展、维系管理方面，技术和配送是“沃尔玛力量”中同等重要的部分，就像你这些年来听到或者读到过的那样。但是当你看到我们大楼外面所有那些卫星锅，或是听说大楼里面摆满了那么多的计算机，或是看到某盘介绍我们激光制导配送中心的录像带时，可千万别被骗了。要是没有恰当的管理，没有整个系统中所有那些尽心尽力的员工和卡车司机，那些东西都是没有用的。

第十五章

谦虚经营的六个要素

好吧，山姆，你现在到底想要这家公司发展到多大？你有什么打算？

——费罗德·阿兰德，进入沃尔玛工作不久

费罗德呀，我们能搞多大就搞多大吧，要是我们能够只用自己的钱就发展壮大，我们也许还能再多开一两家店呢。

——山姆·沃尔顿

前不久，有人给我看了一篇1960年一家地方杂志上的文章。题目是《年度成功故事》，描述了我们怎样建立起一个有着9家杂货店的“零售王国”的故事。接下来文章里引用了我的话，说我们可能不会再扩展得更大了，因为我认为需要亲自监管这9家店，我觉得要是不增设管理者的话，再多开店就会“很难控制”。那么到底发生了什么呢？按我当时的那套理论，我们是怎么发展成为世界上最大的零售商的呢？

当时我是真的相信自己说的那些话，现在我还是相信。不过我们找到了一条路，既可以扩大规模，又能够保持盈利，就没什么道理裹足不前了。我管理企业时，总是努力想要保持一种亲力亲为、亲自督管的感觉——这通常是通过定期开着飞机四处巡视我们的商店来达成的。不过从最开始，甚至是从我在大学卖报的时候开始，我就已经懂得授权了，我总是千方百计雇佣尽可能好的人选来管理我们的商店。这种情形可以一直追溯到我们在纽波特的时期。

从1945年买下纽波特正街上那家小店起，我们经历了许多，但几乎每一桩我们学到的事情，每一条我们在将那家店建设成为一家大企业的过程中所采用的原则，都依然适用于今天我们的公司。很难想象还有哪家企业能像我们这样，三十年以来一直保持着颇为可观的增长，同时没有遇到任何严重的财务问题或是亏损情况。在那个时期，我们的营业额以每年30%的速度增长，在有些年份甚至达到了70%，真令人难以置信。

一路走来，总是有很多人在等着看我们摔跟头，看我们垮台——特别是华尔街的某些家伙。他们说，当我们的销售额达到10亿美元以后，就不可能再按原来的方式经营了。但我们就是这么做了，而且保持着良好的发展势头。于是他们又说在我们的销售额达到100亿美元时我们就会垮台，因为没可能凭着我们那种南方小镇的管理理念来管理一家那么大的公司。我们轻轻松松地超越了那个目标，然后是200亿美元、300亿美元，明年（1993年）我们可能达到530亿美元的销售额。两年前（1990年），我们的利润首次达到了10亿美元，而仅仅十年前我们的利润才是4100万美元，这真是一大飞跃呢。看看下面这张表，连我都完全震惊了。

	1960年	1970年	1980年	1990年
销售额（美元）	140万	3100万	12亿	260亿
利润额（美元）	11.2万	120万	4100万	10亿
商店数目（家）	9	32	276	1528

所以说，我们现在已经是世界最大的零售商了，而且还在迅速壮大。要是上面这张表还没能为你足够清晰地描绘出我们公司的规模有多大，还有一些其他的办法可以让你了解。每个星期，会有差不多4000万人在沃尔玛买东西。去年，我们卖出的男式女式内衣和袜子足够让每个美国人都分

到一套，还有剩余。我们卖出了1.35亿条男式内裤、1.36亿条女式衬裤、2.8亿双袜子。全美国的钓鱼线，有四分之一是我们卖出的，连起来足有60万英里长，足以绕地球24圈。我们卖出了5500万套运动服和2700万条牛仔裤，全美出售的电话机，差不多有20%是在我们这儿卖出去的。还有一个例子，是我个人感到非常骄傲的：我们的自创品牌奥尔罗伊牌狗粮，去年一个星期卖出的数量相当于整个1980年一年的销售量。去年它的销售额达到了2亿美元，已经成为全美销量第二的狗粮了，还有，记住，我们只在沃尔玛店销售这种狗粮哦。另外还有个例子：宝洁公司卖给沃尔玛的产品比卖给整个日本的都要多呢。

我可以接着举例子，不过你已经有概念了吧。我们规模很大，真的很大。不过，这并不是我的着重点。

我一直想要成为全世界最好的零售商，但不一定是最大的。实际上，就像我在三十多年前那篇文章里说过的那样，我总是有点儿担心规模太大会导致尾大不掉的情况出现。当然，规模这么大也的确有些好处。因为我们地处阿肯色州的偏僻地区，在我们的销售额达到10亿美元之前，许多供应商和厂商都无视我们的存在。有好些年，一些供货商甚至连电话都不会给我们打一个。现在，当然了，我们的规模已经大到不可能无视了。但是规模大也意味着危险。它曾经毁掉了许多不错的公司——包括一些大型零售企业——它们开始时挺强的，规模变大后要么得意忘形，要么脱离实际，要么就是对顾客的需求反应太慢。

我想说的是，沃尔玛规模越是扩大，着眼小处就越是重要。因为这一点正是我们成为一家大公司的原因——从不在行动时把自己看成了不起的大公司。首先，我们就是在小镇上做生意，而且，我们从来都不敢忘记——当我们挺起胸膛夸耀那些巨大的销售数字和利润数字时——这些成绩都是一天一天、一家店一家店积累起来的，都是由那些按小时领薪水的员工和他们的分店经理以及那些配送中心的工作人员们的努力工作、良好态度和团队协作创造出来的。要是我们一旦因为自己是销售额500亿美元的大连锁店——而不是一家阿肯色州布莱斯维尔或是密西西比州麦库姆或是田纳西州橡树岭的商店——就变得自视甚高，那你也许就可以对我们说“拜拜”了。要是我们一旦忘了看着顾客的眼睛对他或者她说声欢迎光临，有礼貌地询问能帮上什么忙，忘了这一点对于今天的每一家沃尔玛店就同当初在那家纽波特的小富兰克林店里一样重要，那么我们就真应该转而去干别的行当了，因为我们就不可能再在这一行里生存下去。

比尔·菲尔德兹：

我确信我们一直致力于从小处着想，同山姆在纽波特经营那家店的经历分不开。当时他既是企业家，也是当地社区的领袖人物。他把经营那家店时的基本理念看得很重要，其中有一些他希望我们永远不要丢弃。他看到了富兰克林店以及所有那些别的公司因为规模变得太大、注意力太分散而丢弃了那些理念，最终变得面目全非。所以他下定决心不让这样的事情发生在我们身上。

对我们来说，着眼小处是一种生活方式，几乎成了一种习惯。而且我觉得着眼小处是一种几乎任何企业都能够靠它赢利的方法。你的企业越大，你可能会越迫切地需要它。以我们今天的规模，要是还作为一家中央集权管理的连锁店来经营，每件事情都由高层决定，再向下传达到分店，这样的话，就会有各种各样编制、组织和运营上的压力。在那样一个体系里，完全不会有发挥创造力的空间，不会有有个性的经营者的一席之地，就像当初我在富兰克林店里工作时那样，更谈不上催生企业家或是创业者。老兄，我真的非常不喜欢在那样的地方工作，而且我每一天都在担心沃尔玛会变成那样的地方。我每时每刻都在提防我们的人做出那样的事情。当然，所有那些厂商啦供货商啦会很乐意看到我们变成那样。那肯定会让他们的工作变得轻松很多。要是沃尔玛里有任何一个人觉得我们公司天生就拥有“免伤护盾”，我希望他们立马卷铺盖走人，因为总是会有一些什么需要我们小心提防的。

数十年来，我们一直努力建设一家简单、高效、由基层把握方向的公司。这对像我们这样向全国各地飞速扩展的企业来说，真的是一件很不容易的事情。不过在这个过程中，我们学到了一些有关从小处着眼的实际经验，并由此发展出一些对我们公司的成功有着重大影响的原则。在你能完全了解我们为什么能走得像今天这么远之前，最好先了解这些原则。这样你就能看到我们是怎样在发展公司的过程中运用这些原则的。看看我们是怎么做的，也许会对那些面临着跟我们同样挑战的人有所帮助，这个挑战就是，既要发展企业，又不失去同顾客的联系。

我们的原则一点儿也不深奥。实际上，它们都是一些常识，其中大部分能在许多关于经营管理理论的书或者文章里找到——这些年来我阅读和研究了许多这种东西。不过我觉得我们将这些原则应用于沃尔玛的方式稍微有点儿与众不同。下面就是我们在沃尔玛施行的六种较为重要的方法，以真正做到着眼小处。

1. 一次只考虑一家店

这听上去挺简单的，但它真的是我们必须不断放到第一位来强调的。因为我们的销售额和收入的不断增加并不意味着我们比别人聪明，也不能说明是由于我们规模的扩大才取得这些成绩的。那只意味着我们的顾客在支持我们。要是他们不支持我们了，我们的收入就没了，我们就得去另谋出路，就这么简单。所以我们知道我们必须怎样做：不断降低商品价格，提升服务质量，保证在我们店里买东西的人满意。这不是什么因为我们想要，就能够从主管办公室遥控指挥的事情，必须得一个店一个店、一个部门一个部门、一个顾客一个顾客、一个员工一个员工地去进行。

例如，我们在佛罗里达州的巴拿马城有一家店，而在五英里之外的巴拿马海滩又有一家店，但实际上就商品种类及客源而言它们是完全不同的。一家是为去海滩的游客开设的，另一家则是普通的沃尔玛店，为住在镇上的居民开设。这就是为什么我们尽可能在每一家分店设置一位负总责的销售员，同时尽可能将其他的销售员培养成店里各部门的负责人。要想让商品种类真正合乎顾客需求，就必须让基层的销售员管事，他们才是真正一年四季每天都面对顾客的人。

这也就要求管理人员必须认真听取那些分店销售员的意见。我们在本顿维尔有218个采购员，我们必须时刻提醒他们，他们真正的工作是为分店的销售员提供支持。否则的话，你的公司就是一个总部遥控指挥的体制，就会同每家特定商店的顾客需求脱节，结果就会是，在巴拿马海滩的分店里堆满了卖不出去的工作靴、工作裤和猎枪，而那里的人们却急需水枪、鱼竿和玩沙子的桶、铲子；同时，巴拿马城里的分店则有一大堆卖不出去的海滩用品，落满了灰尘。

所以当我们在周六晨会上坐下来讨论业务时，我们总是会花时间集中关注一家店，讨论那家店要怎样应对当地市场中的某个竞争对手。我们会讨论那家店的做法，看看哪些是对的，哪些是错的。

大卫·格拉斯：

我们相信我们必须对公司的每个细微之处都进行讨论和核查。我知道其他的大零售企业——比如凯玛特、西尔斯、彭妮——在周末讨论销售情况时，不会讨论比大区更小的细分项目。我们会讨论各个单独的分店。这意味着我们可能会讨论亚拉巴马州多森镇的分店或是伊利诺伊州哈里斯堡的分店，这就要求与会的每个人都对那家店有所了解——怎样考量它的业绩，20%的增长率是好事还是坏事，工资支出情况是怎样的，竞争对手是谁，我们应该怎样应对。我们总是以最小的运营单位为依据来将公司的定位进行细分。再没有其他公司是这样做的了。

集中精力关注一家特定的分店能做成很多事情。首先，这能使我们真正地提升那家店的业绩，这是理所当然的。不过要是在这个过程中，我们刚好了解到某个特别的方法要比竞争对手更胜一筹，比如说那家巴拿马海滩沃尔玛店促销海滩浴巾的办法，那么我们就能很快地把这个信息传递到全国其他地处海滩的沃尔玛分店，看看这个方法是不是在各个地方都适用。这就引出了我们的下一条原则。

2. 沟通，沟通，再沟通

要是不得不把沃尔玛的体制浓缩成一个词，那可能就是“沟通”，因为它是我们成功的真正关键之一。我们通过多种方式来实现它，从周六晨会到非常简明扼要的电话交谈，到我们的卫星通讯系统。在像这样的一家大公司里面，进行良好沟通的必要性是怎样强调都不过分的。要是你发现了一种销售海滩浴巾的更好方法，却不打算告诉公司里的其他人，那又有什么意义呢？要是佛罗里达州圣奥古斯丁分店的店员到了冬天才知道巴拿马分店的促销妙招，就已经错过了一个大好的销售机会了。还有，要是我们本顿维尔总部的采购员不知道今年夏天我们海滩浴巾的销量将会翻倍的话，到时候那些分店就没有足够的存货可卖了。

现在，我把有关信息共享方面的经营管理文章看成是公司一个新的能量源泉。当我们的分店数目用一只手就能数得过来时，我们已经在这么做了。当时，我们认为应该让分店经理了解有关他那家分店的所有数据，后来我们又开始将这些数据同分店里各部门的负责人分享。我们在发展过程中一直是这么做的。这也是我们为什么会投入数亿美元建设计算机和卫星系统的原因——为了尽可能快地将所有详细资料在整个公司内传递。这的确很值。正是因为有了信息技术，我们的分店经理才能对大部分时间的经营状况有一个真正清晰的了解。通过卫星系统，他们能够接收到各种传递给他们的信息，及时得令人吃惊。他们分店每个月的盈亏报表、最新的销售数据——能够告诉他们店里什么东西卖得最好。当然还有好多不那么令人愉快的信息。

我没打算自夸说我们在这个方面做得十全十美了。我们也有信息误传的时候，就像那次把月亮小甜饼发到威斯康星州分店，其实当时他们并没有缺货。而且有时候，简单的态度问题同高科技一样重要。比方说，有这样一条规定，我们一直贯彻，而且我希望永远不要废弃：本顿维尔总部的采购员必须先回分店的电话，然后才能回供应商或是其他人的电话，而且必须要在接到电话当天的日落之前回电。

毫无疑问，我们现在的规模太他妈的大了，不可能让每家沃尔玛分店里的每个部门主管都花大量时间，同那些给我们本顿维尔总部打电话的供货商交流，所以我们努力想找到能够达成同样目的的办法。最近，我们开始为分店经理召开研讨会。我们会挑选一个部门，比如说体育用品或是园艺用品部门，然后从每个销售分区挑选一位部门主管——都是在分店里这一部门工作的以时计酬的员工。现在总共有184人。我们将所有这些人集中到本顿维尔总部，让他们同采购员交流，讨论什么卖得好，什么卖得不好。然后再安排他们同供货商会面，向供货商说明哪些产品收到过怎样的投诉，而哪些产品口碑很好。在这过程中，大家会一起制定下一季度的销售规划，然后这些部门主管各自回去，同大家分享学到的东西。

我们经常到各个分店视察，同时也会将员工叫到本顿维尔来，尽管如此，有时候我还是会觉得有些东西没有讲清楚。如果那是我强烈觉得非说明白不可的事儿，我就会立马跑到某台摄像机前面，通过卫星电视，向所有聚集在各个分店休息室电视机前面的员工讲话。几年前，大概在圣诞节的时候，我突然有一个想法，迫不及待地想要告诉大家，于是我走到摄像机前面，先同大家闲聊了几句我们的销售状况，稍微谈了谈我的目标，祝他们节日愉快，然后进入正题：“我想世界上其他任何一个零售商都不会做我将要提议大家做的事情。它很简单。也不会花一分钱。但我相信它能创造奇迹，就像对我们的顾客施放了真正的魔法，我们的销售额会上升，我想只要一两年我们就能把凯玛特那帮哥们儿远远抛在后面，甚至可能还有西尔斯。我要你们同我一起宣誓。我要你们承诺，不管什么时候，只要你十步之内有一个顾客，你都要看着他的眼睛，欢迎他，询问他有什么需要帮忙的地方。这会儿我知道你们中有些人天生害羞，或者不想去打扰别人，不过要是你按照我的话去做，我保证，这会帮助你成为一位领袖人物。这会帮助你的人格成长，你会变得更开朗，假以时日你可能会成为你们分店的经理，可能会担任部门主管、地区经理或是任何你想在公司里担任的职位。这会在你自己身上创造奇迹。我向你们保证。现在，我要你们举起右手——记住，我们沃尔玛人说到就要做到——我要你们跟着我念：从今天开始，我庄严宣誓，保证每次当我十步之内有一位顾客时，我会对他微笑，看着他的眼睛欢迎他。山姆与我们同在！”

现在我还没法知道，类似这样的小小沟通会对我们的员工或是顾客产生什么影响。不过我强烈地觉得，很值得动用卫星系统来唤起大家对这个点子的注意，而且当我说全国再没有其他的零售商能做到时，我是认真的。我知道的是——许多员工已经开始照我的提议去做了，而且我确信有不少顾客很欣赏这种做法。我们运用了大众传播工具来传达这个想法，这只是一个小小的构想，针对的是那些一线员工，要想让我们的顾客满意并且不断光顾我们商店，他们才是对此负主要责任的人。我不敢说我这番鼓舞士气的小小讲话有没有作用，不过从那年圣诞节算起，到我们的销售额超过凯玛特和西尔斯，所花的时间甚至要比华尔街最乐观的分析家估计的还要早上两年。

3. 听取最基层的声音

作为沃尔玛公司的董事长，所有科技方面投资的最终决定权当然在我手上，事实证明，这些支出对于我们的成功的确很关键。但老实说，我从没把计算机看得有多么神乎其神，它就是个辅助工具。计算机不会——也永远不会——代替你到各个分店巡查，代替你考虑将来的情况。换句话说，计算机能告诉你已经卖出了多少钱，甚至能精确到一分一厘，但它不能告诉你将来能卖出多少钱。

这也就是我们为什么始终坚持经理和采购员必须从本顿维尔总部的办公室里走出去，走进各个分店的原因。在阿肯色州罗杰斯机场的飞机库里，我们有12架飞机——其中只有一架是喷气式飞机，我很骄傲这么说——这也是这些飞机为什么会在那儿的原因。我们在空中飞来飞去，是为了倾听来自基层的声音。我们的整个差旅制度实际上是从我1960年管理那9家店时采用的办法发展而来的，当时我说我不想再扩大企业规模了。说起那时候，你现在肯定已经知道了，我都是乘着我的那架老派珀飞机，每周一次飞往那些分店，了解哪些东西卖得好哪些卖得不好、都有什么竞争对手、我们分店经理的工作情况、我们商店的面貌、顾客们心里的想法。当然，从那时到现在我一直在对各个分店进行巡查，几乎从未间断过，这也是我工作中我最喜欢的、让我感觉我作出了最大贡献的一部分，不过现在我们已经有差不多2000家分店了，所以必须有许多同事同我一起分担这项工作了。

今天，我们的理念同以前完全一样。我们的大区经理们做着同我在1960年一样的工作——真正亲力亲为、深入基层。现在我们有18位大区经理，他们都驻在本顿维尔总部。每个星期一的早上，他们都要挤进那些飞机里，飞越整个国家到自己分管地区的分店去。这是他们入职的一个条件。他们会在外边待上三到四天，通常是在星期四的时候回来。我们一直在往他们头脑里灌输这样的一个理念：他们必须带着证明不虚此行的点子回来，最少一个。他们回来后，就会同公司的高级主管一起参加我们周五早上的销售会议。而这些高级主管们要是想提出什么有见地的问题或是想了解第一手情况，也会在这周的早些时候去分店巡查。

当然，除了实地调查结果以外，我们的会上还有计算机打印出来的报表，告诉我们哪些东西销量好，哪些不行。不过这些会上真正有价值的情报，还是每个人从分店里带回来的东西。要是他们工作做得好，就能知道为什么某件商品卖得好，某件商品卖不出去，知道接下来我们应该考虑卖什么商品，应该把什么商品从货架上撤下来。要是他们去了那家位于巴拿马海滩的分店，看到某种防晒霜的陈列方法能大大促进销量，他们就可以把这种方法同其他地区的海滩分店共享。要是他们到了格兰德河谷的某家大型分店，发现我们在女装销售方面被某个竞争对手超越了，因为对方的商品种类更加适合当地的特殊品味，我们就可以开始着手进行调整。会议结束后，每个大区经理都要给地区经理打电话，再由地区经理把信息传达给分店经理，而分店经理就会通知部门经理马上行动起来。

大卫·格拉斯：

要我说，我们的周五销售会议在整个零售行业里面都是独一无二的。我们先是把所有的大区经理聚集到这儿，他们在会前已经进行了整个星期的实地考察——他们是直接管理分店运营的人。接着我们会把所有的采购人员召回本顿维尔——那些为分店采购货物的人。在零售业，运营人员和采购人员之间一直存在一种传统的紧张对抗关系。你知道的，负责运营的家伙说：“怎么可能会有人来买这玩意儿嘛？它就是个垃圾，我们肯定卖不出去的。”而负责采购的家伙就会反驳道：“这东西挺好的呀。要是你们这些家伙有点脑子，好好陈列，好好促销，肯定会卖到缺货的。”这样的情况到处都是，也包括沃尔玛。所以我们每个星期五都会让这些家伙围着桌子坐下来好好聊聊。

会上也会发生一些你见过的最最激烈无情的争论。不过我们有条规定，绝不会让一件事情悬而未决。我们一定要在会上作出一个决定，哪怕那是错的，有时候还真是错的。不过当大家走出会议室时，你就会对这件事情谁赞成谁反对有个清晰的印象了。而一旦我们在星期五作出了决定，我们希望所有的分店在星期六就贯彻执行。在我们这儿，不允许说这样的话："让我们考虑一下吧。"我们作出决定，然后付诸行动。

星期四，大区经理们一回来，我们就会让那些飞机搭载上一些采购人员，把他们送去访问某些分店。随着我们的规模越来越大，我们不断想出各种办法，以保证我们的采购人员能对分店的需求作出及时反应。现在，我们设置了称为"地区采购员"的员工，他们四处走动，协助分店经理针对各自分店的具体情况采购商品。针对采购人员的计划中，我最喜欢的一项称为"自己做菜自己尝"。每季度一次，每个采购人员都得去一家不同的分店，在他们为之采购商品的部门担任几天的部门经理。我向你保证，只要他们这么做过几次之后，就再也不会把过多的月亮小甜饼送到威斯康星州，或是把海滩浴巾送到堪萨斯州的海厄瓦萨镇去了。

4. 下放责权

一家公司发展得越大，对于我们来说，将责任和职权下放到一线，特别是下放到那些清点货架、同顾客打交道的部门经理手中，就变得越重要。当我们规模较小的时候，我可能不会很快想到这个问题。不过作为一个管理理论的热心学生，我在20世纪70年代中期就开始阅读W. 爱德华兹·戴明的著作了，他是一位著名的统计学家，教给了日本人那么多提高生产力和竞争力的办法。后来我和海伦去日本和韩国旅行了一趟，这次旅行使得我开始思考一整套与以往不同的办法，可以用来改进我们公司的管理。可能就是在那时候，我第一次开始考虑一些可以用来增强我们的团队协作，将更多的职权下放到分店员工手中的现实办法。

为了做到这些，我们采取的最出名的方法其实是关于着眼小处的经典范例。我们把它叫作“店中之店（Store Wihtin a Store）”，这个点子实际上非常简单。再说一次，在许多大型零售企业里面，部门经理只是一些每天按部就班、按时计酬的雇员，是些每天打卡上班，撕开箱子，把里面装的鬼知道什么玩意儿码上货架的人。但在沃尔玛，我们一开始就给予部门经理成为一个真正经销商的机会。即使他们运气不够好，没能上大学或是受过正经的经商培训，也可以拥有这个机会。只要他们发自内心地想要，为之付出足够精力，辛勤工作以提升销售技巧。我们有很多这样的例子，员工因为自己的工作体验而燃起雄心壮志，努力考上大学，然后在公司里逐步升迁。我希望我们公司里能涌现出更多这样的例子。

此外，这个办法之所以奏效，是因为我们老早以前就决定，将大量公司相关信息同员工一起分享，而不是把每件事都捂得严严实实。在“店中之店”的例子里，我们是让我们的部门经理自己管理自己那摊子事，有时候他们创下的年度销售额实际上比许多我们最开始时的沃尔玛分店还要多。我们同他们分享所有的信息：他们货物的进价、运输成本、利润率。我们让他们了解自己分店在公司业绩排行榜上的名次，并且给予他们各种激励手段促使他们力争上游。

我们一直尝试在自主管理和中央控制之间找到最佳平衡点。当然，同任何一个大型零售企业一样，沃尔玛也有一些规章制度是要求所有分店遵循的，有些商品是每家分店都必须摆上柜台的。不过我们也采取了许多措施来保证各个分店拥有一定的自主管理权。订购货物的责权归部门经理所有，促销商品的责权则归分店经理。同绝大多数其他公司相比，我们的采购人员在给分店进什么货上面也拥有更多的决定权。我们驱策他们四处奔波，很是辛苦，因为我们不想他们变得自高自大，觉得自己无所不能。不过事实上，我们的采购人员——就同我们店里的员工一样——就拥有职权方面而言在整个零售业都处于独一无二的地位。

5. 集思广益

这一条同下放责权是并行的。我们一直在寻求新的方法鼓励分店员工将自己的想法送上来。我们在周六晨会上这样做过很多次。我们会邀请那些想出方法——像是某件特别的商品或是别致的陈列方法——真正能对自己所在分店有所改进的员工来同我们分享他们的点子。

说到我们怎样将这一条付诸实际，单项商品促销比赛（VPI）是个很好的例子。从部门经理级别往上的每个员工都能选择一件他们想要促销的商品——不管是进行大型展销还是别的方式——然后看看谁的商品能创下最高的销售数。我一直认为这个比赛不仅仅是个促销的手段，也是一种教育我们的员工怎样成为更好的商人的办法，能够让他们了解怎样挑选一件合适的商品并且想出创造性的办法去销售或者采购它，或者两者兼得。这个比赛让他们有机会亲身体验我们在早年间做过的那些事。他们可以做任何异想天开的事，像是挑选一件商品，然后在商店正中间竖起一棵树，上面挂满毛绒小猴，再把他挑选的商品挂上去，或者是把一辆敞篷小货车开进活动展示区，在车里堆满擦车海绵来进行促销。

我们并不是只从员工那儿寻求销售妙招。在这方面我们最新的成果是一项称为“没错山姆，我们能行”的活动——顺便说一句，这个名字可不是我起的。再一次的，我们邀请那些想出省钱妙招的员工来参加我们的周六晨会。到目前为止，通过这些办法，我们估摸每年已经能节省800万美元了。而这些方法中绝大多数都只是些常识性的东西，之前之所以没人想到，全因为我们大家都只想着我们的规模有多大。这些方法都是源于着眼小处。我最喜欢的提议之一来自货运部的一名员工，她觉得很奇怪，为什么我们拥有全国最大的卡车车队，却要通过承运商来将购进的货物运到仓库。她想出一套程序，让我们自己的货车在回程时顺便搭载那些货物，通过这个办法，我们马上就节省了50万美元。于是我们把她叫来，认可了她的好点子，并且给了她一笔现金奖励。想想看，我们有足足40万名员工呢，肯定有更多的好点子等着我们去发掘。

汤姆·科夫林：

让我来跟你们讲讲沃尔玛商店是怎样有了迎宾员的故事吧。那得说回1980年了，我和沃尔顿先生走进路易斯安那州克罗利的一家沃尔玛商店。当我们推开门时，第一眼看到的就是一位年长的绅士站在那儿。他并不认识我，也没看见山姆，但他却开口说道："嗨！你们好吗？很高兴你们光临本店。要是有什么能效劳的地方，请尽管吩咐。"

不管是山姆还是我都从来没有遇到过这样的事情，于是我们开始同他聊起来。好吧，当他知道了正同他说话的人就是董事长，便解释说他这样做有两个目的：一是让人们一进商店就有个好印象，二是为了确保人们不会不付钱就带着商品出门。

后来我们了解到，这家店以前曾经遇到过商店行窃的状况，而这家店的经理叫作丹·麦卡李斯特，是个老派商人，他知道应该怎样应付这种麻烦。他不想因为在门口放个警卫把老实的顾客吓跑，但他想要给出一个清晰的讯号：要是你进店里来偷东西，会有人看到的。

好啦，山姆觉得这是他听到过的最好的点子。他马上回到本顿维尔，告诉大家说我们应该在每家店门口设置迎宾员。许多人都觉得他简直是疯掉了。

那些人觉得在商店门口设置迎宾员是浪费钱的行为。他们只是没能意识到山姆和丹·麦卡李斯特意识到的东西——迎宾员会为那些老实的顾客传达热情友好的讯息，而对窃贼们则是一种警示。他们完全反对山姆这么做。有些人竭尽全力想要说服他，他们试图把这个提议置之不理，好让它不了了之。

山姆只是一而再再而三地提出这个建议。每个星期，每次开会，他都要提到迎宾员的事情。不管什么时候，要是他走进一家分店却没有看到迎宾员，就会很不高兴。渐渐地，大家都被他耗得不行，他终于把这一想法贯彻下去了。我得说，那花了大概一年半的时间，因为大家真的是很反对，可山姆就是毫不松口。

我觉得他的“平反之日”是1989年的一天，那天他走进伊利诺伊州一家凯玛特商店，发现他们也在门口设置了迎宾员。

就算设置迎宾员的想法是这些年来我从分店员工那儿得来的唯一一个好点子，我还是会说，作为一个管理人员，花在造访各个分店听取员工意见上的时间是最值当的。而实际上，我们最好的点子常常就是从商店员工那儿得来的。就是这样。不过，我还是得说，迎宾员的点子其实是个例外，因为一般来说我对于需要增加人员和开支的主意并不太感兴趣。

6. 保持精简，反对官僚

不管什么时候，要是一家公司像沃尔玛这样飞速发展，就会出现许多重复的机构，同时也会出现我们不再需要的业务部门。没有哪个老板或是员工真正喜欢同这样的事情纠缠不清。这不过是人类的本性，没人希望自己的工作或是为自己干活的人被裁掉。但是对于一家公司的高级管理层来说，时刻考虑这一问题是不可避免的职责——为了确保整个公司未来的稳定发展。

一直以来，我处理这一问题的方法就是坚决执行我们只拥有五家分店时我所采用的相同准则。在那时候，我设法推行2%的营业费用制度。换句话说，销售额的2%应该足以支付我们的差旅费、办公费、我的工资和巴德的工资——在我们开始增设地区经理或是其他事务部门之后，还有这些人的工资。不管你信不信，我们从5家店发展到现在2000多家店，这条基本准则从没变过。实际上，现在我们真实发生的营业费用在公司经费中所占的百分比远比三十年前低得多，这其中还包括了维持计算机系统和配送中心的巨大花费——尽管那并不是配送中心运转的所有费用。没错，这包含了我们通过中央处理系统为各家分店供货而产生的各项费用。

一些零售行业的人总是问我这2%的规定是从哪儿得出来的，其实我只不过是凭空想出来的。在早年间，绝大多数公司把销售额的5%拿来作为营业费用。但是我们一直力图精简。我们用更少的人员进行运营，同其他公司相比，我们让我们的人干的活更多。我觉得我们大家都在起早贪黑地干活。这是我们的传统，我们的习惯。我们应该比我们的竞争对手更有干劲，更有效率，而且我们已经达成了这个目标。

许多第一次来我们公司的人多多少少会被我们的主管办公室吓一跳。绝大多数人说我的办公室，还有沃尔玛其他高管的办公室看起来就像在某个卡车中转站看到的那种房间。我们在一栋一层楼的建筑物里工作，这里既是办公楼也是货仓。办公室真的都不大，墙上覆盖着廉价的嵌板。里面从来没有高档家具或是厚厚的地毯，也没有专门为高管设置的吧台。我同大家一样，就是喜欢这些办公室。我们铁定是赢不了什么室内装潢大奖，但这就是我们所需要的全部，而且它们肯定都挺管用的。只要问问我们的股东就知道了。

大卫·格拉斯：

要是你不注意经常精简公司结构，自然就会出现冗余机构。你从没想要增设机构，但它们就是出现了。就是这样。你甚至都不会察觉到。所以你必须一直留神，消灭它们。你要知道，当年老汤姆·沃森在经营IBM公司时，规定从董事长到公司最低级员工，中间的层次绝不能超过4个。那也许正是IBM公司成功的最大原因之一。

这些道理可以用很久以前戴明告诉日本人的话来概括：第一次就把事情做对。在一家公司里面，当你遇到问题时，自然而然想要找出一个解决办法。可大多数时候，那个解决方法不过是增加了又一个冗余机构。你要做的应该是发现问题的根源，然后解决，有时候那就需要开除犯了过错的人。

我来跟你说个事例，这件事情曾经让山姆很抓狂，直到我们着手进行处理。当商品运到一家商店的后面时，它应该已经贴好了正确的价签或是当场正确标价。但是因为这项工作经常没有落实，所以我们增设了一个新的岗位，称之为扫描员，让这些人拿着手持扫描仪在店里四处巡查，以确保每件商品都被正确标价。这就是一个冗余之处。山姆每次只要一巡视商店，就会质问我们是不是真的需要这些人员。

好吧，我们的店里现在还有一些这种扫描员，但我们已经对销售流程进行了彻查，以确保事情从根本上得到解决，在这个过程中，每家沃尔玛店都削减了一两个冗余人员。那就是一大笔钱呢。

这其实真的是个非常简单的道理。你要做的只是在地上画条线，努力让冗余机构待在那条线后面。当然了，大家都知道，一年以后它肯定会越过那条线，你就得把同样的事情再来过一次。

我觉得我之所以会强烈地感觉到不能让自大情绪在沃尔玛公司冒出头来，原因之一就是，许多冗余机构实际上正是某些企业缔造者自大情绪的产物。有些人总喜欢在自己身边摆上大堆人马来强调自己的重要性，而我们沃尔玛不需要这样。要是你没有为顾客服务，或是为服务顾客的员工提供支持，我们就不需要你。当我们着眼小处时，还有一件事情需要我们始终警惕：自大情绪。不是说你在我们这儿工作就必须要夹起尾巴做人，但你最好懂得怎样保持低调，否则你就可能惹来麻烦，下场不妙。

那么，你现在应该已经明白我说“要做大，先做小”的意思了吧。说真的，我一点儿也不怀疑沃尔玛会把这一点坚持到底，然后到2000年的时候实现1000亿美元的销售额（2000年沃尔玛实际销售额达到1913亿美元）。这是个挑战。以前还从没有人做到过，但我们沃尔玛人会做到的。接下来，我坦白，最近以来我一直在考虑一个颇为极端的问题。对于这个问题我可能已经不能再做什么了，但我的后来者最后都不得不直面这个问题。那就是，即使做到了着眼小处，一家销售额高达1000亿美元的零售企业能不能真正做到像它应该做到那样的高效运营呢？是不是分成5家销售额200亿美元的公司会更好呢？

第十六章

沃尔玛的社会责任

我相信，每项权利皆包含一种责任；每个机会皆包含一种义务；每份财物都包含着一种职责。

——小约翰·D.洛克菲勒

到现在为止，我希望就这些年来我的经营重点是什么，我已经给了你一个相当清晰的印象了。要是我已经解释得够清楚，你就会知道，我自始至终都致力于建设我们能企及的最好的零售公司。就是这样。创造庞大的私人财富从来都不是我的目标，证据存在于这样一个事实里：直到今天，我和我家人的绝大部分财产仍然是以沃尔玛股票的形式存在。我想大多数处在我们这种境况下的人，可能早就去进行多方面的投资了。但就像事情发生的那样子，我们这种非常简单、非常个人化的投资策略，已经被证明比任何人所能预期的都要好很多。所以沃尔玛的股票使得沃尔顿家族成为一个非常有钱的家族——至少是在纸面上。

我绝不会否认我获取财富的方法是专一的。我一直专心于保证沃尔玛分店和山姆会员店沿着正轨发展，我必须得承认，我从没把太多时间或是精力花在考虑这类问题上，比如广义标准普尔指数暗示了我们家族的财富大概会有多少。也许那是因为我们从没有过任何想要出清我们股票的打算。虽然如此，每年的股息收入依然变得越来越多，这笔收入才是我们实际可用的财富。

就像我早先告诉过你的那样，这点儿钱好像天生就吸引着各种各样希望同我们分一杯羹的人。我们从不愿意让任何不值当的陌生人坐享其成，在这一点上我们绝不会改变想法的。我们不相信因为我们有钱，我们就应该被点名去解决每一个引起我们关注的个人问题、社会问题、州县乃至整个国家的问题。

不过，我们的确相信存在值得投入的事业，而且我们也意识到我们作为一个家庭是多么幸运。所以，我们致力于利用我们的个人资源，以我们觉得最有希望奏效的方式，尽可能地为那些我们感觉最需要帮助的人们做些益事。我们家族的捐赠覆盖了非常广的方方面面，遍及许多组织，重点则是教育方面。

我们绝大多数捐赠要么是匿名的，要么要求不公开捐赠者的姓名。我也不打算在这儿列出我们用于慈善活动的具体钱数，因为我觉得那只是我们自己的事情，不关任何其他人的事儿。不过我可以告诉你，我们已经尽到了自己的责任。

除了许多教育机构之外，沃尔顿家族的捐赠对象还包括教会组织以及社区建设——像是动物园、图书馆、休闲设施等。我们资助医院和医学研究项目，还有艺术团体、剧团和交响乐团。我们也捐钱给环境保护事业和退伍军人组织以及经济发展团体和自由企业组织。我们资助公立学校和私立学校。由于善举几乎总是从身边开始，许多受赠的社区或机构都与海伦、我或是孩子们有着私人的关联。不过我们也资助全国性的组织机构，或是一些具有全国性影响的大都市里的地方性机构，像是纽约和华盛顿。

海伦积极、公开地赞助许多机构，包括基督教长老会、欧扎克斯大学、国家女子艺术博物馆等。而我赞助的团体则有“公民反对政府浪费”

组织、“国际大学生企业家联盟”和“阿肯色州商会”等——这儿的人们坚持把它叫作“衣冠楚楚俱乐部”。

也有一些项目和计划，我和海伦非常偏爱，投注了非常多的个人感情、大力支持。在过去的十年中，我们一直为我们创办的一项特殊奖学金计划提供资金，将来自中美洲的孩子送到阿肯色州这儿的大学念书。目前大概有180名这样的学生，分别就读于三所不同的阿肯色州学校，我们每年给每名学生13000美元，用于学费、交通费、买书和食宿。我们是在中美洲旅行的时候想到这个点子的。当这些孩子学成回国后，就能为他们自己国家严重的经济发展问题做些事情了。谁知道呢，也许将来有一天，他们中就会有人在洪都拉斯或是巴拿马或是危地马拉——甚至是尼加拉瓜——经营沃尔玛超市或是山姆会员店呢！往近处说，沃尔顿家族每年还为70名沃尔玛员工子女提供每人6000美元的奖学金。

所以到现在为止，我们对自己所做的一切感觉都挺不错的。不过我也确实意识到还存在一个更严峻的问题，最近我就此想了很多。作为一个家庭，对于如何分配、利用我们现有的资源，我们目前还处在规划阶段，但这件事情要做起来真正难的地方是我死了之后怎么办。海伦和我期望的是，今后，每年至少要有一笔数额相当于全家股息收入的钱捐给非营利性机构。

我们会坚持这一做法，不管我们资助的是什么项目计划，它们都应该体现同样的一些价值观。打个比方，当我们为大学教育和奖学金提供资助时，我总是优先考虑那些要求受益人能够半工半读的项目。而且我也总是更愿意聘用那些在校期间勤工俭学的年轻人——毫无疑问这是因为我自己的成长经历。这样做的奥秘在于，激励那些没能接受教育的孩子完成学业，使他们懂得读书带来的好处。

所以，当我们开始从事零售业的时候，对传统的做法是挺不以为然的，当我们准备做慈善事业的时候，也是这样的。我们想看看我们是不是能够撼动一些确立已久的臆断——关于你能怎样教育人们，你能对那些自尊受到践踏的人们做些什么，你能怎样激发平凡人做出不平凡的事情。我们为此邀请了许多相关人士共同努力，例如我们刚刚就邀请了拉马尔·亚历山大，前田纳西州州长，现任美国教育部部长，到本顿维尔来参加了我们最近一次的家庭会议，同我们谈了谈他提出的一些关于改善公共教育制度的新构想。

我们热衷于改进教育，并不是因为什么突发奇想或是在什么地方读到了什么文章。我们每天都在沃尔玛看到这么做的必要。以前，只要你聪明伶俐，愿意埋头苦干，就足以在我们公司里得到一切机会。但是今天我们公司的组织结构那么复杂，而且在科技和通讯领域发展得那么快，所以这些方面的技术和知识已经成为我们事业中极为重要的一个部分。不管是谁，只要他紧跟世界商业发展趋势，这些对他来说都不算什么新闻了。这也正是我们前进的方向。所以要想成功，我们必须使我们的员工接受更好的教育和培训。

像许多其他公司一样，沃尔玛每年也会举办一次大型的为非营利组织“联合之路”募捐的活动，每次都在我们的员工中得到积极响应。事实上，我们将我们为“联合之路”募捐的数额写在板子上，就立在我办公室的外面，这样每个人都能看到我们做得怎样了。我们非常信任“联合之路”——虽然近来由于一些发生在全国总部的问题，这个组织受到了许多公众关注——但几乎所有我们在公司内募捐来的款项都指定用在了当地。我们信任立足本地的慈善机构，所以我们也为那些想要为自己选择的慈善机构捐款的员工设立了一项同步的补助计划。我们还大力资助“儿童的奇迹”电视栏目——它是为协助本地的儿童医院而开设的。去年，沃尔玛公司及其员工一共为这个节目捐赠了750万美元，是最大的捐助人。

我想有许多的公司把所谓的“捐赠标准”拿来说事，实际上只是想说“我们已经捐过了，你们还想怎样”。在我看来，沃尔玛是与那种公司完全不同的企业，我想说，我们之所以毫无保留地努力去推进我们的事业，一直是跟一个目标联系在一起的：要让在我们社区生活和工作的人们生活得更好。我们的公司非常有效率，每年能为我们的顾客节省下数十亿美元，不管你对这个说法买不买账，我们是买账的——为顾客省钱本身就是一种回馈，而且也是我们公司经营哲学的基础。

比方说，我们今年（1992年）创下了430亿美元的销售额。在过去十年中，从1982年到1992年，我们每年的平均销售额，比方说，是130亿美元。那么十年总共就是大概1300亿美元。如果我们为我们的顾客省下了10%的钱——要是没有我们，他们就会多花这笔钱了，而且我觉得这还是非常保守的估计——那就是说我们已经为他们节省了130亿美元。这130亿美元也正是我们的顾客那么喜欢我们的原因。事实上，在我们绝大部分的乡村销售区域，沃尔玛已经成为一股提升当地生活水平的重要力量，我们的顾客都认可这一点。

我们也做了许多事来关照我们自己的员工。有些你已经了解到了。我们的员工有大概20亿美元的利润分享基金，其中一部分我觉得公司本来是可以捐给慈善机构的。对那些遭遇天灾人祸的员工，我们会提供救济金。此外，每年，每家沃尔玛分店都会资助它所在社区内的一名学生，提供1000美元的奖学金。

尽管如此，我们非常强烈地觉得沃尔玛公司真的不是慈善机构，也不应该是。我们不相信这种做法：从公司账面上拿走大量现金捐给慈善团体，只因为一个简单的理由——反正这笔钱最后总会算到某个人头上去，不是我们的股东就是我们的顾客。几年前，海伦说服我本顿维尔这里的员工们需要一流的运动设施，我们两个自掏腰包支付了100万美元的工程费，再加上好几年的津贴使那些设施到位。我们为此付钱是为了表达我们对员工们诚挚的感谢，也是因为，我觉得不应该让我们的顾客或是股东来为类似这样的事情付钱——即使它的理由很说得过去。也许会有沃尔玛的高层想要拿大笔的公司资金捐给什么慈善机构，但我们从没这么做过，我们觉得，在资助慈善事业方面，应该给予我们的股东更多的自我支配权。

我们的一些股东从老早以前就对社区表现出慷慨资助——特别是那些早年间的分店经理，这真是让我特别自豪。威拉德·沃尔克和查理·鲍姆他们两位，就是这样用持有沃尔玛股票积攒下来的财富为社区做大好事。

我们相信，也许沃尔玛公司回报社会的最重要方式，就是致力于利用这个庞大企业的影响力来推动一些改变。我在这儿要谈到的一个比较好的例子，就是我们发起的“买美国货”活动，这是我们在1985年，为了应付美国日益严重的贸易逆差而发起的。

像美国其他的零售商一样，沃尔玛也从海外进口大量商品。在有些情况下——在我看来这种情况真是太多了——进口实际上是我们唯一的选择，因为许多美国制造的产品就是没什么竞争力，要么价格太贵，要么质量不行，要么两者兼备。我们决定致力于这个方面，看看能不能做些什么改善这一境况。我们想象的补救方法，并不是出于盲目的爱国热情不管不顾地购买美国货。我们，同任何其他零售商一样，只在产品能够高效率地生产，保证具有高价值的情况下，才会购买美国货。我们没兴趣在这儿搞慈善事业，我们也不想补贴那些达不到质量标准或是效能低下的美国厂商。所以我们的首要目标就变成了同美国制造商合作，看看我们巨大的采购能力能不能帮助他们出销货物，同时也拯救一些美国制造业的就业机会。我向我们的供应商发出了一封公开信，邀请他们同我们一起参与这个计划。“只要资方好好管理，”我告诉他们说，“沃尔玛相信美国工人能够做得很好。”

我们对这项计划的成果惊叹不已。事实证明，只要沃尔玛进行大量预购，并留出充分的交货时间，许多美国制造厂商就能在购买原材料、人员配备以及存货成本方面节省下足够的钱，实现可观的效率收益。这样的话，他们实际上能够以很有竞争力的价格，提供种类非常丰富的商品——法兰绒衬衣、蜡烛、男式绒线衫、女式毛衣、自行车、海滩浴巾、胶卷、录影带、家具，甚至是玩具。我们也对海外采购所花费的费用进行了一次仔细评估，发现了许多隐藏成本，比如说，货物一旦装船出港，就得算成我们的存货了。我们利用这些数据拟出了一个公式，能够让我们就某件商品海外采购与国内订购分别所需的成本进行一对一的比较。

现在，要是同样价格和质量的商品，这两项成本比较相差不超过5%的话，我们就选择美国产品，少赚点利润。

我们发现，我们以前是陷进了一种海外采购的下意识模式之中，没有真正去考察是否还存在别的选择。过去，我们就只是拿着我们卖得最好的美国制造商品，送到东方，说：“你们看看能不能做出像这样的东西。要是质量过得去的话，我们就订个10万件，或者更多。”我相信许多别的零售商也这么干过。今天，我们要求我们的采购员在习惯性地往远东地区匆匆寄去委托书之前，先到美国各处转转，像是南卡罗来纳州的格林威尔啊，亚拉巴马州的多森啊，密西西比州的奥罗拉啊，还有宾夕法尼亚州、纽约、俄亥俄州或是新罕布什尔州等等一些偏远的地方。如果我们愿意多麻烦一丁点，把生意分给他们一些——而那些制造商愿意继续想出创造性的点子来提高生产效率——我觉得国内采购这个想法还有巨大的潜力可供挖掘。

一如既往地，有些批评家——绝大多数是工会的人——为此对我大肆攻击。他们说我是扯虎皮做大旗，说这是典型的山姆·沃尔顿式的宣传手段，不过是为了掩藏我们销售大量进口货物的事实。要我说，恐怕这些人真是生活在过去的吧。他们完全不相信自由市场。

通过这一计划，我们估计拯救或创造了大概10万个美国制造业的就业机会。所以不管你是谁，在非议“买美国货”计划是作秀之前，都应该听听那些因此保住了工作或是得到了新工作的人们说的话。

法里斯·伯勒斯，阿肯色州布林克利法里斯服装厂总经理：

这是布林克利镇发生过的最好事情，无疑也是我所遇到过的最好事情。以前，我们同PVH公司[1]签了合同，为潘尼&西尔斯商店提供服装。但在1984年，他们告诉我们说所有的订单都转去中国了。为了保住这里90个人的工作，我们一个季度一个季度地苦苦挣扎，直到我接到那个自称是山姆·沃尔顿的家伙打来的电话。结果那真的是山姆·沃尔顿，而且他还想要我们为他生产5万打法兰绒衬衣。还有，我得告诉你这个，我为许多人工作过，只有他会直盯着我的眼睛对我说：“孩子，要是你们不能从这笔业务里挣到钱，就别接。”绝大多数零售商才不会关心制造商能不能挣到钱呢。

总之，现在我们为沃尔玛公司生产大概250万件衬衣，而且我们的员工数量也从山姆先生打电话来时的90人增加到了今天的

① Philips-Van-Heusen，是经营男装、女装、童装以及鞋类产品的服装集团，创建于1881年，全球第四大服装集团。

320人。我们知道这一切都应该感谢谁。每个圣诞节，我们都会给员工发放沃尔玛的礼券。

这项计划完全不包含任何慈善因素，而且事实上，我很高兴地说，它也为沃尔玛公司带来了大量直接的好处。我们每拯救一个工作机会，就为沃尔玛创造了一个新的潜在顾客，因为这个人不用再担心要去哪儿挣得下一块钱。他们有工作，我们就有顾客。所以我们大家都有好处。法里斯公司是计划实施早期的成功例子之一，从那之后，我们还同各种各样大大小小的美国制造商合作过，包括菲尔德克雷斯特-坎农公司（Fieldcrest Cannon，美国著名毛纺织品生产商）、3M公司（Minnesota Mining and Manufacturing，明尼苏达矿务及制造业公司，世界著名的多元化产品制造商）、新伴公司（Sunbeam，美国著名小家电生产商）、米罗·福莱公司（Mirro Foley，美国炊具行业老牌企业）、美国电子（U.S. Electronics）、肯托格斯公司（Kentogs，服装制造及批发商）、首都麦克瑞公司（Capital-Mercury，服装制造商）、咖啡先生公司（Mr.Coffee，小家电制造商，主营咖啡机）、拉思科公司（Lasko，家用电器制造商）以及赫菲公司（Huffy，美国知名山地车制造商）。

这一计划从1985年开始启动，截至1991年底为止，我们估计已经从国内采购了零售总值超过50亿美元的产品，之前这些商品我们都是从海外进口的。为了让大家记得这件事情，我们总是将最近的订单记录与计划过程中最新发生的故事张贴在大门边，让每个进出我们大楼推销产品的供应商都能看到。

出于相同的理念，我们很早就倡议保护环境，鼓励供应商和制造商尽可能地减少一切浪费行为，比如不必要的包装之类的。此外，在公益方面我们最新启动的一项计划是将“山姆美国精选（Sam’s American Choice）”商品——我们的自创品牌——销售额的2%捐作奖学金，提供给那些研究数学、自然科学与计算机科学的学生。

我们毫不低估今天沃尔玛在全球零售业中的影响力。我们知道我们非常有影响力——甚至可以说是举足轻重。所以现在我觉得对于我们的人来说，重要的是要记住，事情和过去不同了。以前我们是被人踩在脚下的那一方，每往前走一步都得拼死拼活；现在我们仍然需要精打细算，但更重要的是预防滥用我们的权势。我们要找出更多像“买美国货”这样的方式，通过它们来利用我们的影响力回馈社会。

第十七章

成功经营的十条法则

如果你花了非常多的时间同山姆讨论沃尔玛的成功，你就会注意到一件事情，他总是会像这样说：“这是整件事情的关键”，或者“那是我们真正的秘诀”。他同其他人一样清楚，成功并没有固定公式。有许多不同的因素使得我们走向了成功，他可以举例说明所有这些“关键”或“秘诀”，说上一整天。令人惊异的是，在差不多五十年的时间里，他牢牢把握住了所有那些因素——自始自终。

——大卫·格拉斯

我想我们已经回顾了这些年来，我的合伙人、同事和我是怎样将沃尔玛公司建设成为今天这样规模的故事了。在讲述中，我想我们也已经回顾了所有将公司引至今日不可思议的成功的法则。

在我们从事零售业的四十七年中，整个行业发生了翻天覆地的变化——也包括了我的一些看法。一路走来，我们在一些重大的观念上转变了思想，采用了一些新的准则——特别是在公司合伙制的想法上。但总的说来，绝大多数我们所仰仗的行业准则、规程和经营技巧是保持不变的。其中一些只是非常简单的老生常谈，看上去简直不值一提。

这不是第一次别人要求我总结一下成功的法则了，不过这的确是我第一次真正坐下来做这件事情。我很高兴自己做了，因为对我来说这也是一次反思。事实上大卫·格拉斯是对的。我好像确实是会时不时地从一堆事件里拎出一两桩来，称之为整件事的“关键”。但其实在我的成功法则清单上，甚至都没有列出“勤奋工作”这一项。可要是你还没领会到这一点，或者说你不打算那样去做的话，那无论从什么角度来说，也许你都根本不需要我的清单。另一项我没有包括在清单中的是“建设一个团队”。要是你想建立一家企业，不管规模多大，不用说，你绝对得要创建一个齐心协力工作的团队，并把“团队精神”那个用滥了的词落到实处。对我来说，这一项更多算是整件事的目标，而不是达成目标的某些手段。

我总是相信人应该有目标，而且应该把目标设得高些。我可以肯定地告诉你，沃尔玛的每个人前方都一直是有目标的。实际上，有时候在周六晨会上，我们会将目标的实施阶段绘制在图板上。

还有件事得说说，要是你真的打算在这儿得到我的建议，想在我所做的这些反思中得到一些重要的东西，那么请记住，这十大法则绝对不是经商“十诫”。这只是一些适用于我的法则。而我一直很自豪勇于打破任何人设立的规则，我也一直对那些敢于挑战我设下的规则的特立独行的人颇有好感。我可能一直在和他们较劲，但我尊重他们，而且，到头来，相比较那些对我一味附和的人，我更愿意倾听他们的意见。所以请特别注意第十条法则，要是你能正确地诠释它，运用它，它实际上很简单——打破一切规则。

下面就是我经营企业的十大法则，不管它们价值几许，反正都在这儿了。

法则1：献身事业

要比任何人更相信这一条法则。我想我正是通过带到工作中的满腔热情克服了自己身上的每一个缺点。我不知道你是不是天生就具有这种热情，或者能不能后天学会，不过我知道你需要它。要是你热爱你的工作，就会每天都力图将工作做到最好，用不了多久，你身边的每一个人都会从你那儿感染这种热情——就像热病那样。

法则2：与所有员工分享利润，将他们视为合伙人

反过来，他们也会将你视为合伙人，你们就能一起创造出超出最大想象的成绩。要是你想的话，可以一直保持只有一家公司，保持对公司的控制，不过你得做个合伙关系中的“公仆”式的领导者。

鼓励你的员工持有公司的股份。把股票打折卖给他们，承诺他们退休后能得到股份。这是我们曾做过的最好的一件事情。

法则3：激励你的同事

光靠金钱和所有权来进行激励是不够的。要不断地、日复一日地想出新的、更有趣的点子来激励和考验你的同事。设定高目标，鼓励竞争，然后进行评分。奖励要丰厚。要是事情开始变得陈旧乏味，进行交叉互动，让管理人员相互之间对调工作以保持挑战性。要让每个人不停地猜测你的下一个举措会是什么，不要让人一猜就猜到。

法则4：与同事尽可能多地交流每件事情

他们知道的越多，理解就越深，对事情就越上心。一旦对事情上心了，就没有什么能阻挡他们。要是你不信任你的员工，不让他们知道事情的发展情况，他们就会知道你没真正把他们看成合伙人。信息就是力量，你将信息与同事共享所得到的益处，远远大于将情报泄露给竞争对手的风险。

法则5：感激同事为公司做的每一件事情

薪水和优先认股权也许能收买几分忠心。但我们所有人都喜欢听到说，某人是多么感谢我们为之所做的一切。我们喜欢经常地听到这种话，特别是

当我们做了某件自己非常引以为豪的工作以后。什么也比不上几句精心措辞、正合时宜、真实诚挚的感谢话。它们绝对不花一分钱——却珍贵无比。

法则6：成功了便尽情庆祝

失败了要会自我解嘲。不要老是端着。放松，放松，这样你周围的每个人都会放松。要会找乐子。展示你的热情——自始自终。要是一切都搞砸了，穿上戏装，唱首傻兮兮的歌。还要让大家跟你一块唱。不要在华尔街上跳草裙舞，已经有人这么干过了。想出你自己的绝招。所有这些会比你想象的更重要也更有趣，而且它真的会糊弄你的竞争对手："我们有必要把沃尔玛那些乡巴佬太当回事吗？"

法则7：倾听公司里每个人的意见

要想方设法让他们畅所欲言。一线的员工——真正同顾客交流的那些人——才是唯一知道实际情况的人。你最好去了解他们知道的事情。这实际上也是全面质量管理的精华所在。为了在企业中下放责权，激发建设性意见的产生，你必须聆听同事试图告诉你的一切。

法则8：超越顾客的期望

如果你做到了，他们就会成为常客。他们想要什么就给他们什么——甚至再多给一些。让他们知道你感激他们。妥善处理你的每一个过失，不要找借口——道歉去。为自己做的每件事情负责到底。我曾经写下的四个最重要的字，就是写在第一家沃尔玛分店招牌上的"保您满意"。它们现在还立在那儿，正是这四个字创造了所有那些变化。

法则9：比竞争对手更好地控制成本

从这里你总能找到竞争优势。25年以来——远在沃尔玛作为全国最大零售商闻名之前——我们的开支费用对销售额的比率一直是同行业里的最低。如果你进行的是高效能运营，那么你可能犯很多不同的错误仍然恢复过来；要是你的运营效率太低，那么你就可能辉煌一时，然后关门大吉。

法则10：激流勇进，独辟蹊径，藐视常规

要是每个人都在用同一个办法做事，而你反其道而行之，找到适合自己的位置，那也许是个很好的机会呢。不过你要做好准备，会有许多人来阻拦你，告诉你走错方向了。我想在我的一生中，听得最多的一句话莫过于：在一个人口小于五万的镇子上，一家折扣商店是维持不了多久的。

这都是些再平常不过的法则，有些人也许会说太简单了。难的地方，也就是真正的挑战所在，是你得不断找出办法来执行它们。你不能墨守成规，因为你身边的每件事情都在不断变化。要想成功，你必须走在这些变化的前面。

第十八章

销售，我一生的激情所在

也许除了亨利·福特之外，山姆·沃尔顿就是本世纪最出色的企业家了。

——汤姆·彼得斯

《追求卓越》合著者

到现在为止，你大概已经清楚了，我把一生中的绝大部分时间都献给了沃尔玛——创立它，发展它，并且不断进取，精益求精。我的一生充实而快乐，充满了挑战，所获得的回报也远远超过了我最大的期望。在整个人生旅途中，我差不多一直在走自己的路。许多人忙碌一生，可能从事的工作并不是自己特别喜欢的，而我却没有虚度一分一秒。我不是在商店里努力给员工们打气，希望他们做出更好的成绩，就是在办公室里仔细查看数字报表，看看什么地方会突然跳出个拦路虎；要么就是在周六晨会上带头喊口号。要是我没在做这些事情，那我可能会是在飞机的驾驶杆旁边，正俯瞰着我们这个美丽国家的某个市镇——顺便数数凯玛特停车场上汽车的数量。也可能是给自己放上几个小时的假，去打打网球，或是和我的狗一起去打猎。

现在，所有这些事情我都越来越少去做了。我现在病得挺厉害，我猜，当你年纪大了，疾病缠身，你自然会变得有那么一点点像个哲学家——特别是在深夜，当你没法入睡的时候，就会在脑子里把一生的经历过上一遍又一遍，审视自己走过的路、做过的事。说真的，要是我没生病的话，我很怀疑我会不会写这本书，或者说花时间试图梳理自己的一生。而且你现在肯定也知道了，我是一个那么坐不住的人，对这种案头工作真的是有非常大的偏见呢。不过既然已经做了，我就会把它做完，而且会试着同你分享我对于一些事情的看法，在我看来，那些事情真的是非常重要。

最近我一直在思考一些问题，要是熟悉我的人知道了，可能会非常吃惊。就是，对于那么殚心竭虑地扑在沃尔玛的事业上，我是不是应该感到后悔？我放弃了那么多与家人共度的时光，是不是真的值得？这些年来，我应该那么严厉地驱策我的伙伴们吗？我是不是真的在这个世界上留下了一些什么，可以让我因为最终实现了它而感到自豪？或者说，对现在正面临着生命最后挑战的我来说，那些东西是不是已经没什么意义了？

在生命中的某些时候，我们有许多不同的路可以选择。许多人就像我一样，投身零售业，开创了自己的事业，把公司发展到了一定规模，然后他们说："我已经赚够了！"就把公司卖了，买座小岛享福去了。我猜，其实我也可以功成身退，含饴弄孙，或是将余生献给慈善事业。我不知道还有没有别的人会像我这样：只是因为喜欢，就从一个完完全全的新手起步，学着做生意，擦地板，记账，布置橱窗，称售糖果，操作收银机，安装货架，布置店面，建立一个有着这般规模和实力的企业，并且一直坚持下去。我认识的人里面，没有一个是这样的。

此时此地，我接受了这个事实：人生是一场公平的交易。要是我想达到我给自己设下的目标，就必须每天都为之奋斗，坚持不懈。必须时刻把它放在心上。我想大卫·格拉斯说我的话真是没错：我每天一起床，脑子里就想着要去改进些什么。查理·鲍姆说的也是，他说我一直被一种想要追求卓越的渴望驱策着。不过在更大的层面上——生与死的层面上——我是不是作了正确的选择呢？

现在，在对这个问题想了很多以后，我可以诚实地说，要是一切从头再来，我还是会作出同样的选择。在这个世界上，教士抚慰我们的灵魂，医生治疗我们的疾病，教师启迪我们的智慧，每个人都有自己的使命。在我看来，我完完全全地坚信，能够提高我们生活质量的唯一途径，就是通过正确地、有道德地运作我们称为“自由企业”的体制，这对于我们这些在大萧条时代长大的人来说，是有切身体会的。而且我确信没有多少公司做到了沃尔玛这样。我们提高了我们顾客的生活水平，为他们节省了数以十亿计的钱，还有我们的员工，得以分享利润。这两大群人中的许多人还在这些年里一直投资我们的股票，并从中获得丰厚回报。

我们创业的时候，全部的念头就是赚钱：我们的经营策略就是通过以最低的价格出售质量上好的商品来吸引顾客。这个策略确实奏效，我们中有少许人从一开始就坚信这个策略，为之投资，并因此发了大财。

显然，不是每个到沃尔玛工作过的人都发了财。不过这些年来，流传着不少这样的故事：有员工赚到了至少够买自己第一辆车或是第一栋房子的钱，有员工退休后通过利润分享计划获得了上百万美元。同绝大多数公司相比，我们能够在更大程度上帮助我们的员工，这都是因为这一理念——你不得不把它称为“开明的利己主义”。正因为对个人利益考虑得足够多，我们才从一开始就看到了让员工们分享利润对于公司的意义。

而且，我想，我们公司里那些相信我们的理想和目标并身体力行的员工，在整个过程中也感受到了某种心灵的完满——精神上的，而不是宗教意义上的。他们学会了站直身子，正视顾客，同顾客交谈，他们有了更好的自我感觉，而一旦他们开始有了自信，就没理由不去不断进取、不断提高。他们中有许多人决定去上大学，或是管理一家分店，或是带着学到的东西去开创自己的事业，或是把本职工作干得更好并为之自豪。沃尔玛为他们提供了财力的支持，也帮助他们树立起了自信。当然，肯定会有某些工会的家伙或是中间商不同意我的这种说法，不过我相信，要是没有沃尔玛，数以百万计的人们不会过得像今天这么好。所以我对自己的人生非常非常自豪，对选择此生这样度过一点也不后悔。

我知道，有一件事情是肯定的。我们的的确确改变了这个国家零售业的运作方式。我说的“我们”，不仅仅是指沃尔玛。之前我在这本书里提到过的一些人，像索尔·普赖斯、哈利·坎宁安、约翰·吉斯，都为此作出了许多贡献。整个零售业经营理念的转变都是因为那些优秀的零售商，而在其中，我相信我们是最优秀的。差不多从一开始，我们的目标就是薄利多销，想方设法运用我们的力量同供应商打交道，以期能够向顾客提供最优质的商品。现在这一行里还有不少人仍然想方设法提高商品售价，不管不顾现有情况，他们的想法就是错的。我要告诉你：那些不为顾客着想、不关注顾客利益的公司，早晚会垮台的——要是他们现在还没的话。那些贪心不足的家伙注定会被淘汰。

沃尔玛的这些经验，不仅可以用在零售业，也同样适用于其他许多行业。前提是：自由企业制度是我们社会进步的动力，没有什么能同一个建立在市场经济基础上的自由社会相媲美。什么也不能动摇这一体制，除非领导阶层和资方变得自私懒惰。在未来，自由企业制度肯定会变得更完善——这就意味着大家都能够从中获益，劳动者、股东、社区，当然，还有资方——必须要具有一种公仆式的领导理念。

近来，我越来越肯定，美国的许多管理人员太倾向于首先照顾自己的利益了，而把其他人的利益放在其次。在这一点上，日本人是对的——当分配格局一边倒，资方拿得太多，劳动者拿得太少的时候，你是不可能建立一支有合作精神的团队的。在我看来，有些公司的薪水制度简直是不像话，而且大家也都能看到。很明显，要是把管理层的收入同公司的业绩，股东的投资回报率或是一些能够清晰反映他们工作状况的衡量标准挂起钩来，绝大多数公司会运作得更好。利益分配的原则，必须是根据各自的贡献和承担的风险，保证利益在劳动者、管理层和股东之间公平分配。在沃尔玛，我们给主管们开的薪水一直要低于同行业的标准，有时候可能低了很多很多。但我们一直偿付给他们股票红利和其他同公司业绩直接挂钩的奖金。公司业绩好，他们收入就多，这可不是巧合。

我相信我们考虑问题的方式是对的，在十年之内都会非常管用，甚至到下个世纪也是。全世界的商业经营模式都在改变，而我们自豪地看到，这些改变中的许多都反映出了沃尔玛的经营之道。在全球的经济体制中，成功的企业都在做着沃尔玛一直努力在做的事情：给予一线员工，也就是那些每天同顾客打交道的人，更多的决策权。好的管理者要倾听一线员工的意见，汇总起来，在整个企业里贯彻下去，好让人们落实。这是诸如3M、惠普、通用电气、沃尔玛等成功企业已经在做的事情了。好点子无处不在，只要你善于倾听和发现，因为你永远也不会知道谁会在什么地方想出个好主意。

通过我们在零售业采取的这种方式，我们可以改变整个世界。我们能比日本人干得更漂亮，因为我们更有革新精神，更有创造力。我们可以同孟加拉或是任何地方的廉价劳力竞争，因为我们有更高的科技，可以为我们提供更高效的设备。我们可以远远超越过去的对抗性关系，同我们的供应商及工人建立起双赢的伙伴关系，这将使我们能够把更多的精力和才能集中在重要的事情上：满足顾客的需求。但所有这一切，都需要克服人类天性中最强大的一个劣根性：抵制变化。要想在这个世界中获得成功，你就必须不断改变。

你看看发生在美国汽车制造业的事情就知道了，日本人用贸易保护法对付美国，我们的汽车厂商也想通过这种方式进行还击，但这是不公平的呀。美国和日本的汽车工业不是一个水平的。我觉得我们不该用贸易保护进行还击，因为这并不能解决真正的问题——我们产品的质量没法同日本人的相比，不管我们愿不愿意承认这一点。对美国汽车制造业的管理层来说，这是一个巨大的挑战。他们必须要做的是，同他们的员工建立起合作伙伴关系。

我知道，汽车业存在许多我们不曾面临过的问题。我知道美国汽车制造业的工人每小时赚22美元，日本工人只有16美元，而墨西哥工人则更少。我不是说我能解决所有那些问题，不过我很乐意去试着管理一家现时有着工会组织的企业，向企业员工推销全球竞争的理念——不管这家企业是汽车业的，还是钢铁业的，抑或是电子业的。我很乐意去碰碰这个运气，要是他们能够受到激励，团结一体，分享企业的成功——而与此同时工会还存在，看到这个我会非常高兴的。要实现这个，需要进行非常大量的说服工作，但我敢保证，只要有人时刻关注，坚持执行，就一定能做到。不过要是美国的资方打算对工人们说“我们是一边的”，他们就得停止做以下这些愚蠢的事情，像是每年把三四百万的红利揽入自己腰包啦，不管去哪儿都乘坐豪华汽车和公司商务飞机啦，就好像他们比其他人优越很多似的。

我不是说每家公司都必须得像沃尔玛这样节俭。不是每个人从事的都是折扣零售业，都得挖空心思地想要帮顾客节省下每一分钱。不过我很怀疑有很多公司都不会那么做的，就像它们的主管们不会像平民百姓那样过日子一样。我不管什么时候作商务旅行，都是坐飞机二等舱，许多人会觉得这实在是太荒唐了。也许我这么做是有点过分了，但我觉得，作为一个领导，应该要以身作则嘛。要是我要求大家都坐二等舱，而我自己却坐头等舱，那就不公平了。一旦你那么做了，不满的情绪就会开始生长，你的整个团队就会开始分崩离析。

不过现在，我应该忘记过去的一切，想想我对于沃尔玛这份遗产在未来的真正期许了。有人曾经把我们称为“奥扎克高地上的灯塔”，我相信随着沃尔玛的继续兴旺成长，它肯定不会辜负这一称号的。只是我希望，我们能把我们的理念传递到更远的地方，而不只是我们本部所在的山野小镇，因为我们现在实际上已经是一家全国性的企业了。对沃尔玛来说，为了保持在顾客们心目中的地位，必须研究出更多回馈社会的途径。对于我之前提到过的我们已经做过的那些事情，我非常非常骄傲。而且我们已经着手研究进一步参与社会事务，以期获得更多社会关注的方法了。就像我说过的，我们国家迫切需要一场教育革命，而我希望沃尔玛能为之作出某些程度的贡献，就算不为别的，出于为我们自己的利益考虑我也是这么想的。没有一个有力的教育制度，自由企业制度就没法运转，而正是这一制度使得沃尔玛、IBM、宝洁这样的企业出现在历史舞台上，使得我们国家的经济得以兴盛。你可能很难相信这一点吧，不过老话说得好：付出越多，回报越多。这可是百试不爽的。

最后，我想谈谈很多人一直在问我的两个问题，它们是互相关联的。第一个问题是，像沃尔玛这样的故事，在现在这个时代还会不会发生了？我的回答当然是肯定的。就在这会儿，世界上的某个地方，就有某个人——也可能是成百上千个人——有着满腹好点子，足够把这样的故事再从头上演一番。只要你怀着足够的热情和渴望去达成那些成功的必要条件，这样的故事就会重演，而且会一次又一次地重演。最最重要的，是要具备在经营管理上不断学习、不断提出问题的态度和能力。

第二个问题是，要是我今天是一个年轻人，有着同五十年前的我一样的才能、干劲和抱负，想要开始创业，我会从事什么工作呢？这个问题有点不好回答。我不能确定地说我会做什么，不过我肯定我会去卖东西，而且我希望是在零售店里面，这样的话我就能同街头的顾客直接打交道了。我想我会研究今天的零售业，然后选择某个最能替顾客省钱的买卖。也许是某些专卖店，和计算机相关的东西；也许是Gap服装专卖店；甚至是美体小铺也不一定。

不管怎么说，当下次有个满脸热切、行为显得有些古怪的店主在你们那儿开了家店，在你对他表示不看好之前，想想我在费耶特维尔开廉价杂货店时遇到的那两个老家伙，他们断言我们会在两个月里关门。去看看那家新店，看看他们卖些什么，看看他们怎么对待你，然后再决定要不要成为他们的回头客。因为这才是真正关键的一点——在我们这个自由的国家里，开店的成功与否完完全全取决于你们：顾客。

后 记

父亲在生命的最后两年里，一直在同多发性骨髓瘤进行艰苦的斗争，那是一种骨癌。从确诊那天起，他就明白这是不治之症。他就像面对一生中其他的挑战一样，直面病魔，充满乐观精神，准备好尝试攻克这一问题的新办法。于是，在全家人的鼓励，以及我弟弟约翰无微不至的亲自照料下，父亲开始同一群优秀的医生进行一系列实验性治疗。

他虽然接受治疗，但从不纠结于降临在他身上的这场大病，也不纠结于治愈的可能性。或多或少地，他开始抓紧时间。从1990年初病情确诊起，他就一直在为这本自传忙活，但他对待这事的态度颇有点矛盾。于是他把这事搁到一边，转而把绝大部分时间和精力花在他最喜欢的事情上——开着他的飞机从一个镇子飞到另一个镇子，从一家沃尔玛店到另一家沃尔玛店，同深深敬爱着他的员工们谈话。这样一直到了1991年底，他开始意识到自己的病情日益严重，很快就不能自由地行动了。在我们家人和其他人的力劝之下，父亲重新把心思放到完成自传这件事情上来——趁着还能动的时候。他一做了这个决定，就全身心地投入到写作计划中去，就像他对待一生中任何一件事情一样。他对这本书要求非常严格，每天都在忙着作修订，增添轶事，修饰文笔，还让其他人提供回忆。

到3月初的时候，他的精神头依然很高昂，但他的身体状况已经恶化了。这时，他得到了一生中最大的惊喜之一。白宫准备授予他“总统自由勋章”，这是我们国家授予平民的最高荣誉。布什总统及夫人将亲自到本顿维尔来给父亲颁奖，父亲也因为这个荣耀兴奋不已。在这种场合，父亲自然可以邀请任何他想邀请的人前来参加典礼，但我们几乎都用不着问他想邀请的人是谁——自然是沃尔玛的同事们。

颁奖典礼在3月17日星期二上午举行，地点在沃尔玛总部的礼堂内，那也是父亲召开过无数次周六晨会的地方。数百名沃尔玛同人聚集一堂，在这个特别的日子里，他们对父亲表现出来的爱戴格外感人。他们真的是倾尽满腔热情，他们呼喊了我们听到过的最热情的沃尔玛口号，我觉得甚至可能把总统夫妇吓到了——更不用说白宫记者团了。父亲显得非常高兴，他说这是“我们全部事业中最荣耀的一刻”。当然，他将所有的荣耀都同公司同人们分享。不过，这也是令人心碎的一天，父亲必须坐在轮椅里被推上台，我想绝大多数公司同人已经感觉到了，这可能是他们最后一次同他在一起。那一天，整个会场充满了自豪之情——还有许多回忆、许多泪水。以下是总统对父亲的褒奖：

> 山姆·沃尔顿，一个真正的美国人，在他身上，体现了自由企业精神和美国梦。他关心员工，服务社区，希望把一切变得更好，这是他生平事业的特点。通过设立面向拉丁美洲的奖学金，他将人们的距离拉得更近，同他人分享是在他身上体现得如此完美的美国理想。他是忠诚的丈夫和父亲、受人爱戴的企业领导者和热忱倡导民主的政治家，他向人们展现了信念、希望和勤奋工

作的价值。我谨代表美国将荣誉授予这位商界领袖，他的事业同生活一样成功。

几天后，父亲住进了小石城的阿肯色大学附属医院。即使是在生命中的最后几周里，他依然兴致勃勃地做着一直在做的事情。除了家人以外，他在去世前最后交谈过的人里，就有一位当地的沃尔玛分店经理，这位经理是应我们的请求，来同父亲聊聊那周店里的销售数字的。父亲获得自由勋章后不到三周，也就是他74岁生日后数天，他同癌症的斗争终于结束了。4月5日星期日，上午，他平静地离开了人世——他面对死亡就像他面对生命一样，给人留下无限感慨。我们都会怀念他。

——罗伯·沃尔顿

沃尔玛公司董事长，阿肯色州本顿维尔，1992年5月

致 谢

生活待我很不赖，可能比任何人有权期许的都要更好些。在家里，我有幸有一位妻子和一个大家庭，大家互敬互爱，使我能够放心扑在工作上。在工作中，我先后与许多极优秀的沃尔玛同事共事过，他们与我同甘共苦，忍受着我冥顽不灵的臭脾气，我们齐心协力，开创了一番事业，在当时真可以称得上令人难以置信，虽然现在看来只是水到渠成。

所以首先，我想把这本书献给海伦·罗伯森·沃尔特以及我们的四个孩子——我们的儿子罗伯、约翰和吉姆，还有我们的女儿爱丽丝。

然后，我想把本书献给我所有的员工——我真的希望我能认得你们每一个人。不过这些年来我们一直在说，你们知道我对你们、对所有40万名沃尔玛员工的感觉，正是你们撑起了这个巨大的沃尔玛帝国，承载了那么多的欢乐，那么特别。这本书很大程度上其实是你们的故事。

早年间，我们人不多，杰姬·兰开斯特，我们在阿肯色州纽波特店的第一任楼层经理。伊内兹·斯内特、露比·特纳、旺达·怀斯曼、露丝·科尔勒，是我在本顿维尔开设沃尔玛廉价商店时最早的四位同事，那是在1951年的8月1日。要是没有这些早年间的经理，我们可怎么办？他们中的大多数人都冒着极大的风险，放弃了自己在各大连锁商号的优渥工作，投身到由一个显得活跃过头的梦想家设在本顿维尔的简陋小店里来：克莱伦斯·雷斯、威拉德·沃克、查理·鲍姆、让·拉伍里斯、鲍勃·博格尔、克劳德·哈里斯、费罗德·阿兰德、查理·凯特、艾尔·迈尔斯、托马斯·杰斐逊、加里·雷恩波斯，还有鲍勃·桑顿、达尔文·史密斯、吉姆·亨利、菲尔·格林和丹·惠特克。我亦不能忘记雷·托马斯、吉姆·迪斯姆、吉姆·伊里沃特和约翰·霍克沃斯。罗恩·迈耶作出了特殊贡献，而杰克·休梅克为沃尔玛的发展壮大做了许多工作。还有约翰·塔特，数十年如一日地向我提供着宝贵的意见。

当然，要是没有那些优秀的竞争者，沃尔玛也不会是今天这个样子，特别是凯玛特的哈里·坎宁安，我们现在都知道，他实际上是第一家廉价商店的设想者与建立者，依我看来，他实在当得上是有史以来最重要的零售商，应该被众人铭记。

此外，知道公司有大卫·格拉斯率领着丹·索德奎斯特、保罗·卡特以及A.L.约翰逊组成的杰出队伍管理，我想我会好好留着我的沃尔玛股票。而当我想到比尔·菲尔兹、迪安·桑德斯以及哈丁这帮年轻人正负责着公司许多大部门的运转，我就知道总有一天他们取得的成绩，会远远超过我们这些老家伙的。

当然，从我们开设第三家分店开始，我的头号零售搭档就是我的兄弟，詹姆士·L.巴德·沃尔顿，我总管他叫“伙计”，在这本书里，他也开口讲了一些关于我的事情——可不全是让人高兴的。“伙计”那些睿智的建议和指引，使得我们少走了许多弯路。我的性格跳跃性很强，总是张口就说“让我们现在就开干吧”。通常，“伙计”会建议我换个方向去做，或是改改时间。我很快就学会了听取他的意见，因为他有着杰出的判断力。

最后，我希望天堂之中会为我的两位秘书保留一处特别的位置，洛蕾塔·博斯，跟随我大概有二十五年了，贝基·伊利沃特，算到现在跟随我3年了。在我身边忍受了那么久以后，她们值得如此优待。

——山姆·摩尔·沃尔顿

阿肯色州，本顿维尔

认准读客熊猫

读客所有图书，在书脊、腰封、封底和前后勒口都有“**读客熊猫**”标志。

两步帮你快速找到读客图书

1. 找读客熊猫

2. 找黑白格子